dtv

Die Menschen im alten Rom lebten nach dem natürlichen Kreislauf der Jahreszeiten, und in ihren Tempeln und Hainen verehrten sie Göttinnen und Götter, die ihnen Vorbilder für die eigene Lebensreise boten. Vor allem aber kannten sie das Geheimnis, sich mithilfe von Ritualen wieder mit den ursprünglichen Kräften der Natur zu verbinden. Frances Bernstein führt durch das Jahr, wie es in der Antike gefeiert worden ist, und stellt kraftvolle Rituale für die moderne Frau vor: Mit den Energien der Venus lässt sich das Bewusstsein für die eigene Schönheit und Sinnlichkeit wiedererwecken, Mars beflügelt die Sexualität, Ceres nährt Körper und Seele, und die Rituale des Adonis ermutigen, Altes loszulassen und einen Neuanfang zu wagen. Meditationen, Tänze, Gesänge, Kulinarisches und luxuriöse Bäder erlauben ein genießerisches Sicheinlassen auf das verborgene Wissen der Antike und helfen, in unserer hektischen Zeit wieder in harmonischen Einklang mit der Welt zu kommen.

Dr. Frances Bernstein ist Professorin für Alte Geschichte und Archäologie mit besonderem Schwerpunkt auf der römischen Antike. Bernstein, die unter anderem auch als Reiseleiterin für Italien arbeitet, hat für dieses Buch anhand von Originalquellen recherchiert. Sie lebt in Bethesda, Maryland, USA.

Frances Bernstein

Frauenweisheit der Antike

Rituale für jeden Monat des Jahres

Aus dem Englischen von
Henriette Zeltner

Deutscher Taschenbuch Verlag

Deutsche Erstausgabe
Juni 2001
Deutscher Taschenbuch Verlag GmbH & Co. KG, München
www.dtv.de
© 2000 Frances Bernstein
Titel der amerikanischen Originalausgabe:
Classical Living. Reconnecting With the Rituals of Ancient Rome
HarperCollins, San Francisco 2000
ISBN 0-06-251624-8
© der deutschsprachigen Ausgabe:
2001 Deutscher Taschenbuch Verlag GmbH & Co. KG, München
Umschlagkonzept: Balk & Brumshagen
Umschlaggestaltung unter Verwendung eines Gemäldes
von Fenwick Bonnel
Satz: Filmsatz Schröter GmbH, München
Gesetzt aus 11/12,257 pt Bembo
Druck und Bindung: Druckerei C. H. Beck, Nördlingen
Gedruckt auf säurefreiem, chlorfrei gebleichtem Papier
Printed in Germany · ISBN 3-423-36237-5

Für meine Eltern

Inhalt

EINLEITUNG

Eine Brücke in die Vergangenheit

Lange Sommertage hindurch hatte mein Archäologenteam in den Häusern der Bewohner des antiken Pompeji gearbeitet. Die farbenprächtigen mythologischen Szenen, die auf die Wände gemalt sind, sollten vermessen, fotografiert und dokumentiert werden. Wir hatten nicht erwartet, dass diese kraftvollen archetypischen Bilder von Göttern und Göttinnen, Nymphen und Heroen, Vögeln, Hunden, Schlangen, Blumen, Bäumen, Labyrinthen und Ritualen bei uns nächtliche Träume auslösen würden. Doch wir stellten fest, dass diese vor mehr als 2000 Jahren gemalten Symbole eine immer noch lebendige Sprache sprechen, und zu unserer eigenen Überraschung gingen diese heiligen Bilder in unsere Träume ein. Solche intensiven persönlichen Reaktionen auf die antiken Symbole bildeten gleichsam eine Brücke, eine heilige Verbindung über zwei Jahrtausende.

Natürlich kann ich nicht jeden von Ihnen nach Pompeji mitnehmen. Doch die klassischen Mythen und Rituale, die ich in diesem Buch vorstelle, vermögen eine tiefe und uralte Verbindung zur Natur und zu unserer Spiritualität neu zu beleben. Traumartige Bilder von Schöpfung, Leben und Tod wirken auf vielen Ebenen und überwinden den großen zeitlichen Abstand. Das Reich der Götter und Göttinnen wird nicht nur in Zeugnissen aus prähistorischen Zeiten oder dem antiken Rom lebendig, sondern existiert in der Natur und im Zyklus von Geburt, Leben und Tod weiter. Indem wir uns in diese tieferen Schichten vortasten, berühren wir unser innerstes und wahres Selbst, das uns mit der Welt verbindet und uns im Alltag leitet.

Wahres sing' ich, doch mancher wird sagen, es sei
nur erfunden: / Unglaubhaft sei's, dass ein Mensch
Götter zu sehen vermag! / In uns wohnt ein Gott,
und wenn er sich regt, dann erglühn wir. / Dieser
Drang trägt den Keim göttlichen Geistes in sich!

Ovid, Festkalender, 6.3

Wir reisen zurück in eine Zeit, als die Menschen durch
Poesie, Mythen und Rituale mit der Natur in enger Verbindung standen. Der heilige Kalender der alten Römer beschreibt einen bis heute begehbaren Weg für die Reise des
Lebens – unter der spirituellen Führung der Götter und
Göttinnen. Dank dieser Gottheiten, die am Ursprung von
allem Leben stehen, fanden die Römer zum Einklang mit der
Natur. Die zwölf Monate wiesen den Pfad der geheiligten
Zeit, indem sie dem unendlichen Kreislauf von Geburt,
Wachstum, Fülle, Tod und Wiedergeburt folgten. Antike
Rituale, die auf den Rhythmen der Natur basieren, können
stärken und heilen. Dieses erdverbundene, archaische Wissen kann uns heute zur Orientierung dienen, wenn wir nach
Sinn und Bedeutung unseres Lebens suchen, das sich zunehmend von der Natur und der Entwicklung des inneren
Selbst entfremdet hat.

So greifen wir auf Rituale zurück, die in der Antike Jahrtausende hindurch praktiziert wurden, um intensive und sehr
persönliche spirituelle und emotionale Reaktionen hervorzurufen. Die alten Römer haben uns durch ihren heiligen
Kalender gezeigt, wie wir mit den Mysterien der Natur
leben können. Und so wird es uns gelingen, die heilige
Botschaft zu verstehen – eine Botschaft, die grenzenlos,
allgegenwärtig und jedem zugänglich ist, der sich auf die
Suche nach ihr macht.

Das religiöse Leben im alten Rom war bestimmt durch verschiedene Kulte, Philosophieschulen und zahlreiche geheimnisvolle Riten; es war reich, komplex und existierte über einen Zeitraum von mehr als tausend Jahren. Im Rom der Antike gab es an fast jeder Ecke einen Tempel, manche stammten noch aus den Anfängen der Stadt, andere entstanden in der Blütezeit des Römischen Reiches. Viele der in diesem Buch vorgestellten Rituale wurzeln in der Frühzeit Roms, andere wurden aus dem Nahen Osten oder Ägypten übernommen und an römische Gepflogenheiten angepasst. Sie alle sind authentisch und wurden auch praktiziert; genau darin liegt ihre Kraft.

Die später so bedeutende Stadt Rom wurde im achten Jahrhundert v. Chr. von latinischen Bauern und Hirten gegründet, die auf den Hügeln an den Ufern des Tiber lebten. Als Rom an Größe und Bedeutung zunahm, gerieten die Latiner unter den religiösen Einfluss der Etrusker, die weiter im Norden lebten. Aber auch die Religion der Griechen, die Süditalien während des siebten und sechsten Jahrhunderts v. Chr. besiedelten, spielte eine wichtige Rolle; griechische Gottheiten, Riten und Mythen mischten sich mit dem traditionelleren römischen Kult. Später, als sich das Römische Reich in ferne Länder ausdehnte, beeinflussten Religionen aus Ägypten und dem Nahen Osten den römischen Glauben. Auch das Christentum war einer dieser Kulte aus dem Nahen Osten.

Die römische Religion nährte sich aus Mythen und Ritualen. Man ehrte die in der Mythologie dargestellten Götter und Göttinnen öffentlich in Tempeln und Hainen durch Gebete, Rituale, Opfergaben (Tiere, Speisen, Getränke) oder kleine Votivtafeln aus Ton. Im privaten Bereich erwies man Gottheiten und Geistern in jedem römischen Haushalt seine Reverenz vor dem Hausaltar.

Im alten Rom bildeten das Zuhause und die Familie die Grundlage für den Glauben und die Einhaltung der religiösen Vorschriften. Damals wie heute waren es häufig die Frauen, die die spirituelle Führung übernahmen, indem sie den religiösen Kalender durch eigene Beobachtungen ergänzten, Glaubenslehren weitergaben und aus dem Heim der Familie einen heiligen Ort machten.

Die Römer beteten vor den Familienaltären, die sie *lararia* nannten. Das Zuhause war ein spirituelles Zentrum, und in ganz frühen Zeiten galt der Herd als der erste Altar. Vesta, die Göttin des Herdes, war den Römern besonders heilig. Ihr Wohlwollen bedeutete, dass dem Haushalt ein günstiges Schicksal beschieden war. Vestas Gegenwart und ihre die Familie schützenden Kräfte wurden durch die lebendige Flamme im Herd jedes Hauses verkörpert. An ihrer wichtigsten Verehrungsstätte in Rom, die von den sechs jungfräulichen Vestalinnen gehütet wurde, gab es keine Statue von ihr, weil die Römer sie selbst für die »lebendige Flamme« hielten.

Gebet zu Vesta

Komm, Vesta, lebe in diesem wunderbaren Haus.
Komm mit den herzlichen Gefühlen der Freundschaft.
Bring deine Einsicht,
deine Energie und deine Leidenschaft,
zusammen mit deinen guten Taten.
Brenne für immer in meiner Seele.
Du bist hier willkommen.
Ich denke an dich.

Die Eingangshalle, das Atrium, die Küche und der Garten, zentrale Punkte im römischen Haus der Antike, waren die häufigsten Standorte für das *lararium*. In den Häusern gab es oft mehr als nur einen Schrein für die Familienrituale. Die Hausschreine waren entweder als Nischen in der Wand (die häufigste Form) gestaltet, als Miniatur-Tempel, d. h., eigene kleine Gebäude, oder auch nur in Form einer heiligen Szenerie, die auf eine Wand gemalt war. Allen gemeinsam war eine Vorrichtung für Opfergaben, entweder ein Sims oder ein Altar. Es gab große Altäre, die ihren festen Platz vor dem Schrein hatten, und kleine, die man tragen konnte und die man vor dem heiligen Gemälde nur für das Ritual aufstellte. Oft war ein Altar mit brennender Opfergabe neben der heiligen Szenerie als dauerhaftes Zeugnis an die Wand gemalt.

Frauen kümmerten sich um diese Familienschreine, reinigten und schmückten sie, um sicherzustellen, dass die Familiengottheiten gebührende Verehrung fanden. Nach alter Sitte dekorierten die Frauen dreimal im Monat, an den Kalenden (bei Neumond), den Nonen und den Iden (Vollmond), den Herd und die Schreine mit frischen Blumen oder schön gewundenen Girlanden und Kränzen. »Wollte vorher der Mensch sich die Götter geneigt machen, / waren Dinkel und helles Korn reinlichen Salzes genug. ... Rauchte doch der Altar, mit Sabinerkraut auch zufrieden! / Lorbeer brannte, und laut hörte man's knistern dabei. / Gab's dann mal einen, der den Kränzen aus Blumen der Wiese / Veilchen noch fügte hinzu, hielt man für wohlhabend ihn.« (Ovid, Festkalender, 1.337–346)

Zu den Geistern und Gottheiten, die im römischen Heim verehrt wurden, gehörten die Penaten, die Laren, der Genius und Juno. Die Penaten waren die Wächter der Vorräte. Die Laren, spezielle Schutzgeister, wurden von jeder Familie verehrt, um Gesundheit und Wohlstand zu sichern. Die führenden Geister und die fruchtbaren Kräfte, die den Fortbestand der Familie sicherten, waren Genius und Juno –

der männliche und weibliche Geist von Vater und Mutter, dem Pater familias und der Mater familias. Genius und Juno wurden von der Familie vor dem Hausaltar an den Geburtstagen der Eltern mit Honigkuchen und Wein als Opfergaben geehrt. Kleine Statuen von Göttern und Göttinnen, die besondere Bedeutung für die Familie hatten, waren ein wichtiger Bestandteil des Schreins und wurden zusammen mit persönlichen Erinnerungen und Opfergaben in die Nischen gestellt.

Die Familie versammelte sich vor dem Schrein, um zu diesen Geistern und Gottheiten zu beten und ihnen zu opfern. Der Vater oder die Mutter fungierte als Priester oder Priesterin mit verhülltem Haupt und sprach das Gebet mit zum Himmel erhobenen offenen Händen. Das Familienritual bestand des Weiteren aus einem kleinen Opferkuchen oder einem Ei, das auf den Altar gelegt wurde, ein wenig Weihrauch, den man abbrannte, und ein paar Tropfen Wein, die man auf die Erde vor dem Altar sprengte. Der Hausschrein bildete das heilige Zentrum im privaten Bereich und bot dem Einzelnen die Möglichkeit zu stillem Gebet, einem besonderen Opfer und der ganz persönlichen Begegnung mit der göttlichen Macht.

DER HEILIGE KALENDER, DAS RELIGIÖSE JAHR

Die verschiedenen Aspekte des römischen Glaubens sind nach Monaten geordnet im heiligen römischen Kalender zusammengestellt, den der Hohepriester einführte. Darin werden Rituale und Riten den verschiedenen Gottheiten zugeordnet, Festtage und Familienfeiern sind hier ebenso verzeichnet wie die Tage, an denen die Götter und Göttinnen geehrt werden sollten. Dieser Kalender ist das Herzstück des vorliegenden Buches.

Das hier gesammelte uralte Wissen um die alltägliche

religiöse Praxis, das über Jahrtausende von Generation zu Generation weitergegeben wurde, kann uns Anleitung und Inspiration sein, wenn wir versuchen, Weltliches und Spirituelles miteinander in Einklang zu bringen. Im Geist kehren wir in eine Zeit zurück, als die Menschen, bestärkt durch Mythen und Rituale, noch im Frieden mit der Natur lebten, denn der Weg, den dieser Kalender weist, ist viel naturverbundener als die Lebensweise, die die meisten von uns heutzutage praktizieren. Ein religiöser Kalender unterscheidet sich wesentlich von einem aktuellen, weltlichen Kalender, denn Zeit wird hier als zyklische Abfolge von religiösen Festen und Riten begriffen, die sich alljährlich wiederholen. Im heiligen römischen Kalender gibt es von Januar bis Dezember Zeiten des Neubeginns, des Wachsens, des Nährens, des Reifens und des Sterbens – und dann beginnt alles wieder von vorn.

Der Kalender folgt dem Wandel der Jahreszeiten. In Harmonie mit diesem Naturkreislauf zu leben, bedeutete damals, die Gottheiten mit den der Jahreszeit gemäßen Riten und Ritualen zu ehren. Der Winter steht für die Geburt, weil in seiner Jahreszeit das Sonnenlicht am Tag der Wintersonnenwende neu geboren wird. Der Jahreszyklus setzt sich fort mit dem Frühling als Zeit des Wachstums. Der Sommer ist die Phase der Ernte, der Herbst steht für Tod und Ende.

Die ältesten heiligen Kalender waren allesamt Mondkalender – sie basierten nicht auf dem jährlichen Sonnenzyklus, sondern auf dem monatlichen Mondzyklus. Weil die Menschen der Antike ihr Jahr durch den Mond und den weiblichen Menstruationszyklus bestimmt sahen, liefert der hier vorgestellte Kalender sowohl Sonnen- als auch Monddaten für alle Rituale.

Der älteste römische Mondkalender gliedert den Monat nach drei zentralen Daten: den Kalenden, den Nonen und den Iden. Die Kalenden waren der erste Tag nach Neumond, wenn der Hohepriester auf das Licht der schmalen Mondsichel wartete, bevor er die Menschen zum Opfer zusammenrief. Die Kalenden waren meist Juno, der Gemahlin Jupiters und Göttin des Neumonds geweiht. Die Nonen, der neunte Tag vor Vollmond, fielen entweder auf den fünften oder siebten Tag eines Monats. Zu den Nonen rief der Hohepriester wiederum alle Bewohner eines Dorfes zusammen, um die heiligen Riten für die verbleibenden Tage des Monats zu verkünden. Die Iden waren der Tag des Vollmonds, ein vielversprechender und sehr heiliger Zeitpunkt. Das Datum wurde entsprechend der Zahl der Tage vor Kalenden, Nonen und Iden ausgedrückt. So bedeutete etwa »VIII Kalenden März« acht Tage vor den Kalenden des März.

Heute sind uns etwa zwanzig Kalender aus dem antiken Rom überliefert, die meisten stammen aus dem ersten nachchristlichen Jahrhundert, genauer, aus der Zeit nach der Julianischen Kalenderreform des Jahres 46, die den Mondkalender durch den Sonnenkalender ersetzte. Abgesehen von ein paar Modifikationen ist dies auch der Kalender, den wir heute benutzen. Im Laufe der Jahre kamen Daten von wichtigen Ereignissen des Römischen Reiches hinzu, so etwa die Geburtstage der Kaiser als Festtage und die Daten denkwürdiger Schlachten und Eroberungen als Opfertage. In der Spätphase des Römischen Reiches (um das 3. und 4. Jahrhundert n. Chr.) war der Sonnenkalender eine Mischung aus antiken bäuerlichen Riten sowie Gedenktagen politischer Ereignisse und großer Schlachten. Eine äußerst wertvolle Quelle zu diesem Thema ist der *Festkalender* des römischen Schriftstellers Ovid, der zu Beginn des ersten Jahrhunderts n. Chr. lebte. Diese anschauliche Schilderung der römischen Religion folgt dem religiösen Kalender und berichtet von Ritualen und Mythen im Monatszyklus.

In diesem Buch möchte ich dem antiken Mondkalender wieder Beachtung schenken, dem eigentlichen Zyklus des Originalkalenders mit den ältesten Festen und Bräuchen. Ich habe versucht, die Riten der uralten Götter und Göttinnen wieder den richtigen Tagen des Monats zuzuordnen. So wanderten beispielsweise an den Iden, d. h., bei Vollmond, der neunten Lunation, also im August, die Frauen Roms 24 km aus der Stadt hinaus zu Dianas heiligem See bei Nemi. Vollmond ist eine Phase pulsierender weiblicher Energie. Als Caesar den Mondkalender durch einen Sonnenkalender ersetzte, legte er die Iden auf den 13. bzw. 15. Tag des Monats fest, so dass Dianas Ritual nicht mehr zwangsläufig zur Zeit des Vollmonds im August stattfand. Und so mussten fortan die Frauen oft genug in der Finsternis zu Ehren ihrer Göttin zum heiligen See wandern.

Für alle Feste und Rituale finden Sie in diesem Buch sowohl die Daten nach unserem heute gebräuchlichen Sonnenkalender als auch die nötigen Angaben zum Mondkalender. Wenn Sie die Zeit für die Rituale nach dem Mond bestimmen wollen, so besorgen Sie sich am besten einen aktuellen Mondkalender für das jeweilige Jahr und bestimmen nach den Angaben dieses Buches für jeden Monat das genaue Datum der Kalenden, Nonen und Iden. Den richtigen Zeitpunkt für die Rituale können Sie dann leicht nach dem oben genannten Muster errechnen. Wem das jedoch zu aufwendig erscheint, der kann sich natürlich auch einfach nach den Daten des Sonnenkalenders richten.

Januar: Der Monat des Neubeginns
Februar: Der Monat der Reinigung
März: Der Monat der Aussaat
April: Der Monat der Empfängnis
Mai: Der Monat der Blüte
Juni: Der Monat des Nährens
Juli: Der Monat des Fruchtens
August: Der Monat der Reife
September: Der Monat der Ernte
Oktober: Der Monat des Versprechens
November: Der Monat des Bejahens
Dezember: Der Monat der Hoffnung

Wenn Sie dem heiligen Kalender mit seinen Riten und Ritualen, wie er in diesem Buch vorgestellt ist, folgen, wird sich Ihnen uraltes Wissen erschließen, und Sie können wieder zum Einklang mit der Natur und den geistigen Kräften finden. Für jeden Monat nenne ich Ihnen die Tage mit den jeweiligen Ritualen, die in der Antike praktiziert wurden. Jedes Kapitel präsentiert in ähnlicher Form das ihm zugrunde liegende Thema, einen Mythos, der mit dem jeweiligen Monat assoziiert wird, und natürlich eine Liste der Daten sowie Beschreibungen der Rituale.

Sie erhalten zudem einen Einblick in die Bedeutung der Götter und Göttinnen des Monats, der Rituale zu ihren Ehren und der antiken Mythen. Dabei möchte ich Ihnen Wege aufzeigen, wie Sie den antiken römischen Kalender verinnerlichen können.

Dieses Buch soll Quelle und Anleitung zugleich sein. Die modernen Rituale, die ich Ihnen vorstelle, habe ich selbst erprobt, und selbstverständlich können Sie diese nach Bedarf variieren und Ihren eigenen Vorstellungen anpassen. Mein Ziel ist nicht, dogmatisch zu sein, sondern zu individuellen Erfahrungen mit der Weisheit unserer Vorfahren anzuregen. Ich möchte als *pontifex*, als »Brückenbauer«, fungieren, der einen Weg in die antike heidnische Welt weist. Was Sie von dort mitnehmen, wenn Sie über diese Brücke zurückkehren, liegt ganz bei Ihnen.

Januar

Der Monat des Neubeginns

Als ich zur Schreibtafel griff und dies so bei mir bedachte,
Schien mir plötzlich das Haus heller zu sein als zuvor.
Da, ehrwürdig zu schauen, ein zweifach gestaltetes Wunder,
Bot mit doppeltem Haupt, Janus sich dar meinem Blick.
Ich erschrak, und mir war, als sträubten vor Angst sich die
*   Haare,*
Eisige Kälte ergriff mir da auf einmal das Herz.
Er, mit der Rechten den Stab, mit der Linken den
*   Schlüssel umfassend,*
Sprach mit dem vorderen Mund folgende Worte zu mir:
»Wachsam am Tore des Himmels steh ich mit den
*   friedlichen Horen:*
Eingang und Ausgang erhält Jupiter selbst nur durch mich!
Janus heiß ich daher.«

                    Ovid, Festkalender, 1.94–127

LÄNDLICHES MENOLOGIUM

Sonne im Steinbock
31 Tage

SONNENKALENDER
Kalenden: 1. Januar
Nonen: 5. Januar
Iden: 13. Januar

MONDKALENDER
Kalenden: 1. Tag nach Neumond
Nonen: 9. Tag vor Vollmond
Iden: Tag des Vollmonds

Den römischen Bauern der Antike wurde abgeraten, mit der Bearbeitung des Bodens vor der Monatsmitte zu beginnen. Eine Ausnahme bildete allein der 1. Januar, denn an diesem Tag begann man – allerdings nur symbolisch – mit Arbeiten aller Art, weil dieser Neuanfang Glück bringen sollte.

Der Januar war die Zeit des Aufräumens, man nutzte die Tage zur Reparatur von Werkzeugen und zum Pläneschmieden für das gerade angebrochene Jahr. Für die zweite Hälfte des Monats standen unter anderem das Anspitzen von Zaunpfählen, das Schneiden von Weiden und Riedgras sowie Opfer für die Penaten, die Schutzgeister der Vorratskammern, auf dem Programm. (Menologium)

★

Sonnenwende im Winter ist Wechsel der alten zur neuen Sonne,/ denselben Beginn nehmen dann Phöbus und Jahr.
Ovid, Festkalender 1.163

Das sollte auch für uns gelten! Es ist Zeit, etwas Neues zu beginnen. Der Januar ist der Monat des Neuanfangs und der Pläne, die man im neuen Jahr verwirklichen will. Wir überlegen uns, welche emotionalen Kräfte wir benötigen, setzen uns Ziele und planen den Weg, den wir gehen wollen. Es ist die Zeit, sich zu entscheiden und Entwicklungen in Gang zu bringen, neue Türen aufzustoßen und die ersten Schritte zu wagen.

Ob wir fürs kommende Jahr planen, den Arbeitsplatz zu wechseln, eine neue Beziehung einzugehen oder zu verreisen – in jedem Fall überschreiten wir Grenzen und brechen aus dem längst Gewohnten zu neuen, unbekannten Ufern auf. Diese Aspekte des Neubeginns in unserem Leben können den Strom der Zeit vom einen Jahr zum nächsten widerspiegeln oder auch einen Wandel unseres Lebensstils betreffen. Solche Übergänge waren für die alten Römer heilige Augenblicke und verlangten Opfer und Gebete zu Gott

Janus. Er war es, der über jeden Neubeginn wachte, in dessen Hand Erfolg und Gelingen jeder neuen Unternehmung lagen.

Welch seltsamen Anblick doch Janus bietet, der Gott mit den zwei Gesichtern und den klimpernden Schlüsseln am Gürtel. Der Namensgeber des ersten Monats war eine altehrwürdige und höchst komplexe Gottheit, deren Ursprung in den Uranfängen der Zeit liegen soll, als die göttlichen Geister noch keine Menschengestalt angenommen hatten. Janus ist allmächtig. Er kennt unsere Vergangenheit und vermag in die Zukunft zu schauen. Kein Mensch kann dem bohrenden Blick des Gottes entkommen, was die Nymphe Cranae auf nachdrückliche Weise erfahren musste. Hier ist ihre Geschichte:

JANUS UND CRANAE

Es war einmal eine Nymphe namens Cranae, die lebte in einem Wäldchen unweit des Flusses Tiber. Sie durchstreifte das Land und tötete wilde Tiere mit ihrem Speer; ihre ausgelegten Netze sperrten ganze Täler ab. Cranae war ein wildes Weib, schön und voller Freiheitsdrang. Von manchen wurde sie auch Diana genannt, doch die war sie nicht. Wenn sich ihr ein junger Mann mit schmeichlerischen Worten näherte und sie dazu verführen wollte, sich mit ihm ins weiche, warme Gras zu legen, antwortete Cranae mit den immer gleichen Worten:

»Es ist mir peinlich, die Leute könnten uns zusehen, wenn wir uns lieben, es ist viel zu hell. Führe mich in eine Höhle, und ich werde dir folgen.« Wie leicht lassen sich doch die Männer zum Narren halten, dachte sie und versteckte sich in den Sträuchern, wo sie unauffindbar war.

Eines Tages sah der doppelgesichtige Janus die

schöne Cranae über die Berge streifen, und er entbrannte in Leidenschaft zu der umherwandernden Nymphe. Mit sanften Worten suchte er sie zu verführen. Wie es ihre Art war, forderte sie Janus auf, vorauszugehen und eine entlegene Höhle zu suchen, in der sie sich lieben könnten. Er glaubte ihr und eilte davon. Cranae gab vor, ihm zu folgen, suchte aber nach einem Versteck. O, holde Einfalt!

Janus sieht doch auch, was hinter seinem Rücken geschieht, und er kennt die Verstecke. Man darf diesen Gott nicht unterschätzen. Natürlich bekam er von Cranae, was er begehrte, und zum Dank machte er sie zur Göttin der Türangeln. Er gab ihr einen weißen, mit Dornen besetzten Zweig, einen magischen Zauber, den sie anwendet, um Kummer und böse Geister von der Türschwelle fern zu halten.

Aus dem Fehler der Nymphe Cranae erfahren wir, welche wertvollen Lehren wir aus der Vergangenheit ziehen können. Sie hatte geglaubt, dass sie alle Männer austricksen und mit jeder Situation fertig werden könnte. Das gelang aber nur so lange, bis sie auf Janus traf. Sie hat dessen Allwissenheit ebenso unterschätzt wie seine Fähigkeit, in die Vergangenheit zu sehen.

Mit diesem Mythos fordert uns der doppelgesichtige Janus wahrlich heraus, ernsthaft über die Zeit und den Wandel sowie über den nicht ungefährlichen Weg nachzudenken, auf dem wir Entscheidungen treffen und in eine neue Richtung gehen. Wir lernen vom Gott des Neubeginns und der Türschwellen, dass wir ohne Hast und niemals ohne gründliches Nachdenken über die Vergangenheit in neue Bereiche aufbrechen sollten. Wichtig ist, das Bewusstsein für das Vergangene zu stärken und sich über die Erwartungen an die Zukunft im Klaren zu sein.

Janus verkörpert eine Ausgewogenheit, die Cranae nicht besaß und für deren Fehlen sie einen hohen Preis bezahlen musste. So lernen wir aus ihrer Geschichte, dass wir uns nicht unüberlegt in eine neue Situation stürzen, sondern mit Bedacht voranschreiten sollten. Vor allem sollten wir, wenn wir unsere Zukunft planen, die Augen nicht vor den Lehren der Vergangenheit verschließen.

Jedenfalls gilt es, vor wichtigen Entscheidungen alle fünf Sinne zu schärfen und Erfahrungen aus der Vergangenheit zu nutzen. Natürlich müssen wir dazulernen und weiterforschen, doch sollten wir uns zugleich auf unsere Eingebungen und Ahnungen verlassen. Auch wenn dies für uns Menschen, die wir nicht wie Janus in zwei Richtungen gleichzeitig sehen, viel schwieriger ist. Um Verletzungen und Kummer zu verhindern, gilt es, wach und aufmerksam zu sein. Bei diesem Prozess des Nachdenkens und der Kontemplation kommt uns die Natur entgegen. Denn der Januar erweist sich als genau die richtige Zeit, um über neue Pläne nachzusinnen.

Januar ist ein kalter, unfruchtbarer Monat. Zu dieser Zeit sucht der Mensch Schutz vor Kälte, Sturm, peitschendem Regen oder wirbelnden Schneeschauern. Wie die Bärin, die von uralten Instinkten getrieben wird, sich bequem und friedlich in der Wärme einer stillen Höhle zusammenzurollen, folgen auch wir den Geboten der Natur und suchen die Wärme und Geborgenheit der Familie und des Herdes. Im spirituellen Bereich halten wir uns ebenfalls an das, was die Natur uns vorgibt, sammeln unsere Kräfte, treffen Vorsorge und schärfen unsere Werkzeuge, damit wir im anbrechenden Jahr erfolgreich sein können. In diesem Monat graben wir Wurzeln aus dem dunklen, fruchtbaren Boden, um die richtige geistige Ausrichtung auf den bäuerlichen Jahreskreis zu finden. Die Götter, denen man im Januar die Ehre erwies, und die antiken Rituale, die die Römer in diesem Monat praktizierten, vermitteln uns Botschaften, die streng jahreszeitlich gebunden sind. Nun ist die rechte Zeit, die Augen sanft zu schließen, die Dunkelheit zu suchen, zu schlafen, zu träumen, gesund zu werden und neu anzufangen. Das ist die Lektion für den Januar.

Jetzt sollten wir gründlich darüber nachdenken, wie wir neue Türen aufstoßen können. Wir sollten uns auch bildlich vorstellen, wie wir eine unbekannte Schwelle überschreiten, und überlegen, was alles hinter ihr liegen mag.

Es gibt viele Möglichkeiten für einen Neuanfang. Auch wenn manche klein und nichtig erscheinen, so bietet doch jede die Chance, einen neuen Tag heraufdämmern zu sehen – die ersten Schritte Ihres Kindes, eine andere Aufgabe, neue Bekanntschaften. Vielleicht begeben wir uns mit einem neuen Arbeitsplatz auf einen uns gänzlich unbekannten Lebensweg oder auf eine Reise in fremde Gegenden. Wir müssen lernen, die Türen wahrzunehmen, die sich täglich neu öffnen, die Schwellen, an denen wir oft so achtlos vorüberschreiten. Dann werden wir auch die flüchtigsten Momente, die etwas Neues aufzeigen, erkennen und schätzen lernen. Wir sollten jeden Neubeginn als magischen Augenblick in unserem Leben betrachten.

MODERNE RITEN ZU NEUJAHR

Konzentrieren Sie sich in Zeiten des Neuanfangs auf das Positive. Denken Sie an das Gute in Ihrem Leben und sprechen sie vom Guten, das die Zukunft bereithält. Gedenken Sie derer, die in der Vergangenheit gut zu Ihnen waren, und registrieren Sie alles, wofür Sie dankbar sind. Solche Minuten der guten Gedanken und freundlichen Worte sind bestimmend für das ganze Jahr und bringen Glück. Sie wissen ja: Die Ohren der Geister sind jetzt weit offen.

Wie die römischen Bauern, die am Neujahrstag symbolische Arbeiten verrichteten, sollten Sie, statt gute Vorsätze aufzulisten, am 1. Januar einfach mit all den Dingen, die Sie sich vornehmen wollen, symbolisch anfangen. Das bedeutet Glück *(bona fortuna)* bei allen Vorhaben.

- Wenn Sie mehr Sport treiben wollen, machen Sie einen kurzen Spaziergang.
- Wenn Sie Ihre Wohnung neu gestalten wollen, rücken Sie ein paar Möbel.
- Wenn Sie planen, mehr auf Ihre Ernährung zu achten, essen Sie nur eine bescheidene Mahlzeit oder stellen Sie sich entsprechende Rezepte zusammen.
- Um sich das Jahr zu versüßen, gönnen Sie sich oder schenken Sie anderen irgendetwas mit Honig. Pflegen Sie zum Beispiel Ihre Haut mit einer sanften Honiglotion.

Riten und Rituale im Januar

Türschwellen und Neubeginn

Türschwellen und Neuanfängen wurde große Bedeutung zugeschrieben, sie galten als magische Übergänge, als Grenzen zwischen zwei Welten und waren den alten Römern heilig. Wer über eine Schwelle nach draußen trat, verließ die Geborgenheit der Privatsphäre und begab sich in die Öffentlichkeit. Als ähnlich bedeutungsschwer galten der Antritt einer Reise und das Durchschreiten des Stadttores. Man ließ die zivilisierte Welt hinter sich und betrat wildes, ungezähmtes Land. Das Durchschreiten eines Tores galt als kritischer Augenblick, der keineswegs leicht genommen und schon gar nicht durch Frivolität oder Betrügerei entweiht werden durfte. Hier handelte es sich um einen heiligen Ort und einen feierlichen Moment. Wenn wir durch ein Tor gehen oder nach etwas Neuem streben, betreten wir den Einflussbereich von Janus, der schließlich der Gott der Tore und des Neuanfangs ist, »des still verstreichenden Jahres Ursprung« (Ovid, Festkalender, 1.65).

Janus und die Türschwellen

Da Tore Übergang und Neuanfang symbolisieren, assoziierte man sie mit Magie und Geistern.
Die Römer ließen es sich angelegen sein, den
Geist des Eingangs bei Laune zu halten und den
großen Pförtner nicht zu beleidigen. Es galt als besonders böses Omen, wenn man auf der Schwelle strauchelte oder stolperte, vor allem wenn es
um eine wichtige Zeremonie wie beispielsweise
die Eheschließung ging. Deshalb musste der Bräutigam seine Braut über die Schwelle tragen, an-
dernfalls hätte sie ja stolpern und den Geist des
neuen Heims verärgern können. Die Braut besänftigte Janus, den Geist der Schwelle, indem sie
die Türpfosten mit dem Fett eines Wolfs oder
Schweins bestrich oder auch mit Olivenöl, das
leichter zu beschaffen war. Auch befestigte sie Woll-
fäden an den Türrahmen.

1. Januar, 5. Januar; Kalenden, Nonen
JANUS

Agonalia

Für die alten Römer waren Tore ebenso wie jeder Neubeginn und damit auch der Monat Januar dem Gott Janus geweiht. Ihm verdankt der Januar seinen Namen.

Der Neujahrstag galt als Tag der guten Worte, wie wir bei
Ovid nachlesen können: »Doch warum sagt man frohe
Worte an deinen Kalenden, / Spricht einander dabei Glück-
wünsche aus, ja warum?‹ / Auf den Stab in der Rechten gestützt, entgegnete Janus: ›Immer enthält der Beginn Zeichen der Zukunft bereits. / Ängstlich aufs erste Wort sind bei
Euch die Ohren gerichtet, / Immer den ersten Flug schaun

die Auguren sich an.'« (Ovid Festkalender 1.175–182). Und tatsächlich sollten gute Worte den Neubeginn begleiten, denn die Römer wussten sehr wohl, dass eine Fülle von Omen jeden Anfang umgab. »Offen sind Tempel und Ohren der Götter« um diese Zeit.

Zu Neujahr erhielt Janus Geschenke, schimmernden Honig in einem weißen Krug sowie Datteln und Feigen. Solche Gaben wurden im alten Rom auch Freunden und Familienmitgliedern überreicht. Honig als angemessenes Opfer und Geschenk zum Jahresanfang sollte sicherstellen, dass es ein günstiges und süßes neues Jahr würde. Auch beschenkte man an diesem Tag Familienmitglieder und Freunde mit Geld. Ovid hat darüber vor zweitausend Jahren berichtet: »O wie schlecht kennst *du* dein Jahrhundert; / Glaubst du doch, süßer als Geld wäre ein Honiggeschenk!« (Ovid, Festkalender 1.191–192).

Im Eingangsbereich war bei den meisten römischen Häusern ein Schrein in die Wand des Vorraums eingelassen. Hier konnten die Familienmitglieder kurz verweilen, um zu beten und vielleicht einen Opferkuchen zu Ehren des Janus an dieser Schwelle darzubringen, die zwei Welten trennte.

Es lohnt sich, darüber nachzudenken, dass auch unsere Eingangstür eine solche Schwelle bedeutet, durch die wir in eine andere Welt hinausschreiten. Auch wenn wir jeden Morgen diesen Weg gehen und uns jeder Schritt selbstverständlich und alltäglich erscheint, ist er doch nie ganz derselbe. Etwas Neues beginnt, wenn wir die Schwelle morgens überschreiten. Ob wir zur Arbeit gehen oder die Kinder in die Schule schicken, so wissen wir doch nicht, was an diesem neuen Tag, der ja auch eine Art Neubeginn ist, geschehen wird. Aus dem geschützten Bereich unseres Hauses treten wir in eine unsichere Welt hinaus. Und nach Feierabend, wenn wir den Einkaufswagen durch den Supermarkt geschoben haben und die Kinder versorgt sind, sehnen wir uns nach der schützenden Behaglichkeit unseres Heims. Sofort spüren wir den Unterschied. Wenn wir den Schlüssel im Schloss umdrehen, die Tür öffnen und eintreten, legen wir Mantel und Einkäufe ab, atmen auf und sind endlich zu Hause. Und dort, wo wir die Tür geöffnet und die Schwelle überschritten haben, genau dort ist dieser kleine Bereich, der für die Römer ein heiliger Ort war.

Altes Gebet und Opfergaben für Janus und den Neubeginn

Die Römer opferten Janus vor jeder Reise und jeder anderen Unternehmung. Und der Pontifex Maximus, der Hohepriester, hielt bei Bedarf heiligen Opferkuchen für Janus unter seinem Bett bereit. Wer Geburtstag hatte, pflegte einen solchen Kuchen zu opfern. Das Traditionsgebäck hatte die Form von ineinander verschlungenen Händen.

Ein antikes Gebet zu Janus

Bieten Sie Janus den Opferkuchen mit den folgenden Worten an: »Vater Janus, mit Darbietung dieses Kuchens bitte ich gute Bitten, dass du seiest wohlwollend und geneigt mir und meinen Kindern, meinem Haus und meiner Hausgenossenschaft.«
Hernach bieten Sie Janus den Wein mit diesen Worten an: »Vater Janus, wie ich an dich bei Darbietung des Opferkuchens gute Bitten sorgsam gerichtet habe, sollst du der gleichen Sache halber durch dargebrachten Wein geehrt sein.«
Marcus Porcius Cato, Vom Landbau, 134

Ein Neubeginn kann mit Ängsten und Unsicherheit verbunden sein. Für den erfolgreichen Start jeder neuen Unternehmung sollten Sie dem zuständigen Geist Ihre Reverenz erweisen. Backen Sie also diese Opferkuchen und beten Sie, dass alles gut gehen möge.

Wir feiern ja auch Geburtstage mit Kuchen, Kerzen und Glückwünschen. Warum sollten wir diesen Brauch nicht genau wie die alten Römer auch auf andere Anlässe ausdehnen? Laden Sie die Familie und Freunde ein, um ihnen mitzuteilen, dass Ihnen ein Neuanfang bevorsteht. Und dann genießen Sie die guten Wünsche, die warme Herzlichkeit und die Unterstützung Ihrer Lieben, während Sie ihnen den Kuchen anbieten. Ein wunderbarer Start auf dem neuen Weg!

Cato hat uns ein uraltes Rezept überliefert:

Ein Libum mache so: Man zerreibe 2 Pfund Käse in einem Mörser; wenn man das fein zerrieben hat, gib ein Pfund sehr weißes Weizenmehl oder, wenn du es zarter willst, nur ein Halbpfund Weizenmehl dazu hinein und vermische es gut mit dem Käse; gib ein Ei hinzu und mische es gut mit hinein. Daraus forme einen Laib, lege Blätter darunter, backe es langsam auf warmem Herd unter einer Schüssel. (Marcus Porcius Cato, Vom Landbau, 75)

Und hier ein modernes Rezept:

Libum

(6 Portionen)

500 g Doppelrahmfrischkäse
120 g Mehl
1 Ei
1 Prise Salz
Lorbeerblätter

Rühren Sie den Käse in einer Schüssel schön cremig. Dann verquirlen Sie das Ei in einer kleinen Schale, gießen es zum Käse und vermischen alles gut. Nun geben Sie das Mehl dazu und verarbeiten alles zu einem weichen Teig. Formen Sie daraus 2 kleine, runde Kuchen. Fetten Sie ein Backblech ein. Legen Sie zuerst die mit Öl bestrichenen Lorbeerblätter darauf und dann die beiden Opferkuchen. Sie werden 25 bis 30 Minuten bei mittlerer Hitze gebacken. Servieren Sie Libum mit Honig oder reichen Sie dazu Wein oder Aperitifs.

MODERNE RITUALE FÜR DEN EINGANGSBEREICH

Halten Sie ein paar Minuten inne und konzentrieren Sie sich auf die Schwelle, den Eingang in Ihr Heim, die genau festgelegte Grenze zwischen privater und öffentlicher Sphäre. Man hat diesem Bereich in vielen Kulturen höchsten Respekt und Verehrung entgegengebracht. Denken Sie bei der Gestaltung des Vorraums daran, dass es sich nicht um Dekorationsstücke handelt, sondern um Opfergaben für den Gott der Schwelle.

- Nehmen Sie ein Buch über die alte chinesische Praxis des Feng-Shui zur Hand und holen Sie sich dort ein paar Ratschläge für die Gestaltung des Eingangsbereichs.
- Halten Sie sich an die Bräuche der Römer und bringen Sie dem Eingang als Weg in Ihr Heim die gebührende Wertschätzung entgegen. Das gilt für die Bereiche diesseits wie jenseits der Schwelle. Welchen Eindruck wollen Sie damit vermitteln?
- Besonders einladend sieht ein Kranz aus grünen Zweigen, getrockneten Blumen und Bändern aus.
- Bringen Sie auf der Innenseite der Haustür ein besonders erfreuliches Foto oder Bild an, das Ihnen jedes Mal ein Lächeln entlockt, bevor Sie hinausgehen.

Verstehen Sie sich gut mit Ihren Nachbarn? Kennen Sie sie überhaupt? Oft sind wir so sehr mit unserem eigenen Leben beschäftigt, dass wir mit den Nachbarn gar nicht zusammenkommen und von der Gemeinschaft isoliert leben.

Den Römern waren auch die Grenzen zur Nachbarschaft heilig, und sie feierten zu Beginn des neuen Jahres das Fest der Compitalia. Die Laren, Geister, die das Haus und den Besitz beschützten, förderten zugleich die guten Beziehungen zwischen Nachbarn. Aus Anlass dieses rituellen Festes kam man mit ihnen bei einem großen Mahl zusammen, erneuerte die Freundschaft und besprach künftige Belange der Gemeinschaft.

3.–5. Januar; III Nonen
Die Geister der sich kreuzenden Wege

Compitalia

Bei den Römern wurden Kreuzungen genauso respektvoll behandelt wie Eingänge. Beide waren Bereiche des Übergangs, umgeben von Geistern und Magie. Man sollte sich ihnen mit Vorsicht nähern. In der römischen Campagna nannte man sich kreuzende Wege compita – spirituell aufgeladene Orte, an denen die Grenzen zwischen den Höfen verliefen oder wo sich Überlandwege schnitten. An diesen Grenzpunkten stellte man kleine Schreine auf, deren vier Altäre in die vier Himmelsrichtungen wiesen. Auf diesen compita postierten die Bauern, zu Ehren der Geister und um das Ende der Pflanzzeit anzuzeigen, zerbrochene Pflüge.

Das uralte bäuerliche Fest der Compitalia, das zu Ehren der Kreuzungsgeister veranstaltet wurde, fand in den ersten Tagen des Jahres, am 3.–5. Januar, statt. Das Ritual begann in den Bauernfamilien zur Zeit der Abenddämmerung. Jedes Mitglied des Haushalts fertigte eine hölzerne Puppe an und hängte diese vor dem Hausaltar auf. Auch flocht man Knoblauchzwiebeln zusammen, um die Laren, also die Hausgötter und Geister der Kreuzwege, damit zu besänftigen.

In den Städten wurden die Compitalia mit der Zeit als Stadtfeste gefeiert, bei denen die Nachbarn aus demselben Viertel zusammenkamen. Man veranstaltete eine große Feier, zu der jede Familie einen Honigkuchen mitbrachte.

Fürsorge für uns selbst und Menschen, die uns nahe stehen

Dunkelheit bestimmt diesen Monat, die Tage gleiten allzu schnell vorbei, und die Nächte scheinen kein Ende zu nehmen. Der Stand der Sonne, der uns so lange Perioden der Finsternis beschert, war Mittelpunkt der alten Rituale, vor allem solcher Riten, mit denen man der Geister der Toten und der Vergangenheit (Vediovus und die Manen), der dunklen Schatten, gedachte. Wir müssen uns an die begrenzten Phasen des Lichts und die unbarmherzige Dunkelheit anpassen, indem wir unseren Zeitsinn schärfen und wieder zum Einklang mit den Kreisläufen der Natur finden.

Oft assoziieren wir mit der Dunkelheit negative Kräfte, obwohl für das Samenkorn, das in die Erde gebettet wird, das Dunkel doch eine wichtige Voraussetzung für die Keimung ist. Und dasselbe gilt auch für uns! Wenn wir im Januar die Phase der Dunkelheit erleben, sollten wir die Zeit nutzen, um uns auf bevorstehende Aufgaben vorzubereiten. In diesem Monat müssen wir all unseren Mut zusammennehmen, um in unser Inneres zu schauen und eine Reise in die dunklen Tiefen unseres Seins zu unseren Wurzeln anzutreten. Deshalb ehrte man Anfang Januar Vediovus und die Manen. Und das ist auch der Grund, warum der doppelgesichtige Janus in die Vergangenheit und in die Zukunft sehen kann.

Der Januar ist die richtige Zeit, um Vergangenes, das uns bewegt hat, aufzuarbeiten und abzuschließen, ob es sich nun um irgendwelche Pläne, Beziehungen oder auch um den Tod uns nahe stehender Menschen handelt. Wir sollten das Gute verinnerlichen und uns die schönen Erinnerungen bewahren, doch die Ereignisse der Vergangenheit dürfen uns nicht erstarren lassen.

Wir sind dankbar für das Gute, das uns im Alltag widerfährt. Doch schon die Alten wussten nur zu gut, dass die dunklen Kräfte, die Manen, mächtig sind und uns stark beeinträchtigen können. Ihnen direkt ins Angesicht zu schauen, ist das beste Mittel, ihre Kraft zu brechen. Sie bloß zu verdrängen, behindert dagegen unser inneres Wachstum. Wir sollten die Gegenwart der dunklen Mächte durchaus akzeptieren, ihnen die Kraft nehmen und sie besänftigen, bevor wir weiterstreben.

Wie viele Beziehungen sind gleichsam ausgetrocknet, weil wir uns gescheut haben, unsere Wünsche und Nöte zu offenbaren? Wie oft waren wir voller Kreativität und hatten wunderbare Ideen, die leider nie verwirklicht wurden? Die Manen haben uns immer wieder hinuntergezerrt. In jedem von uns gibt es eine dunkle Seite, in der unsere ganz persönlichen Manen ihren Sitz haben. Und genau das ist der Teil von uns, der gegen das Wachstum arbeitet, uns aufhält und dem wir entrinnen wollen. Instinktiv wissen wir, dass wir voranschreiten und den bösen Geistern, die in uns lauern, die Stirn bieten müssen, um geistig zu überleben.

Ein Trankopfer wurde auf den Boden gegossen und so von der Erde aufgenommen. Es galt als Opfer für die Geister der Unterwelt. Die Römer haben ihre Toten häufig einäschern lassen und ihre Asche in Familiengrüften außerhalb der Stadtmauern beigesetzt. Zu beiden Seiten der Straßen, die in die römischen Städte führten, sieht man die Grabmäler der verstorbenen Bürger. Die Familie brachte zu Ehren der toten Verwandten im Laufe des Jahres mehrmals Trankopfer dar.

Odysseus (Odyssee 11.26−34) beschwor die Toten, indem er ihnen ein Trankopfer darbrachte, zuerst Honig, dann Wein und schließlich Wasser. Danach bestreute er das Trankopfer mit Gerste, während er die Geister der Toten anrief. Die schönste Beschreibung eines Trankopfers aber stammt von Sophokles; er beschrieb es in *Ödipus auf Kolonos* (466−492). Zuerst wird Wasser aus einer frisch sprudelnden Quelle geholt, dann füllt man die Krüge im Heiligtum mit Wasser und Honig und bedeckt sie mit Wolle. Derjenige, der das Trankopfer darbringt, hält einen Olivenzweig in einer Hand, wendet sich nach Osten und neigt den Krug mit Wasser nach Westen. Olivenzweige werden dort über die Erde gebreitet, wo sie das heilige Getränk aufgenommen hat. Der Opfernde verharrt noch ein wenig in stillem Gebet und zieht sich dann, ohne sich umzudrehen, zurück.

1. Januar; Kalenden
VEDIOVUS

Die Anziehungskraft der Vergangenheit und der Schatten der Toten, die den Römern während dieses öden Wintermonats so gegenwärtig waren, verkörpert Vediovus, der Gott aus uralten Zeiten, Geist der Verstorbenen oder, wie die Römer sagten, der Manen. Er erschien in Gestalt eines jungen Mannes, trug Pfeile bei sich und wurde von einer Ziege begleitet.

MODERNE RITUALE ZUR BESÄNFTIGUNG DER DUNKLEN GEISTER UND ZUR STÄRKUNG DES GUTEN WILLENS

Essen Sie etwas Süßes, um die Dunkelheit zu bannen, und verbringen Sie den Tag mit Freunden in harmonischer Gemeinschaft. Servieren Sie beispielsweise an einem kalten Januartag warmen Honigkuchen mit duftendem, würzigem Tee und genießen Sie den süßen Wohlgeschmack dieses Monats auf der Zunge. Ein Stück Baklava mit viel Honig und Nüssen ist genau das Richtige für die Januar-Götter und Sie selbst.

Warmer Honigkuchen

4 Eier, verquirlt
300 g brauner Zucker
125 ml Distelöl
200 g Honig
320 g Mehl
1 1/2 TL Backpulver
1/2 TL Natron
1 TL Piment
1 TL Zimt
1 TL gemahlener Ingwer
1 Msp. Muskat

Heizen Sie den Backofen auf 180 °C vor. Fetten Sie eine große, rechteckige Pastetenform ein und stäuben Sie sie mit Mehl aus. Alle Zutaten zu einem geschmeidigen Teig verrühren, in die Form geben und den Kuchen 40 Minuten backen. Dazu schmeckt würziger Tee.

Alte Heilungsrituale: Incubatio

Dieses Ritual folgte einem ganz genau festgelegten Ablauf. Zuerst widmete sich der Patient drei Tage der Reinigung, indem er sich aller sexuellen Aktivitäten enthielt und weder Ziegenfleisch noch Käse genoss. Dann opferte sie oder er, mit einem Lorbeerkranz um den Kopf, den heilenden Göttern Kuchen und Girlanden aus Olivenzweigen. Am Tag des Zeremoniells wurden auf einem Altar, der im Freien stand, nochmals zwei Kuchen für mehr Glück, Erinnerung, Erfolg und Sammlung dargebracht. Einen dritten Kuchen trug man ins Heiligtum und opferte ihn der Göttin der Ordnung. Der Patient, der noch immer mit dem Lorbeerkranz geschmückt war, legte sich auf einer Pritsche vor der großen Kultstatue des Aesculap nieder und schlief ein. Diese ganz persönliche Begegnung mit der Gottheit hatte gewiss eine tief gehende Wirkung. Die nun vorzunehmende heilende Behandlung, die man so heiß ersehnte, erschien einem dann im Traum, den man selbst entsprechend deuten musste.

Auch uns legt die Natur nahe, im Januar öfter mal unsere Aktivitäten zu drosseln, uns in eine warme Decke zu kuscheln und zu schlafen. So nutzen wir die Zeit, um uns, gleichsam im Schlaf oder im Traum, körperlich und geistig zu kurieren.

Heilung war eine religiöse Erfahrung für die alten Römer, zu ihr gehörte das Gebet ebenso wie Opfer und Glaube. Der erste Schritt war die persönliche Begegnung mit den heilenden Göttern. Wir sollten uns gerade zu Beginn des neuen Jahres auf unsere Gesundheit konzentrieren, vor allem wenn wir vorher den fürchterlichen und traurigen Manen ins Auge gesehen haben. In diesem Monat können wir lernen, auf uns Acht zu geben.

1. Januar; Kalenden
AESCULAPIUS UND SALUS

Die Götter der Heilkunst waren Aesculapius, seine Mutter Coronis und seine Tochter Salus (Hygeia). Ihnen erwies man in den ersten Januarwochen die Ehre. Der Gott Aesculapius, der stets mit einer um seinen Stab geringelten heiligen Schlange dagestellt wird, wurde schon in großen griechischen Kultzentren und bei den heiligen Schreinen in Epidauros und auf Kos verehrt. Im Jahr 291 v. Chr. hat man ihn offiziell nach Rom überführt, und zwar auf folgende Weise:

Auf Anweisung der Sibyllinischen Bücher schickten die Römer angesichts der Pest zehn Gesandte unter Führung des Quintus Ogulnius aus, den göttlichen Aesculapius aus Epidauros nach Rom zu bringen. Als sie dort ankamen und das mächtige Standbild des Gottes

bewunderten, glitt eine Schlange aus dem Tempel, die
damals eher ein Gegenstand der Verehrung als des Schre-
ckens war, und zum Erstaunen aller machte sie sich auf
den Weg mitten durch die Stadt zum Schiff der Römer
und schlängelte sich zum Zelt des Ogulnius empor …
Und als das Schiff flussaufwärts fuhr, schnellte die
Schlange auf eine Insel, wo ihr ein Tempel errichtet
wurde. Die Pest klang danach erstaunlich schnell ab.
Anonym: Über berühmte Männer 12.1–3

Die Insel im Tiber, die die Schlange ausgewählt hatte, ist ein
Ort des Heilens geblieben, heute befindet sich dort das
Krankenhaus San Bartolomeo. In der dazugehörigen Kirche stehen noch die antiken Säulen. Die gemeißelten Ver-
zierungen auf den Wänden an der Südwestecke der Insel
zeigen bis heute die Schlange.

Moderne Heilungsrituale: Incubatio und Traumarbeit

Als Incubatio bezeichnet man den heilsamen Schlaf auf
dem Boden des Tempels, oft zusammen mit der heiligen
Schlange und Hunden. Ich frage mich, wie die Patienten
überhaupt einschlafen konnten und was für Visionen sie
dann wohl hatten. Und doch gelten Träume als wichtige
Form der Heilbehandlung.

Gehen Sie das Ganze jedenfalls positiv an und lassen Sie
sich auch nicht entmutigen, wenn Ihnen Ihre Träume am
nächsten Morgen nicht mehr einfallen. Reden Sie sich den
ganzen Tag über einfach ein, dass Sie sich an Ihre Träume
erinnern werden. Beim Aufwachen bleiben Sie noch eine
Weile still liegen und lenken Ihr Bewusstsein auf all die
Ideen und Gefühle, die im Schlaf in Ihnen aufgestiegen sind,
bis sie durch Assoziation die Erinnerung an Ihre Träume
wecken. Führen Sie ein Traum-Tagebuch, in das Sie Ihre
Träume eintragen oder zeichnen.

Die alten, heilkräftigen Heiligtümer unterschieden sich nicht sehr von unseren heutigen Heilbädern. Allerdings waren sie vor allem anderen religiöse Zentren, Stätten ganzheitlicher Heilung, in denen Körper und Geist unter dem Schutz des Gottes oder der Göttin behandelt wurden. Wir können durchaus die weisen Ratschläge wieder aufnehmen, die Aesculapius und Salus einst erteilten. Die Heiligtümer befanden sich meist in ruhigen Tälern, abseits der großen Städte. Die Patienten, die Heilung von zahlreichen Leiden suchten, blieben oft gleich mehrere Monate lang. Sie litten unter allen möglichen Beschwerden, von Lähmungserscheinungen bis zur Kahlköpfigkeit. In den heiligen Stätten leiteten Priester, Priesterinnen und Hilfskräfte die Leidenden während ihrer Kur an. Die Ernährung wurde überwacht, und man ermunterte die Patienten zum Laufen, Spielen und zu anderen sportlichen Betätigungen. Da die geistige Anregung als wichtiges Stimulans für ein ausgeglichenes Leben galt, gab es auch Bibliotheken, in denen Philosophen und Lehrmeister Vorlesungen hielten. Da man die heilende und kathartische Wirkung von Theater, Dichtkunst und Musik auf die Patienten als sehr hoch einschätzte, fanden in den großen Heilzentren sogar Theatervorstellungen statt.

11. Januar; III Iden
JUTURNA

Juturna, eine heilkräftige Wassernymphe, der Geist des lebendigen Wassers, wurde auch unter den Namen Frigida oder Serena angerufen. Im alten Rom gab es mehrere Juturna-Heiligtümer. Eines stand ehedem unweit der Piazza di S. Ignazio, und vielleicht bewahrt die Kirche Santa Maria in Aquiro, weiter im Norden an der Piazza Caprinica, noch die Erinnerung an die Wassergöttin. Das Wasser, mit dem das Juturna-Heiligtum einstmals versorgt wurde, wurde über das Aquädukt »Aqua Virgo« (Jungfräuliches Wasser) transportiert, das im Jahre 19 v. Chr. errichtet worden ist und durch das bis heute Wasser nach Rom gelangt und dort beispielsweise den Trevi-Brunnen speist.

Lacus Juturnus, ein berühmter römischer Brunnen, ist heute wieder vollständig hergestellt. Er liegt im Südosten des Forums, unweit des Vestalinnentempels, und ist zu besichtigen. Der eingefriedete Bezirk Juturnas besteht aus Brunnen und Bassin, einer Tempelwand, in der die Statue der Göttin stand, und verschiedenen Räumen, die in der Antike den Mittelpunkt der römischen Wasserversorgung bildeten.

Moderne heilkräftige Wasserrituale

Nehmen Sie sich gelegentlich etwas Zeit und Muße, um zu meditieren oder einen ruhigen Abend mit einem Buch am Kamin zu verbringen, oder gönnen Sie sich ein Schaumbad bei Kerzenlicht. Denn das Eintauchen ins Wasser, in die ursprüngliche Quelle allen Lebens, galt schon immer als Auftakt einer Heilbehandlung. Die Göttin Juturna war eine Wassernymphe, aber auch eine Heilerin – eine Verbindung, die Ihnen nur zu verständlich wird, wenn Sie nach einem hektischen Tag ein heißes Bad genießen.

Lassen Sie so ein Bad, in dem Sie sich nicht nur reinigen, sondern auch Geist und Seele etwas Gutes tun, zur heiligen Mußestunde werden. Zum rituellen Bad der Antike gehörten Blumen, Parfüm, Badeessenzen, Kerzen, Musik und Gebet. Von Juturna können wir lernen, dass Entspannung und Besinnung auf uns selbst, aber auch das Verwöhnen der Sinne und die Erzeugung einer ganz besonderen Atmosphäre mit etwas so Profanem wie einem Bad durchaus heilsam sein können! Lassen Sie sich ruhig einlullen, während das warme Wasser Sie umspült. Stellen Sie sich die Samenkörner vor, die noch schlafend in der kalten Erde liegen, die Bärenmutter, die in ihrer Höhle in schier endlosem Winterschlaf eingerollt liegt, und Sie werden das Gefühl haben, genau das Richtige zu tun.

Mit diesem ersten Schritt der Annäherung an die Zyklen der Natur spüren Sie instinktiv, dass diese Zeit der Stille, der Besinnung wichtig ist für Wohlergehen und Wachstum. Wenn Sie sich dieses wohltuende Geschenk manchmal machen, reihen Sie sich wieder ein in den Kreislauf der Natur. Und das sollte man gerade im Januar tun.

BLICK IN DIE ZUKUNFT

Mitte des Monats bemerken wir, dass sich das Tageslicht verändert. Auch wenn noch immer die Dunkelheit dominiert, geht die Sonne früher auf und schenkt uns auch am Abend einige kostbare Augenblicke mehr Licht. Inmitten der Dunkelheit nehmen wir ein flackerndes Licht wahr und werfen einen flüchtigen Blick auf das heraufziehende Jahr.

Carmenta, die verzückte Göttin, deren Name nach volkstümlicher Deutung mit dem Wort *carmen*, also göttlicher Gesang, Prophezeiung oder Lied zu tun hat, war eine Zauberin, die auf ihre innere Stimme hörte. Vor allem von Frauen wurde sie verehrt, und sie konnte die positiven Aspekte der Zukunft voraussehen.

Prophetinnen waren wilde, von Geistern besessene Frauen, die ihren Gefühlen Ausdruck gaben. In der Antike zollte man ihnen Respekt und vertraute ihnen. Auch wir sollten wieder so weit kommen, unseren Instinkten und Eingebungen zu vertrauen und die inneren Stimmen, die uns Botschaften aus der Tiefe unseres Seins übermitteln, nicht einfach überhören.

Carmenta galt auch als Göttin der Gebärenden. Sie schützte das Ungeborene im Mutterleib, und sie war es auch, die, zusammen mit ihren Schwestern Antevorta und Postverta, für eine leichte Geburt sorgte. Diese Göttinnen legten zudem den Stand der Gestirne zur Zeit der Geburt fest und bestimmten damit das Schicksal des Kindes.

Die Zukunft vorhersagen:
Die Auspizien

Der Unterschied zwischen uns und den Etruskern, die es in der Beobachtung der Blitze am
weitesten gebracht haben, liegt darin, dass wir
glauben, Blitze entstehen durch den Zusammen-
prall von Wolken, während sie meinen, Wolken
stießen zusammen, um Blitze herauszuschleudern.
Da sie nämlich alles der Gottheit zuschreiben, sind
sie der Ansicht, Blitze deuteten nicht etwas an,
weil sie entstehen, sondern entstehen, um etwas
anzudeuten.

Seneca, Naturales quaestiones, 2.32

Göttliche Hinweise aus der Natur – Donner,
Blitz, Vogelflug, der Gesang der Vögel – galten als
Vorzeichen. Ein Zeichen wie der Blitz kann für
den Einzelnen plötzlich und unerwartet kommen. Nach dem Flug der Vögel mochte man in
bestimmter Absicht Ausschau halten. Ein solches
Zeichen der Natur wurde vom Einzelnen selbst
gedeutet, oder man suchte Rat bei einem Priester,
Auguren oder in Büchern. Selbst für die Behör-
den waren vor allen Staatsaktionen Auspizien
wichtig. Der Staat hielt sogar eigens heilige Hüh-
ner, um aus ihrem Verhalten während der Fütte-
rung auf Zukünftiges schließen zu können oder
Warnsignale für bestimmte Vorhaben zu erhalten.
Insgesamt nahmen die Römer Vorhersagen und
Weissagungen aus der Natur sehr ernst.

CARMENTA

Carmentalia

Carmenta, die Verzückte, war zugleich die Göttin des Mondes, des Anfangs und der Gebärenden. Sie, die auch in die Zukunft schauen konnte, sang mit beseelter Stimme ermutigende Worte in prophetischen Versen: »Überall ist, wo nur Erde es gibt, für den Tapferen Heimat, / Wie für die Fische das Meer, wie für die Vögel die Luft. / Niemals ein ganzes Jahr lang wütet das Tosen des Sturmes. / So wird, glaub mir, für dich auch wieder Frühlingszeit sein!« (Ovid, Festkalender, 1.493−496).

In ihrem Tempel konnte es kein Zeichen des Todes geben, denn selbst Ledersohlen und Tierfelle waren verboten. Die Römer glaubten nämlich, dass schwangere Frauen niemals Felle toter Tiere tragen dürften, weil das für die Ungeborenen den Tod bedeutete. »Nichts, was aus Leder ist, darf in diesen Tempel man bringen, / Dass nicht, was Totem entstammt, schände den reinen Altar. / Liebst du alte Bräuche, dann tritt, wenn gebetet wird, näher: / Hörst du Namen doch hier, die du noch niemals vernahmst!« (Ovid, Festkalender, 1.629−632).

Carmenta wurde von ihren zwei Schwestern, Antevorta und Postverta, der Vorwärts- und der Rückwärtsgerichteten, begleitet, legten diese doch die Lage des Kindes im Mutterschoß fest. Weitere weibliche Geister der Gebärenden waren Lucina, die »die Augen des Kindes zum ersten Licht hin öffnete«, Levana, »die dem Vater half, das Kind aufzunehmen«, und Candelifera, »die über das Licht im Gebärzimmer wachte«.

24.–26. Januar; Bewegliches Ritual nach den Iden
CERES UND TELLUS

Sementivae und Paganalia

Die Sementivae und Paganalia fanden in den letzten Tagen
der Januar-Lunation statt. Es handelte sich dabei um bäuerliche Riten für die Aussaat, für Fruchtbarkeit und Frieden.
In den ländlichen Gegenden um Rom wurden Tellus oder
Mutter Erde und Ceres an zwei verschiedenen Tagen in der
letzten Januarwoche Opfer gebracht.

> *Festlich feire das Dorf: Entsühnt euer Dorf jetzt, ihr*
> *Bauern; / Spendet auf ländlichem Herd jetzt eure Ku-*
> *chen fürs Jahr! / Opfert den Müttern der Feldfrucht,*
> *den Göttinnen Tellus und Ceres, / Jetzt mit eigenem*
> *Spelt, jetzt mit dem trächtigen Schwein! / Ist's doch*
> *Gemeinschaftsarbeit, was Ceres und Tellus verbindet: /*
> *Keimen lässt diese die Frucht, Raum gibt dann jene*
> *dafür.*
>
> Ovid, Festkalender, 1.669–674

GEBET FÜR FRIEDEN UND FRUCHTBARKEIT

Der Januar geht zu Ende, und es wird Zeit, dass wir festen
Boden unter den Füßen gewinnen, hoffnungsvoll ins neue
Jahr schauen und Mutter Erde um Frieden und Fruchtbarkeit bitten. Am 30. Januar treten wir zum Friedensaltar und
singen:

> *Winde dir um deine Haarpracht den Lorbeer aus Ak-*
> *tium, Frieden! / Komme zu uns und dann bleib mild*
> *überall auf der Welt! / Wenn nur der Feind fehlt, mag*
> *zum Triumph auch Gelegenheit fehlen: / … Priester,*
> *spendet den Weihrauch den Flammen des Friedens-*
> *altares; / Schlachtet das schneeweiße Tier, das ihr mit*

Wein habt besprengt! / Fleht zu den Göttern, die stets fromme Bitten erhören, dass ewig / Mit dem Frieden zugleich währe das Haus, das ihn schenkt!
Ovid, Festkalender, 1.711–713, 719–722

Februar

Der Monat der Reinigung

Februa *nannten in Rom die Vorfahren Mittel zur*
Sühnung … So ist der Monat benannt.
Ovid, Festkalender, 2.19, 31

Sonne im Wassermann
28 Tage

SONNENKALENDER
Kalenden: 1. Februar
Nonen: 5. Februar
Iden: 13. Februar

MONDKALENDER
Kalenden: 1. Tag nach Neumond
Nonen: 9. Tag vor Vollmond
Iden: Tag des Vollmonds

Im Februar hatten die römischen Bauern genug damit zu tun, ihre Weiden und Felder von allem Unrat zu säubern, den die Winterstürme hinterlassen hatten. Man kümmerte sich um die Weinstöcke, um Olivenbäume und Obsthaine, die Weide wurde beschnitten und erstes Getreide gesät. (Menologium)

★

Der Februar ist ein Schlüsselmonat, die Übergangsphase zwischen den Jahreszeiten, eine in Grau gehüllte Zeit zwischen tiefstem Winterschlaf und Frühlingserwachen. In diesem Monat beginnen die Vorbereitungen. Die Tändeleien und Feste zur Wintersonnenwende sind längst Vergangenheit. Bei den Römern wurden die praktischen Arbeiten zur Reinigung des Hauses, das Putzen und Schrubben, zu magischen Sühneritualen verklärt, die den gesamten Februar bestimmten. Während man auf den Frühling und das Wiedererwachen der Natur wartet, säubert man seine ganze Umgebung und kehrt symbolisch mit dem Schmutz und Abfall zugleich das Schlechte, die Schuld oder das Leiden hinaus. Es ist eine heilige Zeit!

Für jeden Römer war es von großer Bedeutung, sich mit den mächtigen Kräften der Natur gut zu stellen. Gerade im Februar mussten diese Mächte, die Wachstum und Fruchtbarkeit überwachten, versöhnlich gestimmt und willkommen geheißen werden, während man die feindlichen Kräfte des Todes verbannte und aus den Häusern und Städten sowie von den Äckern wegfegte. Den ganzen Februar über herrschte eine ernste und feierliche Atmosphäre. Der heilige Kalender bestimmte diesen Monat dazu, alles in Heim, Familie und Gemeinde auf einen guten Weg zu bringen.

Eine starke, solidarische Familie, die nicht nur die nächsten Angehörigen, sondern alle Bluts- und angeheirateten Verwandten mit einschloss, galt bei den Römern als besonderer Wert. Individueller Erfolg auf sozialem, politischem und wirtschaftlichem Gebiet war eng mit dem Zusammenhalt der Sippe verbunden. Für Wohlstand und Erfolg im kommenden Jahr waren Zustimmung und Wohlwollen der Familienmitglieder unumgänglich. Deshalb schloss man gleichsam einen Pakt zwischen den Lebenden und den Toten eines Geschlechts. Dazu gab es im Februar einen Zeitabschnitt mit feierlichen Treffen, bei denen alte Wunden zwischen lebenden und verstorbenen Familienmitgliedern geheilt wurden. In diesem Monat gedachte man der Verwandten, die einem nahe gestanden hatten, ehrte die Toten, vor allem Eltern und Großeltern, und beglich alte Rechnungen.

Die folgende Geschichte zeigt, wie stark und lebendig die Familienbande waren. Sie handelt von der Nymphe Callisto, von ihrem entsetzlichen, zu Unrecht ertragenen Leid, ihrer tiefen Elternliebe und schließlich ihrer Erlösung durch die endgültige und immer während Vereinigung mit ihrem Sohn.

CALLISTO

Callisto war eine junge Waldnymphe und die geliebte Gefährtin von Diana, der Waldgöttin. Als sie sich der heiligen Schar der Nymphen anschloss, legte Callisto eine Hand auf den Bogen der Göttin und schwor einen heiligen Eid: »Ich schwöre bei diesem Bogen, meine Jungfräulichkeit zu bewahren.« Diana befahl ihr: »Halte dein Versprechen, und du wirst meine Lieblingsgefährtin sein.« Callisto hätte ihr Versprechen sicher halten können, wenn sie nicht so reizend ausgesehen hätte. Sie ging Männern aus dem Weg, doch der lüsterne Gott Jupiter entdeckte sie trotzdem. Seine Leidenschaft für die schöne, wilde Waldnymphe war geweckt. Er raubte sie, und sie wurde von ihm schwanger. Doch sie schämte sich und suchte ihren Zustand zu verbergen.

An einem warmen Tag kehrte Diana um die Mittagszeit, als die Sonne am höchsten stand, von der Jagd zurück. Die Göttin schritt zu ihrem geheimen Lieblingsplatz in einem dunklen Hain mit hohen Eichen, die eine eisige Quelle nährte und rief: »Kommt, jungfräuliche Nymphen, lasst uns in den Wäldern hier ein Bad nehmen.«

Beim Wort »jungfräulich« erblasste Callisto und schämte sich. Alle anderen Nymphen entkleideten sich und badeten in dem kühlen Wasser. Callisto zögerte. Als sie ihre Tunika ablegte, verriet sie der gewölbte Leib, und ihr Zustand wurde offenbar. Diana war verärgert und sprach voll Strenge zu ihr: »Callisto, Lügnerin, verlasse sofort die Schar der Jungfräulichen. Verunreinige nicht unsere keuschen Wasser durch deine Gegenwart.«

Zehnmal verging die Zeit vom Neumond zum Vollmond, und die einstige Jungfrau wurde Mutter eines Kindes. Als Juno, die Gemahlin des Jupiter, das Kind sah, wurde sie fast wahnsinnig. Beleidigt von der Untreue ihres Gatten und in eifersüchtigem Zorn verwandelte sie Callisto in einen Bären. Warum? Callisto war doch unschuldig, Jupiter hatte sie geraubt und sie gegen ihren Willen genommen. Als Juno Callistos tierisches Gesicht sah, verhöhnte sie ihren Gatten: »Mit diesem Untier kannst du ins Bett gehen.«

Callisto – nun ein zottiger Bär – wanderte allein und verlassen durch die wilden Wälder. Ihren Sohn, der seine Mutter nie zu Gesicht bekam, nahm man ihr weg. Fremde zogen ihn groß. Als er fünfzehn Jahre alt war, traf ihn Callisto wieder – eine zufällige Begegnung! Er war frühmorgens in eben jenen Wäldern zur Jagd auf wilde Tiere aufgebrochen.

Sie erkannte ihn sofort, obwohl sie ein Bär und

51

er ein starker junger Mensch war. Vor Verzweiflung fast von Sinnen, blieb Callisto stehen und sah ihm in die Augen. Sie brummte, denn das war der einzige Laut, der ihr zu Gebote stand. Doch das Brummen war die Stimme einer Mutter! Der Junge fürchtete sich und hob seinen Speer, um sie zu töten. Wie sollte er auch seine eigene Mutter erkennen? Unwissentlich hätte er sie umgebracht, doch in diesem Augenblick wurden beide ans Firmament gezaubert. Als benachbarte Sternenkonstellationen scheinen sie nun auf die Erde herab. Der Bär geht voran, der Bärentreiber scheint ihm zu folgen.

Callisto ist Unrecht geschehen. Der Gott wie die Göttin haben sie verlassen, ließen die hilflose Nymphe fünfzehn Jahre lang allein durch die Wildnis wandern, getrennt von ihrem Sohn und ohne Unterstützung durch Familie und Freunde. Doch Callisto konnte überleben! Die Liebe zu ihrem Sohn hat die Jahre der Trennung und Mühsal überdauert. Die beiden sind, so will es die Mythologie, für immer vereint in der Sternenkonstellation des großen Bären. Callisto bleibt für alle Ewigkeit die Mutter Bär, die über ihr Kind wacht, die Manifestation einer Muttergottheit.

Die rührende Geschichte symbolisiert zugleich die Kraft, die eine Familie unauflöslich verbindet. Wie bei Callisto bedrohen auch bei uns oft widrige Umstände die Beziehungen zwischen Freunden oder in der Familie. Und wir können Callistos Wanderjahre auch als unseren eigenen, höchst unsicheren Weg zum Guten und zum heiligen Ideal begreifen, das wir nur durch die Liebe erreichen. Auf der Suche nach Versöhnung müssen wir uns oft mit schmerzhaften und erschütternden Erinnerungen auseinander setzen. Gerade im Februar bemühen wir uns, mit Leid, Zorn und Schuld ins Reine zu kommen und nach vorn zu schauen. Jetzt lassen sich gerade bei der Regelung von Familienangelegenheiten oft befriedigende Lösungen finden.

Riten und Rituale im Februar
Reinigung und Erneuerung

»Geht denn der Winter gar nicht zu Ende?«, fragen wir uns an kalten, grauen und trüben Tagen, wenn wir morgens im Dunkeln erwachen, unter der warmen, sicheren Decke liegen und keinen Fuß hinaus in die Kälte setzen möchten. Wie leicht kann man gerade um diese Zeit des Jahres die Verbindung zum Kreislauf der Natur verlieren, verbringen wir doch die meiste Zeit im Haus und bei künstlichem Licht. In dieser Zeit hält oft eine depressive Stimmung Einzug, und wir fühlen uns unfähig, längst überfällige Veränderungen anzugehen. Die Versuchung ist jetzt groß, die guten Vorsätze fürs neue Jahr über Bord zu werfen. Die schädlichen dunklen Geister, die im Schatten der Türschwelle lauern, nehmen überhand! Doch Sie können die Macht über sie zurückgewinnen, wenn Sie sich auf die Februarrituale, die reinigenden Riten, konzentrieren.

Jeder von uns schleppt ein Bündel von Zweifeln, Fehlern, schmerzenden Erinnerungen, falschen Worten und Taten mit sich herum. Jeder kennt solche dunklen Zonen und Geheimnisse, das Gefühl, »beschmutzt« zu sein und einer Reinigung zu bedürfen. Solche Gefühle können uns in einen wahren Sumpf hinabziehen. Doch jetzt ist die Zeit, schlechte Gewohnheiten wegzufegen und die Selbstzerstörung zu beenden. Wenn wir beginnen, uns von »bösen Geistern« zu befreien sowie uns und unsere Umgebung zu reinigen, bringen wir die Dinge wieder ins Lot. Reinigungsrituale können heilsam sein, denn sie berühren unsere tiefsten Gefühle und Erinnerungen.

Besonders für uns Frauen haben sie eine große Bedeutung. Wir gebären die Kinder, versorgen Familie und Heim und hüten das Herdfeuer – dafür benötigen wir positive, nährende Energie. Die Menschen der Antike kannten den heiligen und symbiotischen Zusammenhang zwischen weiblicher Energie und dem Wohlergehen von Familie und Haushalt. Am 1. Februar suchten die jungen Mädchen den heiligen Hain von Juno Sospita, der Göttin von Sicherheit und Fruchtbarkeit, auf und fütterten die heilige Schlange zu Ehren der wahrhaft weiblichen Kräfte von Fruchtbarkeit und Wiedergeburt.

Die Schlange – diese Urkreatur, die auf mysteriöse Weise aus den Tiefen der Erde hervorkriecht, urplötzlich auftaucht, sich schnell und geräuschlos bewegt und genauso schnell wieder in der Erde verschwindet –, sie dient als Talisman und als Versprechen der Wiedergeburt. Im Verlauf des Jahres schlüpft die Schlange aus ihrer Haut, um eine neue zu bilden. Sie überwintert, verschwindet und kehrt wie neu geboren zurück. Die Schlange wurde schon während der Steinzeit als heilig und als Erscheinung der großen Göttin verehrt. Sie ist die Inkarnation der positiven weiblichen Energie!

Die Ahnen

In römischer Zeit wurden in jedem Haushalt die Ahnen hoch verehrt. In besonderen Räumen abseits des Atriums gab es lebensgroße Bilder von ihnen. Die Kenntnis der Familiengeschichte und der Wurzeln des Geschlechts waren von großer Bedeutung. Bei besonderen Gelegenheiten versammelte man sich zu Ehren des männlichen »Genius« und der »Juno«, des weiblichen Geists der Frauen, vor dem Hausaltar.

So wie die Samen im Februar hartnäckig mit

ihren Wurzeln in der Erde nach Halt suchen, so sollten wir unsere Bindungen stärken und bemüht sein, unsere Wurzeln kennen zu lernen. Wir können mehr über unsere Ahnen erfahren, wenn wir Familienforschung betreiben und vielleicht einen Stammbaum anlegen.

---

1. Februar; Kalenden
JUNO SOSPITA

Dies war der Ehrentag der Juno Sospita Mater Regina. Die Schutzgöttin der Fruchtbarkeit wird oft in soldatischem Gewand aus Ziegenfell dargestellt, mit einem gehörnten Ziegenkopf, der helmartig über den Kopf gezogen ist. Sie trägt Speer und Schild sowie Schuhe mit Schnabelspitzen, und ihr Begleiter ist eine Schlange, eine Krähe oder ein Rabe.

Im Ritus der Juno Sospita wird um Schutz, Fruchtbarkeit und Wohlstand gebeten, besonders für die Frauen. Der Kult hat seinen Ausgang wohl in der Stadt Lanuvium genommen, wo am 1. Februar ein ungewöhnliches und sehr altes Ritual zu Ehren der Juno Sospita stattfand. Junge Mädchen, vor allem Jungfrauen, wurden mit verbundenen Augen zu Junos heiligem Hain geführt. Sie hatten als Opfergaben Gerstenkuchen bei sich, um die heilige Schlange, die in dem Wäldchen lebte, zu füttern. Akzeptierte die Schlange die Gaben, würden die jungen Frauen im kommenden Jahr gesunde Kinder empfangen. Auch käme dies der Ernte und dem Wohlstand aller zugute.

MODERNES RITUAL DER ERNEUERUNG

Sie können dieses Ritual der Schlangen-Fütterung am 1. Februar natürlich als Symbol verstehen, es aber auch wörtlich nehmen. Es geht darum, das Alte abzustreifen und sich ganz erneuert zu fühlen. Wie die Schlange sich häutet, schütteln Sie Gedanken und Dinge ab, die Sie los sein möchten. Schlagen Sie Funken eines Neuanfangs, um diese ersten kalten Februartage etwas wärmer werden zu lassen.

Tun Sie sich mit einer dampfenden Tasse Kaffee oder Tee und einem Stück selbst gebackenem Brot etwas Gutes. Die Erneuerungsfähigkeit der Schlange findet sich wieder in der Spiralform eines frischen Honigbrots.

✦➤●◄✦

Spiralförmiges Honigbrot

1 Päckchen Trockenhefe
125 ml Milch
50 g Zucker
1/2 TL Salz
2 EL zerlassene Butter
1 Ei
375 g Mehl
Öl für Schüssel und Form
Für den Belag:
50 g Butter
125 g Puderzucker
1 Eiweiß
2 EL warmer Honig

Das Mehl in eine Schüssel schütten, in der Mitte eine kleine Grube machen, die zerkrümelte Hefe mit etwas lauwarmer Milch und einer Prise Zucker hineingeben und daraus mit einem Viertel des Mehls einen kleinen »Vorteig« bereiten; die Schüssel gut zugedeckt an einen warmen Ort stellen und den Vorteig etwa 15 Minuten aufgehen lassen. Den Vorteig mit dem restlichen Mehl, dem Ei, Zucker und der restlichen Milch verarbeiten, zuletzt die zerlassene Butter dazugeben. Den Teig so lange schlagen, bis er Blasen wirft und sich von der Schüssel löst. Den Hefeteig nochmals gut zugedeckt an einem warmen Ort etwa 30−60 Minuten gehen lassen. Den aufgegangenen Teig zu einer langen Rolle (120−150 cm lang) formen. Den Teig, außen beginnend, in einer gefetteten runden Form (ca. 25 cm Ø) spiralförmig aufrollen, bis der ganze Boden bedeckt ist. Die Zutaten für den Belag cremig aufschlagen und die Teigspirale damit einpinseln. Den Kuchen nochmals etwa 45 Minuten gehen lassen. Im vorgeheizten Backofen (180 °C) 35 bis 45 Minuten backen.

Zu dem etwas klebrigen Kuchen reichen Sie am besten Fingerschalen mit Zitronenwasser und Papierservietten.

Bei den Griechen und Römern symbolisierte die Schlange die Kontinuität des Lebens und genoss ein hohes Ansehen, denn sie galt als Glücksbringer. In den Lararia (Andachtsräumen) der Häuser von Pompeji hat man aufgerollte Schlangendarstellungen aus Ton gefunden, ebenso Schlangen auf Wandbildern. Die Anwesenheit der Schlange wies auf einen heiligen Raum hin.

Die erneuernde Kraft der Schlange sollte die Familie schützen und für Fruchtbarkeit und Gedeihen über Generationen sorgen. Deshalb ehrte und fütterte man am 1. Februar die Schlangen.

1. Februar; Kalenden
HELERNUS

In römischer Zeit drängten sich an diesem Tag die Betenden in dem an der Tibermündung gelegenen heiligen Hain des Gottes Helernus, unter dessen Schutz von jeher die Gemüsepflanzen standen. Die Priester brachten ihm Opfergaben dar. Für die Menschen bedeutete dies, dass sie nach einem dunklen Winter wieder einmal ins Freie kamen, um für eine gute Gemüseernte zu bitten und sich, wenn möglich, am Tiber zu einem Picknick niederzulassen.

13. Februar; Iden
FAUNUS

An den Iden raucht der Altar des ländlichen Faunus (Ovid, Festkalender, 2.193)

Faunus war die Gottheit der Wildnis und der Geist des ungezähmten Urwaldes. Sein Name ist von dem lateinischen Wort *favere* abgeleitet und bedeutet »der Freundliche«. Er war der Begleiter der Hirten und wird mit Hörnern und Hufen als halb Mensch, halb Ziegenbock dargestellt. Dieser Jäger und Gott der Landwirtschaft wurde vor allem auf dem Land verehrt, sein Kult hat sich in der Stadt nie eingebürgert.

Faunus war ein Gott des Orakels, mit dem man die seltsamen Geräusche des wilden, nächtlichen Waldes assoziierte. Leute, die das Orakel befragen wollten, gingen in einen dem Faunus geweihten Hain, stellten ihre Frage und lauschten den Geräuschen der Nacht. Deren Deutung blieb dann dem Fragenden selbst überlassen.

DAS HAUS REINIGEN UND WEIHEN

Obwohl es den Frühjahrs-Hausputz als profanes Ritual in vielen Haushalten gibt, kann man die rituelle Reinigung des eigenen Heims durchaus auch als Vorbereitung auf weihevolle Ereignisse vornehmen.

5. Februar; Nonen
FEBRUUS

Februalia

Zu Ehren des Gottes Februus wurde eine rituelle Reinigung des Hauses vorgenommen. Mit *februa,* also Reinigungsgeräten wie beispielsweise Zweigen von einer Pinie oder Kie-

fer (»reine Bäume«) wurden böse Geister aus dem Haus gefegt. Damit war das Heim auf das kommende Jahr vorbereitet.

Seit uralter Zeit rief der Hohepriester an den Nonen des
Februar einen *dies februatus* aus, einen »Tag der Reinigung«.
Die bösen Geister wurden hinausgekehrt und alles Unheil-
bringende vertrieben, das im Atrium lauerte. Nur für gute
Geister und positive Energie blieb im Hause Platz.

Ein Priester oder ein Familienmitglied überwachte die
Prozedur. Nach der Reinigung streute man noch Salz und
Getreide aus und fegte auch dieses hinaus. Danach galt das
Haus als rein.

Eine solche Art Hausputz ist nicht nur praktisch, sondern
kann, symbolisch gesehen, auch heilsam sein. Wir fühlen
uns einfach besser, wenn wir uns von Schmutz und vie-
lem Unnötigen befreit haben. Abgesehen davon hinterlässt
gründliches Schrubben und rituelles Kehren mit einem
Kiefernzweig einen köstlich frischen Duft.

Moderne Rituale zur Reinigung des Hauses

Im Februar gilt es, die Ärmel hochzukrempeln und an die
Arbeit zu gehen – Hausarbeit ist angesagt. Es wird Zeit für
den Frühjahrsputz, also für das alljährliche Ritual, bei dem
man Überflüssiges, das sich im Winter angesammelt hat,
wegwirft und schmutzige Fenster putzt, damit das stetig zu-
nehmende Sonnenlicht herein kann. Nach der Säuberungs-
aktion sollten Sie das Reinigungsritual vornehmen. Gehen
Sie mit irgendeinem Reinigungsinstrument, sei es ein Kiefernzweig, ein Stück weiße Wolle oder eine Feder, durch
Ihre Wohnung. Fegen Sie die bösen Geister einfach zur Tür
hinaus und laden Sie positive Energie zu sich ein. Sprechen
Sie zu Ehren Ihrer eigenen Hausgötter ein kurzes Gebet.

»Auch mich macht der Winter nervös. Wenn der graue Morgennebel noch wie eine undeutliche Wand zwischen Träumen und Wachen steht, stehe ich auf und fühle mich irgendwie verunsichert, gereizt. Dann brauche ich zur Beruhigung eine anständige Pastete.« (Molly O'Neill, New York Times, Redaktion Essen und Trinken, 24. Januar 1999)

5. bis 17. Februar; bewegliches Ritual von den Nonen bis zu den XIII Kalenden des März
Fornax

Fornacalia

Da wurde Fornax zur Göttin gemacht, und froh über Fornax /
Beten die Bauern zu ihr, dass sie verschone die Frucht.
Ovid, Festkalender, 2.225−226

Die *Feriae Conceptivae* sind bewegliche Feste innerhalb eines bestimmten Zeitrahmens. Zwischen dem 5. und 17. Februar pflegten Familien und Freunde zur gemeinsamen Feier der Fornacalia, dem Fest zu Ehren von Fornax, der Göttin des Ofens, zusammenzukommen.

Bei diesen Mahlen ging es »einfach, sparsam und wenig aufwändig zu«, heißt es im Buch eines römischen Autors. »Man setzte den Göttern auf hölzernen Tischen Gaben in Körben und auf kleinen irdenen Tellern vor, darunter Gerstenbrot, Kuchen, Getreide und Erstlinge.« Das Trankopfer (Wein) wurde in kleinen irdenen Bechern und Krügen gereicht, niemals in Gold- oder Silbergefäßen.

Nach der Reinigung des Hauses richtete sich die Aufmerksamkeit der Römer auf den Ofen, denn dieser sicherte die Ernährung der Familie.

Anfangs brachte jede Familie zwei ungebackene Brotlaibe zum Gemeinschaftsbackofen einer kleinen Gemeinde. Später, als der Bedarf an Brot in der wachsenden Gemeinde der Bürger immer größer wurde, versorgten eigene Bäckereien die Stadtbewohner mit Brot und Gebäck. Doch auch dann wurde Fornax nach wie vor im Februar mit Brotopfern und einem öffentlichen Fest geehrt. Die Göttin sorgt dafür, dass sich das Feuer nicht ausbreitet und das Haus zerstört, auch verhindert sie das Anbrennen der Brote und bewirkt, dass alles Gebackene gut aus dem Ofen kommt. Ein Gebet an diese Gottheit lohnt sich also!

Modernes Ritual für die Ofengöttin

Veranstalten auch Sie nach der Reinigungsprozedur ein kleines Fest. Backen Sie etwas. Kaum etwas ist so befriedigend wie ein sauberes Haus und ein verführerischer Duft, der aus dem Backofen dringt, vielleicht von einem Apfelkuchen, der genau die Behaglichkeit vermittelt, die wir im Februar so dringend nötig haben. Oder veranstalten Sie ein Abendessen und laden Sie Ihre Freunde ein, einen Laib ungebackenes Brot mitzubringen, der dann in Ihrem Ofen fertig gebacken wird. So wird Ihr Heim schön warm, und Sie belohnen sich selbst für all die Arbeit. Ein solches Ritual, das wärmt und satt macht, nährt Körper und Seele.

Köstlicher saftiger Apfelkuchen

375 g Mehl
1 TL Salz
1 TL Natron
1 TL Backpulver
1 TL Zimt
300 g Zucker
100 g Rohrzucker
300 ml Rapsöl

3 große Eier
2 TL echte Vanille
3 Äpfel, geschält, entkernt und in Würfel geschnitten
100 g Walnüsse, grob gehackt
Fett und Mehl für die Backform

Mehl, Salz, Natron, Backpulver und Zimt in einer Schüssel mischen. In einer zweiten Schüssel den Zucker mit dem Rapsöl verrühren. Eier und Vanille hinzufügen und die Masse kräftig aufschlagen. Nach und nach die Mehlmischung unterziehen. Mit einem großen Holzlöffel die Apfelwürfel und die Walnüsse unter den zähflüssigen Teig rühren und alles gut vermischen. Eine Springform mit Fett ausstreichen und mit Mehl bestreuen. Den Teig hineingeben und den Kuchen im vorgeheizten Backofen (180°C) 80 bis 90 Minuten backen.

+>•<+

BEZIEHUNGEN ORDNEN

Der Februar ist ein wahrhaft heiliger Monat. In diesen Wochen sorgt man für gute Beziehungen zu seinen Lieben wie zu den Verstorbenen der Familie. Bei den Römern gehörten die guten Wünsche der nahen Verwandten ebenso zu den Vorbereitungen wie das Wohlwollen der Toten. Es war eine Zeit des Erinnerns, wobei es festgesetzte Tage gab, an denen man den Verstorbenen die Ehre erwies. Dennoch war der Februar keine Zeit der Furcht, denn man gedachte nur der »lieben Toten«, vor allem der geliebten Eltern.

13.–21. Februar; Iden–VIII Kalenden des März
PARENTALIA

Bei den Parentalia handelte es sich um ein meist Mitte Februar begangenes Fest zur Besänftigung der Verstorbenen.

Die Zeit der Besänftigung begann um die sechste Stunde (vielleicht in der Dämmerung) des 13. Februar und dauerte bis zum 21. (dann beging man die Feralia, eine ganz ähnliche Feierlichkeit). Am ersten Tag dieser Woche des Gedenkens vollzog eine der jungfräulichen Vestalinnen eine bestimmte Zeremonie, indem sie ein Trankopfer zu Ehren der Toten darbrachte. In diesen Tagen blieben alle Tempel geschlossen, auf den Altären brannten keine Opferfeuer, und es fanden keine Hochzeiten statt. Im Gegensatz zu den Feralien, die öffentlich begangen wurden, fanden die Riten der Parentalien im privaten Kreis statt.

Die Trauernden erwiesen den Dahingeschiedenen bei der Familiengrabstätte außerhalb der Stadtmauern die Ehre. Hier sprachen sie sehr persönliche Gebete und vollzogen im Familienkreis die gebührenden Rituale. Auch brachte man schlichte Opfergaben mit.

Ehre erweist man auch Gräbern: Die Seelen der Ahnen versöhnt man, / Legt kleine Gaben dort, wo sie verbrannt wurden, hin. / Wenig begehren die Toten: Sie ziehen die Frömmigkeit reichen / Gaben vor; unten die Styx kennt keinen gierigen Gott. / Schon ein Ziegel genügt, mit Opferkränzen umwunden, / Einige Früchte, verstreut, wenige Körner von Salz. / Brot auch, in Wein geweicht, und lose Veilchen – man lege / In einem irdenen Topf dies in die Mitte des Wegs! / Großes verbiete ich nicht, doch auch dies versöhnt schon die Schatten; / Füge am Herd im Gebet das, was man sagt, noch hinzu!

Ovid, Festkalender, 2.533–542

Man sprach auch vom »Veilchen-Fest«, weil das Grab zu diesem Anlass mit Veilchen bedeckt wurde. Das »Rosen-Fest« zu Ehren der Verstorbenen fand später im Jahr statt.

Auch wir können den Februar als eine Zeit der Wiedervereinigung betrachten, als Monat der Reinigung und der
Heilung alter Wunden. Sie sollten sich jetzt mit allen Familienmitgliedern aussöhnen und auch mit den Toten Ihren
Frieden machen, die verschieden sind, bevor Sie mit ihnen
im Reinen waren. Bei den Römern bot sich hier noch einmal eine Gelegenheit, der Eltern und aller Verwandten mit
freundlichen Gefühlen zu gedenken. Erweisen Sie verstorbenen Eltern, Verwandten und Freunden den gebührenden
Respekt.

Die römische Familie begab sich zur Grabstätte und
brachte ein Opfer in Form von kleinen Geschenken dar.
Auch Sie möchten vielleicht Ihrer Lieben gedenken. Jetzt
ist die richtige Zeit, um im Kreise der Familie vergangenes
Leid und Trauer gemeinsam aufzuarbeiten. Gute Gedanken
sollten Sie dabei erfüllen, erinnern Sie sich an Dinge, mit denen Sie Positives verbinden. Sie können ruhig weinen und
Ihrer Trauer freien Lauf lassen. Sicher empfinden Sie körperlichen wie seelischen Schmerz. Verdrängen Sie ihn nicht,
er hilft Ihnen, mit der Erinnerung an die Toten und an die
Vergangenheit besser fertig zu werden. Wie die Natur, die
noch in Kälte und Dunkelheit verharrt, erwarten auch wir
die Zeit der Wiedergeburt und eines neuen Lebens.

MODERNES RITUAL ZU EHREN DER LEBENDEN

Familien treffen sich im Allgemeinen oft zu gemeinsamen
Mahlzeiten, etwa zum Erntedank, zur Martinsgans oder zu
religiösen Festen wie Weihnachten oder Ostern. Warum
sollte man nicht auch einmal zusammenkommen, um Fa-
milienprobleme zu erörtern? Jetzt im Februar ist die Gelegenheit günstig. Jedes Mitglied leistet nicht nur seinen Bei-
trag zum Gemeinschaftsessen, sondern bringt auch Fragen
und Probleme mit. Vielleicht eröffnet man die Zusammen-

kunft mit einem Gebet und lässt dann das gemeinsame Essen und Trinken den Weg bereiten zu einem offenen Ge-
dankenaustausch, bei dem auch Konflikte gelöst werden
können, die ihre Ursachen in mangelnder Kommunikation
haben. Wenn ein solches Treffen nicht möglich ist, lässt sich
auch durch einen Brief, eine Karte, ein Telefonat oder ein
Gebet die Familienbindung neu vertiefen.

21. Februar; IX Kalenden des März
FERALIA

Am 21. Februar endeten die Parentalia, und die Feralia begannen. »Die Feralia sind nach den dunklen Mächten, den
inferi, benannt und stehen in Zusammenhang mit dem (lateinischen) Wort für ›tragen‹, da an diesem Tag die Opfergaben
zum Grab getragen wurden« (Varro, De Lingua Latina, 6, 13).
Die Feralia hatten den Zweck, dunkle Mächte und negative Energien zu besänftigen, die durch böse Gedanken und
Worte ausgelöst worden waren.

Ein ganz ungewöhnliches Ritual zu Ehren von Tacita
Muta, der Schweigenden Göttin, wird mit den Parentalia
und Feralia in Zusammenhang gebracht. Bei diesem Zeremoniell hatte eine weise, alte Frau »böse Zungen und allzu
große, unfreundliche Münder zusammenzubinden«.

*Sieh doch die alte Frau inmitten der Mädchen dort sit-
zen! / Tacita opfert sie dort (schweigt aber selbst dabei
kaum), / Legt mit drei Fingern drei Körner Weihrauch
unter die Schwelle, / Wo den Geheimgang sich nagte die
winzige Maus. / Bindet danach mit fahlem Blei bespro-
chene Fäden, / Dreht sieben Bohnen auch, die schwarz
sind, im Mund hin und her, / Dörrt einen Fischkopf,
der, mit Pech beschmiert und mit einer / Bronzenen
Nadel durchbohrt, zugenäht ist, in der Glut, / Tröpfelt
auch Wein noch darauf, und was übrig vom Wein ist,*

das trinkt sie, / Oder die Mädchen tun's, selber jedoch
trinkt sie mehr! / »Böse Zungen hab' ich und den
Mund der Feinde gefesselt«, / Sagt im Gehen das Weib,
schwankt dann betrunken davon.

Ovid, Festkalender, 2. 571–582

Ein beruhigendes Ritual ist hier angemessen. Haben wir
nicht alle irgendwann einmal etwas Verletzendes zu unseren
Eltern gesagt? Wie sehr bedauern wir dies nun, vor allem,
wenn Mutter oder Vater vor der Versöhnung gestorben sind.
Was gäben wir nicht für eine Gelegenheit zur Wiedergut-
machung. Auf der Suche nach dem elterlichen Segen, ob
diese nun gestorben sind oder noch leben, kann das Gelöb-
nis, kränkende Worte und Gespräche in Zukunft zu ver-
meiden, durchaus eine wohltuende Wirkung haben. Die
folgenden Rituale bieten die Möglichkeit, frühere Verletzungen von Familienmitgliedern zu lindern.

MODERNES RITUAL ZUM VERSCHEUCHEN HÄSSLICHER WORTE UND GEDANKEN

Auch wenn uns das römische Ritual des alten Weibs seltsam
und fremd anmutet, ist doch ein solcher Vertreibungsritus
mit Wein durchaus nichts Ungewöhnliches. Bei den Feiern
zum jüdischen Passahfest symbolisieren ausgegossene Wein-
tropfen die zehn Plagen.

Sie könnten ebenfalls ein paar Tropfen Wein ausgießen
und dabei alles benennen, was Sie quält – also Gedanken,
Erinnerungen, Gefühle, Taten, Worte oder sogar Menschen,
die Sie in Ihrem künftigen Leben meiden möchten. Sie gießen ein wenig Wein auf ein Blatt Papier, binden dieses mit
einem Faden zusammen und verbrennen es. Es verschafft
Erleichterung, wenn man die kränkenden Worte gleichsam
in Flammen aufgehen sieht. Trinken Sie aber auch etwas
von dem Wein und feiern Sie die Verbannung der quälenden Geister.

»Denn natürlich macht's Freude, von Gräbern und toten
Verwandten / Zu den Lebendigen auch nunmehr zu wenden den Blick, / Nach so vielen Toten zu schauen: Was ist
von der Sippschaft / Übrig noch?«

Ovid, Festkalender, 2.619–623 LCL

22. Februar; VIII Kalenden des März
CARISTIA

Die Caristia, die sogenannten *cara cognatio*, das Fest der geliebten Familie, fand am Tag nach den Feralien statt und war
von ganz anderer Art – denn hier ging es um die Lebenden
und darum, Probleme innerhalb der Verwandtschaft aus der
Welt zu schaffen. »Unsere Vorfahren haben dieses Fest eingeführt und es Caristia genannt. Zu ihm werden nur Ver-
wandte und Verschwägerte eingeladen, damit, wenn es zu
Streit innerhalb der Verwandtschaft gekommen ist, dieser
durch die heiligen Riten des Mahles geschlichtet werde und
Harmonie in der Gesellschaft einkehre.« (Valerius Maximus
2.1.8)

Alle Familienmitglieder wandten sich mit Gebet und
Opfergaben an die Hausgötter. Es gab ein großes Gastmahl,
und jedes Familienmitglied brachte etwas mit zu diesem
»Liebesfest«. Die Familie traf sich zu Ehren der Götter des
Hauses und opferte ihnen Trauben, Getreidekörner, Honig-
waben, Kuchen, Wein, Weihrauch und Blumen.

Eintracht und Frieden innerhalb der Familie waren den
Römern heilig. Heute verlieren wir oft den engen Zusammenhalt, allzu leicht leben wir uns auseinander, vor allem
wenn wir weit voneinander entfernt wohnen. In jeder Familie gibt es Probleme und Streitigkeiten zwischen einzelnen Mitgliedern. Die alten Römer nutzten diesen einen

Tag im Jahr, um solche Misshelligkeiten zu überwinden, man setzte sich gemeinsam an einen Tisch (*sacra mensa*) und schlichtete allen Streit. Der 22. Februar ist also bestens geeignet, um die Dinge innerhalb der Familie wieder ins Lot zu bringen.

REINIGUNG UND FRUCHTBARKEIT

Viele – wenn auch nicht alle – Frauen und Männer wünschen sich sehnlichst, Kinder zu haben und eine Familie zu gründen. Damals waren Kinder für das Überleben der Familie wichtig, denn sie arbeiteten mit den Eltern für den Unterhalt der Familie und übernahmen schon früh Aufgaben auf dem Bauernhof. Auch war es von entscheidender Bedeutung, dass Sohn oder Tochter das Land, den Besitz, den Familiennamen und die Hausgötter erbten.

15. Februar; XV Kalenden des März
INUUS

Lupercalia

Das alte und rätselhafte Fest wurde im Jahr 494 n.Chr. durch Papst Gelasius abgeschafft und fortan als Fest Mariä Reinigung (Lichtmess) begangen. Am Tag der Lupercalia trafen sich im alten Rom auserwählte Priester (junge Männer, zu denen einst auch Marc Anton gehörte) am Lupercal, einer heiligen Höhle, in der die sagenhafte Wölfin Romulus und Remus, die Gründer Roms, aufgezogen haben soll. Die Höhle mit ihrer Quelle und einer heiligen Grotte befand sich am Fuß des Palatins. Nie hat man von ihr auch nur eine Spur gefunden.

Nach der zeremoniellen Schlachtung einer Ziege und der Opferung von Kuchen, so genannter *mola salsa,* die Vestalinnen aus Speltschrot und Salzlake bereiteten, bestrich der Hohepriester die Stirn junger Männer, der Lupercii, mit dem Blut des Tieropfers. Andere Priester wischten das Blut mit in Milch getauchter Wolle ab. An dieser Stelle des Rituals mussten die jungen Männer laut lachen. Sie schnitten die Haut des Opfertiers in Streifen. Diese wanden sie sich, sonst nackt, um ihre Mitte und feierten ein wildes, trunkenes Fest. In zwei Gruppen liefen sie von der Höhle aus im Kreis rund um die Stadt. Während des Laufs schlugen sie die am Wege Stehenden mit den Riemen aus Ziegenfell. Vor allem Frauen waren bestrebt, von den Riemen berührt zu werden. Das ganze Zeremoniell fand zu Ehren von Inuus statt, der als Gott des Geschlechtsverkehrs verehrt wurde.

Antikes Ritual zu Ehren der Hausgötter

Um die Hausgötter anzurufen, begab man sich in den Garten oder ins Atrium. Die Römer beteten mit ausgestreckten Händen und nach oben gerichteten Handflächen. Als Opfer brachte man Weihrauch und Getreidekörner dar. Ein teures Tieropfer war nicht notwendig. Sie könnten heutzutage die Bilder Ihrer Hausgottheiten mit Rosmarin und Myrte schmücken und etwas gesalzenes Getreide ausstreuen.

Aber ihr Guten, bringt Weihrauch den Göttern der Sippe! / Opfert Speisen, auf dass als ein Pfand willkommener Gabe / Das, was auf Schalen man darbringt, die Laren ernähr'! / Wenn zur sanften Ruhe die feuchte Nacht euch dann einlädt, / Nehmt reichlich Wein zur Hand vor dem Gebet und dann sprecht: /»Heil euch! …« / Spendet, wenn so Frommes ihr sagt, euren Wein!

Ovid, Festkalender, 2.631–638

Die Bemühung um Fruchtbarkeit wird heute meist der Wissenschaft überlassen, auf Kosten des persönlichen und spirituellen Aspekts. Das Ritual besteht aus dem Schlucken von Pillen, genauen Kalenderaufzeichnungen, Temperaturmessungen und medizinischen Eingriffen. Früher hatten Fruchtbarkeitsrituale nichts mit ärztlicher Kunst zu tun, sie gründeten allein auf Glaube, Vertrauen und Hoffnung. Die Empfängnis galt als etwas Heiliges. Mann und Frau mussten sich einer rituellen Reinigung unterziehen, damit es zur Empfängnis kam. Oft gehörte auch ein symbolischer Akt zum Ritual, etwa ein Akt der Übertragung oder Kanalisierung der positiven fruchtbaren Energie.

Ein bei den Lupercalia am 15. Februar praktiziertes uraltes Fruchtbarkeitsritual war der erwähnte Lauf der nackten jungen Männer um die Stadt, bei dem die Frauen durch den Schlag mit den Riemen aus Tierhaut gereinigt und fruchtbar wurden. So wollte man böse Geister vertreiben, die eine Empfängnis verhinderten. Hier wird der Glaube an den Zusammenhang zwischen menschlicher, tierischer und pflanzlicher Fruchtbarkeit deutlich, der weit in die Vergangenheit zurückreicht.

MODERNES REINIGUNGSRITUAL DURCH DIE KRAFT DER ERDE

Die Menschen der Antike reinigten sich und ihre Besitztümer durch Feuer, Wasser, Luft und Erde. Eine Feuer-Reinigung erfolgte durch Räuchern mit Kräutern und Weihrauch. Wasser, das meist mit Salz gemischt war, sprengte man auf eine Person oder einen Gegenstand. Zur Verbindung beider Prozeduren holte man einen brennenden Stab aus dem Feuer, tauchte ihn in heiliges Wasser und besprengte damit alles, was rein werden sollte. Zur Reinigung durch Luft verwendete man eine Kornschwinge, mit der man die Spreu vom Weizen trennte. Man schwang das Gerät über allem, was gereinigt werden sollte und vertrieb mit dem

Luftzug die bösen Geister wie die Spreu. Die Reinigung durch Erde erfolgte mithilfe einer ausgegrabenen Zwiebel. Man entfernte Schale um Schale, und wenn man die letzte Zwiebelschicht abgeschält hatte, war die Unreinheit beseitigt. Teil dieses Rituals waren die heilsamen Tränen, die dabei vergossen wurden.

Bei einem Treffen mit Freundinnen ließ ich einmal eine saftige rote Zwiebel reihum gehen. Jede von uns schälte eine oder mehrere Schichten und löste sich damit von etwas Schmerzvollem, das der Heilung bedurfte. Bei uns allen flossen Tränen, doch eine Freundin war besonders berührt. Sie war die Letzte, zu der die Zwiebel kam. Als sie ihre Nägel in die Zwiebel bohrte, lief ihr beißender Saft über die Hände. Mit der Schale der Zwiebel lösten sich schmerzliche Erinnerungen an den Tod ihres Vaters. Während ihr die Tränen über die Wangen liefen, erzählte sie fast in Trance vom Augenblick seines Sterbens. Als die Schalen gänzlich abgelöst waren, ließ sie dem Schmerz freien Lauf und schluchzte. Wir halfen ihr sanft und wuschen ihr Gesicht und Hände mit Zitronenseife. Die Frau begriff, wie wichtig das Ritual für sie gewesen war, sie fühlte sich erstmals seit Jahren befreit. Aber auch wir andern nahmen teil an diesem Prozess der Reinigung und Heilung und waren beeindruckt von der Kraft der alten Rituale.

Reinigung von Grundbesitz und Gemeinde

Man muss die bösen Geister verbannen, um Fruchtbarkeit und Wachstum in allen Bereichen des Lebens zu erreichen. Bei den Römern geschah das durch die sogenannte Lustration, einen Reinigungsakt, mit dem Platz geschaffen wurde für die guten Geister. Es handelte sich um eine Prozession, die feierlich ein Haus, ein Stück Land oder eine Gemeinde umschritt. Priester intonierten Lieder und Gebete und schufen einen magischen Zirkel. Danach war alles innerhalb des abgeschrittenen Bereichs – Menschen, Tiere, Land –

gereinigt, empfängnisbereit und fruchtbar. Ein solcher heiliger Kreis wurde im Februar gebildet, und seine Wirkung hielt das Jahr über an.

23. Februar; VII Kalenden des März
TERMINALIA

Zu den Terminalien legten Grundbesitzer und Bauern Girlanden auf die Grenzsteine und errichteten daneben einen Altar. Die Hausfrau brachte Glut aus dem Herdfeuer, während der Hausherr Holz für das Freudenfeuer hackte. Ein Sohn warf aus einem Korb Getreidekörner auf das Feuer, die Tochter opferte Honigwaben. Auch ein Weinopfer wurde dargebracht. Alle Familienmitglieder waren weiß gekleidet, und während des Rituals herrschte Schweigen. Schließlich feierte man mit Gebeten und Gesängen ein Fest zu Ehren der Grenze, die Haus und Hof umschloss, und von allem, was sie schützte. So wurde Terminus, der Geist der Felder und ihrer Grenzsteine, besänftigt und der Friede zwischen den Nachbarn erhalten.

Die Terminalien waren ursprünglich ein bäuerliches Ritual. Grenzsteine und heilige Grenzlinien um den Landbesitz galten als magisch, weshalb man mit ihnen sorgsam umgehen musste. Der römischen Mythologie zufolge weigerte sich Terminus, die Grenzsteine der Höfe zu verlassen, als alle anderen Feldgötter sich in Tempel begaben. »Terminus, ob sie als Stein in den Acker dich eingraben, ob als / Pfahl, von altersher schon bist eine Gottheit auch du.« (Ovid, Festkalender, 2.641–642)

Wenn eine Grenze festgelegt wurde, gab man dort Feldfrüchte, Honig und Wein in eine Grube und stellte einen Stein oder Baumstumpf darauf. Wer einen Grenzstein versetzte, den traf ein Fluch.

Das Amburbium war ein Sühneritual für die Stadt Rom und alles, was innerhalb ihrer Grenzen lag. Es handelte sich um das urbane Gegenstück zum bäuerlichen Reinigungsritual. Eine feierliche Prozession von Gläubigen zog im Kreis um die Stadtgrenzen. Man sang und brachte Opfer dar.

Der Februar ist ein stiller Monat und eine gute Gelegenheit für uns, mit der Vergangenheit ins Reine zu kommen und uns von Schuld zu reinigen. Solche öffentlichen Zeremonien beendeten in der Antike die Vorbereitungen für das neue Jahr. Alles war nun rein und aufnahmefähig.

»Täusch' ich mich nun, oder kommt dort als Botin des Frühlings die Schwalbe?« (Ovid, Festkalender, 2.853)

März

Der Monat der Aussaat

Ein Gebet an Mars Silvanus
Vater Mars, dich bitte ich flehentlich, dass du wohlwol-
lend und geneigt seiest, mir, meinem Hause und unse-
rer Hausgenossenschaft, wessenthalben ich um meine
Feldflur, mein Land und mein Landgut das Schwein-,
Schaf-, und Stieropfer habe herumtreiben lassen, auf dass
du Seuchen, sichtbare und unsichtbare, Verwaisung und
Verwüstung, Unheil und Unwetter fern haltest, abwehrst
und abwendest: und dass du Feldfrüchte, Getreide,
Wein- und Obstgärten groß werden und gut gedeihen
lassest. Hirten und Herden heil haltest und gutes Heil
gebest und Gesundheit mir, meinem Hause und unse-
rem Gesinde.
      Marcus Porcius Cato, Vom Landbau, 141

LÄNDLICHES MENOLOGIUM

Sonne in den Fischen
31 Tage
Äquinoktium (Tagundnachtgleiche)

SONNENKALENDER
Kalenden: 1. März
Nonen: 7. März
Iden: 15. März

MONDKALENDER
Kalenden: 1. Tag nach Neumond
Nonen: 9. Tag vor Vollmond
Iden: Tag des Vollmonds

Den Bauern der Antike wurde geraten, jetzt die Felder zu pflügen und die Erde zu lockern sowie den Frühjahrsweizen einzusäen. Die Weinstöcke mussten geschnitten und mit Stöcken gestützt werden. (Menologium)

★

Im März schlüpfen wir voller Lebenskraft und Energie aus unserem Wintergehäuse. Die beiden letzten Monate waren stille Phasen intensiver innerer Arbeit. Der März dagegen zeigt sich als Monat großer Aktivität und der Arbeit im Freien. In dieser Zeit müssen wir unsere Bemühungen verstärken und uns behaupten. Wie die im Boden keimende Saat haben auch wir Energien gespeichert. Jetzt ist es an der Zeit, ihnen freien Lauf zu lassen! Im März verehren wir das Wilde, Hinausdrängende in uns und lassen uns ein wenig von Leidenschaft und Ehrgeiz beflügeln. Wir gönnen uns etwas mehr Freiheit und haben keine Angst vor den ganz irdischen Energien aufkeimender Sexualität und Sinnlichkeit. Denn diese Energie ist tatsächlich eine schöpferische Kraft – und genau die brauchen wir jetzt.

Der März, Monat der Aussaat, war einst Mars geweiht, der die sexuelle Manneskraft verkörpert, denn in der römischen Mythologie waren Religion und Sexualität eng verwandt. Wenn wir an den Namensgeber dieses Monats denken, stellen wir uns den schrecklichen und blutdürstigen Kriegsgott vor. Doch für die römischen Bauern verkörperte diese Gottheit auch etwas anderes. Mars Silvanus oder Mavors, wie er gelegentlich genannt wurde, war ursprünglich der Gott der Fruchtbarkeit, der Männlichkeit und der Vegetation. Schon in vorrömischer Zeit wurde er als solcher verehrt. Dieser Mars war eine Gottheit der Natur und der Wildnis jenseits der Stadtmauern, mit Wolf und Specht als heiligen Tieren. Bis zur Regierungszeit des Augustus (12 v. Chr. bis 14 n. Chr.) errichtete man deshalb auch keinen Marstempel innerhalb der Stadtmauern, allerdings gab es ihm zu Ehren einen Altar auf dem Campus Martius, dem Marsfeld. Mars galt auch als Schutzpatron der Äcker und der Ernten, und vielleicht hat seine kriegerische Seite in dieser Schutzfunktion ihren Ursprung. Hier aber geht es vor allem um den älteren Mars Silvanus, den Gott der Fruchtbarkeit und der Fülle.

Im März beschränkt sich die Fruchtbarkeit nicht nur auf Samen und Mutterschoß, sondern bezieht sich auch auf die geistige Kreativität. Wir empfangen Ideen und Gedanken, weshalb Mars sich diesen Monat ja auch mit Minerva teilt. Im Allgemeinen setzen wir die römische Minerva mit der griechischen Göttin Athene gleich, der jungfräulichen Kriegerin mit Helm und Speer. Doch in altrömischer Zeit, die noch nicht von griechischem Gedankengut geprägt war, galt Minerva als die kluge und scharfsinnige Göttin der Künste und des Kunsthandwerks. Ihr Name geht auf das lateinische *mens* (Geist) zurück. So reklamieren beide, Mars und Minerva, diesen fruchtbaren Monat für sich. Die großen Themen im März sind Sexualität und Kreativität.

In der römischen Mythologie findet sich eine amüsante Geschichte von Mars und seiner Leidenschaft für die jungfräuliche Göttin der Künste und des Kunsthandwerks. Der potente Gott mit den schwarzen Locken war durchaus willens, Schild und Helm beiseite zu legen und um Minerva zu freien. Nach der Sage suchte er dazu Hilfe bei Anna Perenna, einer weisen alten Frau und Göttin, die mit dem überschäumenden Geschlechtstrieb in Verbindung gebracht wurde.

Wie Minerva Mars überlistete

Vor langer, langer Zeit stellte Mars der Göttin Minerva nach, doch sie wies all seine Annäherungsversuche zurück. Die Göttin erklärte, sie sei Jungfrau und wolle es auch bleiben.
Als Anna aber zur Göttin erhoben worden war,

ging der bekümmerte Mars zu ihr, nahm sie bei- seite und sprach: »Du wirst in meinem Monat verehrt, unsere Jahreszeit ist dieselbe. Ich hoffe, du kannst mir einen Dienst erweisen. Ich, der be- waffnete Gott, habe mich in die Waffen tragende Göttin Minerva verliebt. Ich bin in Liebe ent- flammt und nähre diese Wunde schon seit langem. Sie und ich sind Gottheiten, die dieselben Ziele verfolgen. Richte es ein, dass wir zusammenkom- men. Ein solches Geschäft ist dir angemessen, gute alte Frau.« So sprach Mars zu Anna.

Die alte Anna täuschte den Gott durch ein fal- sches Versprechen und ließ ihn mit allerlei Verzö- gerungstaktiken voll trügerischer Hoffnung im Ungewissen. Als er sie aber wieder bedrängte, sag- te sie: »Ich habe getan, worum du mich gebeten hast. Minerva ist besiegt und hat deinem Werben endlich nachgegeben.« Der verliebte Mars glaub- te der alten Frau und bereitete das Brautgemach. Doch die Brautführer brachten stattdessen Anna Perenna, als Braut verkleidet und verschleiert in seine Kammer. Mars wollte seine Braut küssen und lüftete den Schleier. Doch da stand nicht die schöne Minerva, sondern die alte Anna Perenna vor ihm. Als Mars sie erblickte, erfüllte ihn zuerst Scham, dann Wut. Man hatte ihn zum Narren ge- macht. Die weise Frau lachte den verhinderten Liebhaber der schönen Minerva aus. Auch Venus hatte sich noch nie so amüsiert. So machte man Witze und sang Spottlieder, wenn man sich daran erinnerte, wie Minerva und Anna den großen Gott zum Narren gehalten hatten.

Diese Legende beschreibt, wie männliche Begierde mit den Augen dreier weiblicher Gottheiten gesehen wurde, die gleichsam die drei Lebensalter der Frau symbolisieren: die freimütige Jungfrau Minerva, die vollendete Liebhaberin Venus und die weise, alte Anna Perenna. Die Geschichte beschreibt, wie Mars seine Waffen ablegt und zum Gott der fleischlichen Lust und der Fruchtbarkeit wird, verletzlich durch die männliche Lust und die sexuelle Begierde.

Die Sexualität des Mannes ist eine wesentliche Form seiner Lebenskraft, doch kann jede Frau damit auf ihre eigene Art umgehen, genau wie die Göttinnen. Ohne ihm zu erliegen und auch ohne Angst vor dem allmächtigen Gott Mars reagierte jede der Göttinnen auf ihre eigene Weise seine Testosteron-gesteuerten Bedürfnisse. Die jungfräuliche Minerva wandte sich standhaft und voller Selbstvertrauen ab – sie sagte einfach Nein! Die weise und schelmische Anna foppte Mars und legte ihn herein. Die Göttin der Liebe aber fand ihn amüsant und lachte über seine unerwiderte Lust. Die alte Frau war es, die Spaß an dem Spiel hatte und wusste, wie man männliche Leidenschaft zerstreut. Auch wenn der aggressive männliche Geschlechtstrieb in jeder Spezies natürlich und notwendig ist, brauchen sich die Frauen doch nicht machtlos oder gar als Opfer zu fühlen. Schließlich haben sie die Wahl: Sie können den Sex annehmen und genießen, sich abwenden, die Annäherungsversuche in andere Bahnen lenken oder nur lachen.

Dieses Märchen erzählte man sich passenderweise im März, weil das der Monat war, da man das Wiedererwachen des Frühlings und der sexuellen Energie feierte. Im alten Rom gingen Männer und Frauen hinaus auf die Straßen, vergnügten sich, tanzten, sangen und feierten ihre Sexualität. Wem dieses Verhalten seltsam vorkommt, der sollte an unsere Frühlingsfeste wie Fastnacht oder Karneval denken. Sicherlich hätte Mars seine Freude daran gehabt.

Kreativer sexueller Energie freien Lauf lassen

Wie in den noch schlafenden Bäumen die Säfte steigen und das Knospen grüner Blätter und prächtiger Blüten bewirken, so wächst auch in uns die Energie des Monats März. Wir haben gleichfalls irgendwie »geschlafen«, uns im Januar und Februar mehr nach innen gewandt. Wir haben in die Vergangenheit geschaut, der Toten und des Zerfalls gedacht, Vorbereitungen getroffen, in die Zukunft geblickt und uns gereinigt. Jetzt ist es an der Zeit, den Energieschub, der aus der Erde nach oben ans Licht drängt, zu spüren und auszuleben.

In diesem Monat lassen wir starken Gefühlen freien Lauf, die uns manchmal überwältigen und die wir den ganzen dunklen Winter lang tief in uns verschlossen haben. Im März huldigen wir der männlichen Energie, die in jedem von uns steckt, und gehen mit positiven Gefühlen hinaus. Im März lachen und spielen wir, genießen Sex und sind schöpferisch. Sehen Sie sich um in der Natur. Zurückhaltung ist in diesem Monat fehl am Platz, niemand braucht seine Wünsche und Gedanken zu verstecken.

Im römischen Altertum bestand eine enge Verbindung zwischen Religion und Sexualität. Vielen von uns erscheint das unpassend, unangenehm oder gar blasphemisch. Doch letztlich sind wir ein Teil der Natur: Wir paaren uns, bringen Kinder zur Welt, leben und sterben. Der Augenblick der Geburt ist schrecklich und heilig zugleich. Und er ist der Höhepunkt im Kreislauf der Fortpflanzung. Sexualität und Spiritualität stehen tatsächlich in enger Beziehung zueinander.

Die männliche Sexualität, die Sphäre des Gottes Mars, wird durch den Phallus verkörpert, der die männliche Schöpferkraft symbolisiert. In der Antike galt der Phallus als Sinnbild und Mittelpunkt der Manneskraft, der Lust sowie der unaufhaltsamen Kraft der Natur und der Fortpflanzung.

1. März; Kalenden
MARS

Salii

Diese alten römischen Riten begannen am 1. März und dauerten den ganzen Monat lang. Denn der gesamte März war Mars und seinen Priestern, den Salii (»Tänzern« oder »Springern«) vorbehalten. Bei ihnen handelte es sich um eine Gruppe von 24 jungen Männern patrizischer Herkunft, deren Eltern noch am Leben sein mussten. Sie dienten der Gottheit im Monat März als Tanzpriester und führten die durch Rom ziehenden Prozessionen zu Ehren von Mars an.

Ganz zu Beginn der römischen Kultur war dieses Ritual ein magischer bäuerlicher Kult, doch bekam er mit der Zeit immer militärischere Züge. So trugen die Salii in spätrömischer Zeit ein archaisch kriegerisches Gewand, bestehend aus einer Tunika mit Bronzegürtel, dem ehernen Brustschutz und einem kurzen Militärmantel mit violetten Streifen und purpurner Einfassung. Ferner hatten sie spitz zulaufende Helme und Schwerter. In der rechten Hand hielten sie einen Stab oder Speer und trugen mit dem linken Arm den heiligen, seitlich wie eine Acht eingeschnittenen Schild. Der erste Schild dieser Art soll der Sage nach vom Himmel gefallen sein.

Die heiligen Schilde wurden das ganze Jahr über in der Regia innerhalb des Forum Romanum aufbewahrt. Am 1. März brachen die Salii zur ersten von mehreren Prozessionen durch die Straßen Roms auf. Während dieser Prozession trommelten sie auf ihre Schilde und hielten an bestimmten Stellen, um den alten Hymnus des Mavor anzustimmen, der von einer Flöte begleitet wurde. Dazu führten sie kunstvolle Tänze mit allerlei Sprüngen und Hüpfern auf. Die wenigen uns überlieferten Worte ihrer Lieder besingen die befruchtende Kraft des Gottes Mars Gravidus.

Am Abend zogen sich die Salii in ein spezielles Gebäude

zurück, wo sie ihre Schilde verwahrten und auf Staatskosten ein üppiges Mahl verzehrten. Speisen und Getränke sollen so erlesen gewesen sein, dass Kaiser Claudius angeblich einmal ein Festbankett verließ, um mit den Salii noch besser zu speisen und zu trinken.

Man vermutet, dass der Zweck des Mars-Rituals ursprünglich kein kriegerischer war, sondern ein lautstark vorgetragener Tanz zur Vertreibung der bösen Geister und zur Förderung von Fruchtbarkeit und Wachstum. Die Schilde sollen einen ausschließlich zeremoniellen Zweck gehabt haben. Die Waffen der Salii wurden also niemals gegen Menschen gerichtet, sondern gegen böse Geister, die das Geräusch der heiligen Instrumente fürchteten. Die Sprünge sollten anzeigen, wie hoch das Getreide wachsen würde.

Der Umzug mit den hüpfenden Priestern muss prächtig, laut und unterhaltsam gewesen sein. Doch wurde das Ritual durchaus ernst genommen. So weigerte sich etwa Scipio Africanus, den Hellespont zwischen Griechenland und der heutigen Türkei zu überqueren, um sich dem angreifenden syrischen König zu stellen, denn es war gerade März und Scipio ein Priester der Salii. Während der heiligen Tage, in denen die geweihten Schilde durch die Straßen Roms getragen wurden, war es den Priestern der Salii nämlich verboten zu reisen.

EIN TAG ZU EHREN DER FRAUEN

Obwohl die Kalenden jedes Monats heilig und der Göttin Juno geweiht waren, wurde doch der erste Tag oder der Tag des Neumonds im März besonders feierlich begangen. Nach schönem altem Brauch beteten die Ehemänner für die Gesundheit ihrer Frauen und überreichten ihnen Geschenke. Man brachte ein Opfer im Tempel der Juno Lucina dar, wo auch ein öffentliches Festbankett stattfand. Abends luden dann die Frauen Familie und Freunde zum Essen ein und

83

unterhielten sie. Auch die Frauen machten einander Geschenke. In den Straßen der Stadt herrschte reges Treiben, weil Geschenke an Mütter, Schwestern, Ehefrauen und Freundinnen überbracht werden mussten. Die Frauen trugen an diesem Tag ihre festlichsten Kleider.

1. März; Kalenden
JUNO LUCINA

Matronalia

Beim Frauenfest der Matronalia, das zu Ehren der Juno Lucina am 1. März gefeiert wurde, begaben sich die Vestalinnen in den heiligen Hain und hingen Haaropfer an den ältesten Baum dort. Die Feiern im Junotempel waren allein Frauen vorbehalten, Männer hatten keinen Zutritt.

Juno Lucina ist die Göttin der Frauen und der Geburt, der Beiname leitet sich vom lateinischen Wort *lux* (Licht) her. Sie wachte über jede Geburt und über den ersten Augenblick im Leben des neugeborenen Kindes. Eine staatliche Verfügung besagte, dass für jedes Neugeborene im Tempel der Juno Lucina eine Münze hinterlegt werden musste, als Dank für die Göttin und auch, um das Wachstum der Bevölkerung kontrollieren zu können. Schwangere Frauen, die zu Juno Lucina beteten, lösten ihr Haar und öffneten symbolisch alle Knoten und Bänder an ihrer Kleidung, denn nichts sollte einer sicheren Entbindung im Wege sein.

MODERNE RITUALE DES ERSTEN LICHTS

Zuallererst erweisen wir in diesem Monat den Frauen und der Mutterschaft unsere Reverenz. Auch Sie sollten den alten Brauch, dass sich Frauen am 1. März untereinander Geschenke machen, wieder neu beleben.

• An diesem Tag gehören Blumen ins Haus; kaufen oder pflücken Sie welche, falls es draußen schon blüht.

- Stellen Sie kleine Sträußchen mit duftenden, bunten Blumen auf Ihren Tisch oder Schreibtisch.
- Stecken Sie sich ruhig wie die römischen Frauen zu Ehren von Juno, der Lichtbringerin, ein paar Blumen ins Haar.
- An diesem Tag bekommen auch die Kinder kleine Geschenke. Es ist der Tag der jungen Menschen in Ihrem Leben; sie brauchen das Licht besonders dringend.

Hymnus an Lucina

O der Mutter Latona Kind, / dass du Herrin der Berge seist und der grünenden Waldeshöhn / und der dunkelnden Felsenkluft / und der tönenden Ströme.

Du, als Juno Lucina bist / in den Wehen der Mütter Hort, / du, als Trivia mächtig, strahlst / fremden Lichtes als Luna.

Du, o Göttin, im Mondenlauf / teilend, messend den Jahreskreis / füllst des Ackermanns ländlich Dach / mit dem Segen der Früchte.
Catull, Sämtliche Gedichte, Gedicht 34

Bringt der Göttin Blumen! Es freut sich an blühenden Pflanzen / Diese Göttin. Ums Haupt legt zarte Blumen herum! / Sprecht dabei dann: »Lucina, du hast uns das Licht einst gegeben!«, / Sprecht: »Der Gebärenden hilf, wenn sie dich ruft im Gebet!« / Doch eine schwangere Frau, die löse das Haar sich und bete, / Dass ihr die Göttin sanft löse die Frucht aus dem Leib.
Ovid, Festkalender, 2.253–258

Die Göttin Anna Perenna war eine alte Frau, die oft mit dem Vollmond in Zusammenhang gebracht wurde – also mit den Iden des März. In alter Zeit war ja tatsächlich der März der erste Monat des neuen Jahres. Zum Fest der Anna Perenna gehörten private Rituale am Hausaltar ebenso wie eine Feier in ihrem heiligen Hain am Tiber. Dabei ging es ziemlich obszön und hemmungslos zu.

15. März; Iden
Anna Perenna

Die weibliche Gottheit Anna Perenna sorgte für Kontinuität von einem Jahr zum nächsten. Sie wurde als altes Weib dargestellt und zu den Iden des März geehrt.

Ovid beschreibt diesen Tag als fröhliche Feier, für die Männer und Frauen in der Nähe des Hains der Göttin Zelte aufstellten oder einfache Laubhütten errichteten. Es wurde viel getrunken, getanzt, und man war ausgelassen. Schließlich sollte man so viele Becher Wein zu Ehren von Anna trinken, als man Jahre leben wollte. Beliebte, auch obszöne Lieder wurden gesungen, wenn sich die Paare zu intimen Sex-Feiern zurückzogen. Martial spottet, dass der Hain der Göttin »in jungfräulichem Blut schwelgt«. Es ist nicht schwer, von hier die Brücke zur Fruchtbarkeit zu schlagen. Dieses ganz spezielle Ritual artete in eine bacchantische Freiluftparty mit Wein, Tanz und wilden Exzessen aus. Viele Paare begaben sich schließlich in den Laubhütten des heiligen Hains zur Ruhe.

Die sexuellen Spielereien waren ziemlich derb und obszön. Bei den Ritualen für Anna Perenna spielte das Lachen eine wichtige Rolle. Viele von uns haben gewisse Schwierigkeiten damit. Pinkola Estés schreibt dazu in ihrem Buch *Die Wolfsfrau*: »Aber dieses Kichern über tabuisierte Themen wie die weibliche Sinnlichkeit und Sexualität ist heilsamer, als man gewöhnlich annimmt … Beim Lachen atmen Frauen so rasch, dass sie sich in Gefahr begeben, unerlaubte Gefühle zu empfinden.« Gerade eine alte Frau wie die Göttin Anna Perenna kann uns zeigen, wie wir uns mit geilem Gelächter austoben und all die Hemmungen verlieren können, die unser Inneres umklammern. In der Nähe der Anna ist es schwer, das Lachen zu unterdrücken, das ganz tief aus dem Bauch kommt. Wirklich aufgeschlossen zu sein, ist das Gebot dieses Monats.

Der Karneval in Italien und anderswo findet zwar im Februar statt, doch sein Geist entspricht eher den derben März-Festlichkeiten im alten Rom. Auch wenn in Italien jede Stadt ihre eigenen Traditionen und Spezialitäten für den Karneval hat, so endet diese närrische Zeit doch überall mit Maskenbällen, Umzügen, Paraden und glanzvollen Festen. In der Kleinstadt Ivrea wird der Karneval mit einer wilden Orangenschlacht begangen. Auf dem Schlachtfeld, das die Größe von fünf Stadtplätzen hat, kämpfen zwei Teams von zwei- bis dreihundert »Soldaten« miteinander. Ihre Geschosse sind 60 Tonnen Blutorangen, die eigens aus Sizilien angeliefert werden. Dieses Schauspiel aggressiver männlicher Energie würde sicher auch Mars gefallen haben.

Moderne Rituale zum Erwecken der Lebensenergie

Es ist wunderbar, an einem Gemeinschaftsritual wie dem Karneval teilzunehmen, selbst im Rahmen einer Party unter Freunden mit Wein, Musik und Tanz. Es tut gut, mit anderen zusammen zu lachen und ausgelassen zu sein. Hier ein paar Rezepte für Ihren Karneval.

Lammbraten

Gegrilltes Zicklein oder Lamm auf andere Art: eine halbe Unze Pfeffer, 6 Skrupel Haselwurz, ein wenig Ingwer, 6 Skrupel Petersilie, ein wenig Laser, bestes Liquamen und eine Sauciere Öl.

Das römische Kochbuch des Apicius, 8.6.5.

1,5 kg Lammkeule (ausgelöst)
1 EL schwarzer Pfeffer aus der Mühle
$1/2$ TL Ingwer, gemahlen
3 EL Petersilie, gehackt
2 EL Olivenöl
Salz
Sauce
4 EL Olivenöl
1 großes Glas Rotwein
10 getrocknete Datteln, gehackt und zerdrückt
2 EL Honig
Salz und Pfeffer zum Abschmecken

Alle Zutaten gut verrühren und das Lammfleisch damit einreiben. Den Braten im vorgeheizten Backofen (190 °C) garen; je 500 g ca. 20 bis 30 Minuten.

Inzwischen alle Zutaten für die Sauce in einen Topf geben und zum Kochen bringen. Leicht einkochen lassen und nach Belieben mit etwas Maismehl eindicken. Zusammen mit dem Lammfleisch servieren.

Olivengemüse

Gemüse zum Käse aus weißen, schwarzen und scheckigen Oliven mache so: Aus weißen, schwarzen und gesprenkelten Oliven wirf die Kerne heraus. Mache sie so ein: Zerschneide sie selbst, gib dazu Öl, Essig, Koriander, Kümmel,

Fenchel, Raute, Minze; tue es in ein irdenes Tönnchen, das Öl soll darüber stehen. So genieße es.
(Marcus Porcius Cato, Vom Landbau, 119)

350 g schwarze Oliven, entkernt
1 Prise Koriandersamen
1 Prise Kreuzkümmel
1 Prise Fenchelsamen
1 Prise Gartenraute (kann man auch weglassen, da schwer zu bekommen)
1 Prise Minze, getrocknet
Olivenöl (nach Bedarf)
Essig (nach Geschmack)

Die Oliven und sämtliche Gewürze und Kräuter im Mixer pürieren. Nach und nach Öl und Essig zugießen und die Masse 1 Minute durcharbeiten. Das Epityrum in ein Glas geben und mit Olivenöl bedecken. Im Kühlschrank aufbewahren. Eignet sich als Aufstrich auf frischem Brot oder für kleine Hors d'œuvres.

FRUCHTBARKEIT UND WEIN

In der Woche des Vollmonds fanden die Rituale für Liber statt, die sogenannten Liberalia. An diesem Tag fungierten ältere Frauen als Priesterinnen des Liber, der von jeher als italischer Gott der Fruchtbarkeit und vor allem des Weins verehrt wurde und später mit Bacchus bzw. Dionysos gleichgesetzt wurde. Am Tag der Liberalia trugen die Priesterinnen Kränze aus Efeu auf dem Kopf und stellten überall in Rom an den Straßenecken Stände auf. Sie hatten kleine, tragbare Altäre bei sich und brachten auf Wunsch der Vorübergehenden Opfergaben für Liber dar. Die häufigste Opfergabe war ein gehaltvoller Honigkuchen.

17. März; XVI Kalenden des April
LIBER

Liberalia

Die Liberalia waren vor allem ein ländliches Fest, das von den Bauern gefeiert wurde und bei dem Liber die Herrschaft über den männlichen Samen hatte. Auf einem Karren wurde in bäuerlichen Gegenden im Umkreis kleiner Städte ein Phallus über Land gefahren, dazu sang die ihn geleitende Prozession obszöne Lieder. Dann brachte man den Phallus ins Stadtzentrum, wo er den ganzen restlichen März über blieb. In Lavinium wurde eine tugendhafte Frau dazu bestimmt, den Phallus zu bekränzen. All das geschah zur Förderung der Fruchtbarkeit und für eine gute Ernte. Unschwer erkennt man auch in diesem Ritus die enge Beziehung zwischen Sexualität und Spiritualität. Und das ist schließlich das große Thema dieses Monats.

Am 17. März, dem Tag, der Bacchus bzw. Liber geweiht ist, und zwei Tage nach Vollmond, fanden auch öffentliche Riten zu Ehren der jungen Männer statt. An diesem Tag erhielten die römischen Jünglinge offiziell die Toga der Männlichkeit und wurden dazu von Freunden und Angehörigen beglückwünscht. Es passt ins Bild, dass die Öffentlichkeit gerade Mitte März der jungen Manneskraft ihre Reverenz erwies. Schließlich war dies eine besonders lebenssprühende Zeit.

MODERNE RITEN FÜR DIE WEINKOST

Erweisen Sie den Liberalia und Gott Bacchus die Ehre, indem Sie sein großes Geschenk, den Wein, genießen. Der Zeitpunkt eignet sich bestens für eine Weinverkostung. Oder probieren Sie einen römischen Trunk namens *mulsum*, eine Mischung aus Wein und Honig:

Mulsum-Wein mit Honig

100 g Honig
1 Flasche trockener Weißwein
1 Prise gemahlenes Piment

Den Honig und 1 kleines Glas Wein in einem Topf langsam erhitzen, bis sich der Honig auflöst. Das Piment hinzugeben, langsam den restlichen Wein hineingießen und alles gut verrühren. Vor dem Servieren abkühlen lassen.

DIE KREATIVITÄT DER SEELE: EIN HEILIGER VORGANG

Bis jetzt haben wir uns auf Sexualität und Fortpflanzung konzentriert. Doch die Minerva erinnert uns daran, dass Schöpferisches ebenso aus dem Geist wie aus dem Schoß kommen kann. Ursprünglich war sie eine italische Göttin des Handwerks und der Handarbeit. Sie ist ebenso klug wie geschickt, eine Gottheit der handwerklichen Geschicklichkeit, der Künste und der Lehre, also »ein Tausendsassa in Göttinnengestalt«.

19.–23. März; XIV–IX Kalenden des April
MINERVA

Quinquatrus maiores

Das Fest zu Ehren der Minerva dauerte fünf Tage. Der erste Tag, unmittelbar nach den Iden, hieß *artificium dies*, Tag der Künste. An diesem Tag ehrten auch Ärzte, Lehrer und Studenten die Minerva oder Pallas. Dazu begaben sie sich in ihren Tempel auf dem Aventin.

Wolle zu krempeln erlernen die Mädchen, und wie man den vollen / Rocken abspinnt, doch nur, wenn Pallas wohlgesinnt ist. / Sie lehrt auch, wie durch die grade Kette man läuft mit dem Schiffchen, / Und wie man mit dem Kamm dichtet das lockre Geflecht. / Ehre sie, der du die Flecken entfernst aus den schmutzigen Kleidern, / Ehre sie, der du planst, Wolle zu färben im Topf! … / Du, der den Stichel du führst, und du, der du Farben in Tafeln / Einbrennst, und du, dessen Hand kunstvoll die Steine behaut! / Schutzgöttin ist sie von tausend Künsten, auch Göttin der Dichtkunst:

Ovid, Festkalender, 3.816–822 u. 831–833

꧁꧂꧁꧂꧁꧂꧁꧂꧁꧂꧁꧂꧁꧂꧁꧂꧁꧂꧁꧂꧁꧂꧁꧂꧁꧂꧁꧂

Wettstreit zwischen Minerva und Arachne

Nach der Legende nimmt Minerva die Herausforderung eines jungen Mädchens zum Wettbewerb an, wie dieser prachtvolle Bericht über das Weben beschreibt:

Und schon stehn die zwei an verschiedenen Plätzen vor ihrem / Webstuhl, und jede spannt die zierlichen Fäden der Kette. / Querholz bindet die Pfosten. Es teilt die Kette ein Rohrschaft. / Mitten hindurch wird der Einschlag gelenkt durch das spitzige Schiffchen, / Finger wickeln ihn ab, und sobald er geführt durch die Kette, / Drückt der Kamm ihn fest mit den eingeschnittenen Zähnen. / Beide bewegen in Eil', das Gewand unterm Busen gegürtet, / Flink die geübten Arme, im Eifer der Mühe vergessend. / Da wird Purpur verwebt, der in tyrischem Kessel getränkt ward, / Zartere Schattungen auch, von einander nur wenig verschieden – / So wie in mächtiger Wölbung der Bogen die Weite des Himmels / Färbt, wenn der Regen die Strahlen der scheinenden Sonne

gebrochen: / Während tausend Farben in ihm verschieden erglänzen, / Lässt sich vom spähenden
Auge nicht fassen der Übergang selbst, so / Gleich
ist, was sich berührt, und doch das Entfernte verschieden. / Da wird unter die Fäden gewirkt auch
schmiegsames Gold und / Eingewoben dem Stoff
die Geschichte aus alten Zeiten.

Ovid, Metamorphosen, 6.53–69, LCL

In der Mythologie war die goldhaarige Minerva so entrüs-
tet über das prahlerische Mädchen, dass sie Arachne mit einem Kraut berührte und sie in eine Spinne verwandelte, die
nun für immer ihre Netze weben muss.

MODERNE RITUALE ZUR FÖRDERUNG DER KREATIVITÄT

Der März ist die Zeit der Kreativität. Versuchen Sie sich in
künstlerischen Aktivitäten. Bringen Sie Ihre schöpferischen
Ideen ans Licht und drücken Sie sich durch Tanz, Malerei,
Musik, Schreiben oder Ähnliches aus.

• Besorgen Sie sich Speckstein und entsprechendes Werk-
  zeug, um kleine Figürchen anzufertigen.
• Legen Sie sich Papier und Stift zurecht, damit Sie schrei-
  ben und Tagebuch führen können.
• Wählen Sie einen besonderen Schnitt und einen edlen
  Stoff für ein Kleid aus und nähen Sie sich dieses selbst.
• Besorgen Sie sich Stickgarn in Ihren Lieblingsfarben und
  machen Sie eine Handarbeit.
• Nehmen Sie an einem Mal- oder Tanzkurs teil oder besu-
  chen Sie ein Seminar für kreatives Schreiben.
• Finden Sie Ihren ganz persönlichen kreativen Weg. Dank
  Ihres schöpferischen Geistes gelingt es Ihnen, sich durch
  Kunst oder handwerkliches Geschick im Sinne der Göttin
  Minerva auszudrücken. Talent ist nämlich ein Geschenk der
  Götter – jeder von uns besitzt es in irgendeinem Bereich.

April

Der Monat der Empfängnis

Denn weil der Frühling dann alles öffnet, die Fessel
des rauen

Frostes fällt, fruchtbares Land offen zutage dann
liegt,

Heißt's, nach der offenen Jahreszeit sei der April,
auf den Venus

Anspruch erhebt und auf den sie ihre Hand legt,
benannt.

Sie regiert als die würdigste über den Erdkreis, so weit
sich

Dieser erstreckt; kein Gott hat je ein größeres Reich!
Ovid, Festkalender, 4.87–92

Sonne im Widder
30 Tage

SONNENKALENDER
Kalenden: 1. April
Nonen: 5. April
Iden: 13. April

MONDKALENDER
Kalenden: 1. Tag nach Neumond
Nonen: 9. Tag vor Vollmond
Iden: Tag des Vollmonds

Die Bauern der Antike waren angehalten, den Boden vom Unkraut zu befreien, die Äcker mit dem Ochsengespann umzupflügen, die Weiden zu schneiden, die Wiesen einzufrieden und Olivenbäume zu pflanzen und zu pflegen. (Menologium)

★

Der April ist der sinnlichste Monat des Jahres, man möchte sich ins frische Gras fallen lassen und alle Sinne auf die Natur richten. Dieser zarte Monat wärmt uns Körper und Seele. Was für ein Rausch der Sinne ist der April mit Vogelgesang vor den Fenstern, der die Morgendämmerung verkündet; der Duft des aufbrechenden Flieders und der Rosen; die überwältigende Fülle an Farben in der Natur; das lang ersehnte Gefühl des warmen Sonnenlichts auf nackter Haut, der Geschmack des Frühlings.

Der wilde, launenhafte Monat März ist vorbei. Überall ist Wachstum. Wir ergeben uns der lockenden Sinnlichkeit der Erde – der weiblichen Sexualität –, wir liegen da, offen, entblößt und bereit, unsere Sinne für die üppige Schönheit der Natur zu öffnen. Wir sind eins mit Tieren und Blumen, reagieren auf sie, wie sie auf uns reagieren. Wie alles, was lebt, unterliegen wir der Macht der Göttin Venus. Den April regiert Venus, und das steht ihr zu.

Venus, der wir jetzt unsere Ehre erweisen und deren Bild wir in diesem Monat anbeten, ist eine Erdgottheit, Schöpferin aller Dinge, Inkarnation der Natur. Wie der römische Dichter Lukrez schreibt: »So erweckst du im Meer und Gebirg und im reißenden Flusse / Wie in der Vögel belaubtem Revier und auf grünenden Feldern / Zärtlichen Liebestrieb in dem Herzblut aller Geschöpfe, / Dass sie begierig Geschlecht um Geschlecht sich mehren und mehren.« (Von der Natur, 1.17–21) Nichts Lebendiges in den Lüften, auf Erden oder in den Meeren könnte ohne sie existieren. Diese Göttin ist keine einfältige, geistlose Verführerin, auch nicht

97

das Ergebnis männlicher Fantasie, entspricht also nicht dem Bild, das man sich jahrhundertelang von ihr machte. Die ehrwürdige Göttin, der wir im April unsere Reverenz erweisen, ist viel komplexer. Ihre Wurzeln reichen tief hinunter in die Urschichten der Erde – ihre Macht liegt in der unmittelbaren, fugenlosen und empfänglichen Gegenwart der Natur. Als Spenderin der Liebe und als Quelle einer sich stets erneuernden weiblichen, eng mit der Erde und der Natur verflochtenen Energie, ist sie wahrhaft allumfassend. Sexualität und Sinnlichkeit sind ihre Werkzeuge, die sie nach ihrem Willen einsetzt. Sexuelles Begehren ist ein Gottesgeschenk, das hat schon der junge Bildhauer Pygmalion entdeckt.

PYGMALION

Die Bewohner der Stadt Amanthus auf der Insel Zypern hatten sich von der Göttin Venus abgewandt, ihre Altäre durch Blutopfer besudelt und es gar gewagt, ihre Göttlichkeit in Zweifel zu ziehen. »Ich werde diesen Ort verlassen«, erklärte die Göttin, »und die Menschen auf Zypern verlassen.« Doch dann hielt sie inne. »Warum soll ich die Insel verlassen, die ich so liebe und wo ich aus den Wassern geboren wurde? Warum soll ich all jenen Unschuldigen den Rücken kehren, die mir Altäre errichten und mich verehren? Vielmehr will ich nur die Gottlosen bestrafen, nicht mit Tod oder Verbannung, sondern mit Verwandlung. Aus den respektlosen Männern werde ich Stiere machen, aus den treulosen Frauen Dirnen. Wenn sie mich nicht lieben können, so sollen diese Frauen selbst auch nur wenig Liebe erfahren.«
Wegen ihrer Untreue mussten die Frauen von Amanthus ihre Seelen und Körper prostituieren. Die zurückgewiesene Göttin entfernte sich,

und die Frauen verloren ihre Bescheidenheit, ihre Selbstachtung und auch die Liebe zu sich selbst, wurden verbittert, kalt und abschätzig. Ihre innere Schönheit verging, und sie wurden hässlich. Da sie bald keine guten Gefühle mehr gegen sich selbst hegten, verloren die Frauen, die an der Göttin gezweifelt hatten, die Fähigkeit zu erröten. Das Blut in ihren Gesichtern verhärtete sich ebenso wie ihre Herzen. Bald waren die Frauen so herzlos und kalt, dass sie sich in Steine verwandelten.

Der Anblick dieser harten, lieblosen Frauen schockierte den Bildhauer Pygmalion. Er war der weiblichen Schönheit und Sinnlichkeit zugetan, konnte aber keine Frau nach seinen Wünschen finden. So lebte er ohne Gefährtin und ging allem Weiblichen aus dem Weg. Doch einmal im Traum sah er die ideale Frau, den perfekten weiblichen Körper. Und mit wunderbarer künstlerischer Begabung formte er eine Elfenbeinfigur, die reizvoller war als je eine Frau auf Erden. Er hatte eine Frau geschaffen, die der Göttin Venus gleichsah, und er verliebte sich auf der Stelle in sie.

Sein Kunstwerk erschien ihm so wirklich, dass er meinte, es müsste die Glieder rühren und ihn zu berühren versuchen. Seine Sehnsucht brachte ihn um den Verstand. Pygmalion war besessen von dieser weiblichen Schönheit. Er berührte sie, um festzustellen, ob sie aus Elfenbein oder Fleisch war. Er küsste ihre weiblichen Formen und glaubte, seine Küsse würden erwidert. Auch sprach er mit der kalten weiblichen Form in seinem Atelier. Er griff nach ihr in der Hoffnung, seine Finger würden in ihrem Fleisch versinken, und voller Angst, er könnte sie verletzen.

Pygmalion brachte ihr Geschenke, über die sich Frauen freuen, Muscheln und glatte Kiesel als Schmuck, bunte Blumen, Lilien und Bernsteinperlen. Er zog ihr Gewänder an, steckte ihr Juwelen an die Finger und legte ihr ein goldenes Collier um den Hals. An ihren Ohren hingen Perlen, und eine Perlenkette schmückte ihre Brust. Alle diese Geschenke waren schön, doch nicht so schön wie der nackte weibliche Körper.

Bald kam der Tag, der Venus heilig war. Ganz Zypern drängte sich, der großen Göttin die Ehre zu erweisen. Auf allen Altären wurde sie mit Weihrauch verehrt. Auch Pygmalion brachte ein Geschenk zum Altar der Venus, hielt inne und betete dann zögernd. »O Venus, du kannst alles geben, ich bitte darum, dass ich als Weib mir finde …« Er suchte nach Worten. »Eine Frau wie das Mädchen aus Elfenbein.«

Die goldene Venus war bei dem Fest selbst zugegen, und sie wusste, was er mit seinem Gebet meinte. Die ehrwürdige Göttin trat näher, und die Altäre glühten unter ihrer Gegenwart und sandten dreimal Flammen hoch hinauf in den Himmel.

Pygmalion rannte nach Hause und küsste sanft seine elfenbeinerne Frau. Sie fühlte sich warm an, als er sie berührte. Er küsste sie wieder und streichelte mit der Hand ihren Arm. Das Elfenbein aber wurde weich unter seiner Berührung, die Härte schwand. Es gab seinen Fingern nach, wie Wachs unter der Sonne schmilzt und geschmeidig wird. Die Geliebte stand staunend und sprachlos da. Pygmalion frohlockte, doch hatte er noch immer Zweifel, traute seinen Sinnen nicht und fürchtete, ganz verrückt geworden zu sein. Seine Hand näherte sich nochmals. Ja, es war wirklich

Fleisch! Unter seinen prüfenden Fingern pulsierte das Blut in den Adern. Da überschüttete der Bildhauer die Göttin mit überschwänglichem Dank. Die junge Frau spürte die Küsse, errötete, öffnete die Augen und sah zum ersten Mal das Licht des Himmels und ihren Geliebten. Denn sie erwiderte seine Liebe sofort. Die Göttin war auch bei der Hochzeit zugegen, die sie so klug angestiftet hatte. Und als im zehnten Monat der wachsende Mond voll war, wurde ihnen eine Tochter geboren, die sie Paphos nannten.

Diese mythologische Geschichte soll die Fähigkeit der Göttin unterstreichen, weibliche Schönheit und Sinnlichkeit zum Leben zu erwecken. Demnach ist das Wesen lebendiger weiblicher Schönheit nicht im Äußerlichen allein zu suchen, sondern auch im Gott-geborenen Inneren. Es ist allzu einfach oder sogar schädlich zu glauben, nur im konventionellen Sinne hübsche Frauen und perfekte Skulpturen besäßen Weiblichkeit. Der Zauber, den Venus der kalten Elfenbeinstatue verleiht, ist derselbe, der allen Frauen widerfährt, wenn sie empfänglich für ihre Berührung sind.

Wir alle tragen ganz persönliche und ursprüngliche Wünsche in uns, die mit dem Alter keineswegs abnehmen. Wir möchten gut aussehen, anziehend und begehrenswert sein. Wir wünschen uns Schönheit, die sich in den Augen unseres Geliebten widerspiegeln soll. Doch wie oft sind wir allzu skeptisch, was unser Aussehen, unsere Schönheit angeht. Wenn wir die Kleider ablegen und nackt vor dem Spiegel stehen, ist der erste Gedanke meist Kritik. Wir nörgeln an uns herum: »Ich bin zu dick. Warum habe ich das Fitnessprogramm abgebrochen, auf das üppige Dessert gestern Abend nicht verzichtet? Meine Hüften sind zu breit, meine Brüste sind nicht mehr fest, mein Gesicht bekommt Falten. Wie soll ich nur den superschlanken Models ähnlich werden?«

Nehmen Sie sich ein Herz und lernen Sie aus der Geschichte von Venus und Pygmalion, dass wahre weibliche Schönheit ein Geschenk der Göttin Venus ist. Dieses Geschenk geht viel tiefer unter die Haut. In Zeitschriften, Filmen und im Fernsehen sind wir umgeben von einem kommerzialisierten Bild der Frau. Junge Frauen werden uns als Standard weiblicher Schönheit präsentiert, und man hält uns dazu an, ihnen ähnlich zu werden. Das Streben nach körperlicher Schönheit ist aber oft ganz oberflächlich. Pygmalion, ein Mann, stellte die Schönheit dar, indem er die »perfekte Frau« formte. Sie war schön, aber leblos, ein kaltes Stück Elfenbein, von dem der junge Bildhauer besessen war und das ihn verrückt machte. Er konnte sie nicht zum Leben erwecken, sondern nur anbeten. Wie die Statue der »perfekten Frau« wird auch das Bild, das wir uns von Weiblichkeit machen, nur wirklich, wenn eine Gottheit ihr Leben einhaucht. Dann erwärmt sich das Elfenbein, und das Blut pulsiert in den Adern.

Venus wohnt auch in uns, wir müssen ihr nur vertrauen. Als sich die Frauen von Amanthus gegen Venus wandten, verleugneten sie die angeborenen Gaben der Weiblichkeit. Sie entwürdigten und prostituierten sich, nahmen ihre eigene Schönheit, Weichheit und weibliche Sinnlichkeit nicht mehr wahr. Sie wurden hart, hässlich und schließlich versteinerten sie, die Statue des Pygmalion aber wurde zum Leben erweckt und liebte. Pygmalions Geliebte hat keinen Namen, denn sie steht für jede von uns.

Wir besitzen die göttliche Gabe, empfänglich zu sein für unser schönes, sinnliches Selbst. Wir brauchen uns nur auf unsere echte Schönheit zu verlassen und auf die Göttin in uns zu hören: »Du bist eine schöne, sinnliche Frau. Bade in duftenden Ölen, lege verführerische Kleider an, schmücke dich mit glänzenden Ohrringen und trage ein prächtiges Geschmeide um deinen Hals.« Ehren Sie in diesem sinnlichen Monat April die Göttin der weiblichen Sexualität und Sinnlichkeit. Lassen Sie sich von Venus berühren!

Die weibliche Sexualität ehren

Wir können der weiblichen Sexualität und Sinnlichkeit auf vielerlei Weise huldigen. Achten wir mehr auf Dinge, die unsere Sinne ansprechen, auf den Duft des aufbrechenden Flieders, die Farbtöne einer Rose, den Klang der Flöte, den Reiz des warmen Wassers in einem sprudelnden Bad. Alles was unsere Sinne beflügelt, wird in diesem Monat groß geschrieben. Der April ist der Monat des Liebesspiels.

1. April; Kalenden
Venus

Veneralia

Jedes Jahr hoben die Frauen von Rom die Kultstatue der Venus herab und badeten sie.

Latiums Mütter und Töchter, wie's Brauch ist, ehrt ihr die Göttin, / Ihr auch, die ihr nicht tragt Bänder und langes Gewand! / Nehmt ihr vom marmorweißen Hals ihre goldenen Bänder, / Nehmt von der Göttin den Schmuck: Ganz soll gebadet sie sein! / Trocknet den Hals ihr und legt ihr herum ihre goldenen Bänder! / Gebt andre Blumen ihr jetzt: Frisch muss die Rose jetzt sein! / Badet auch ihr unter grüner Myrte! Sie selber befiehlt's euch! / Einen bestimmten Grund gibt es dafür − also hört: / Nackt noch, wollte am Ufer die triefenden Haare sie trocknen: / Satyrn, das schamlose Volk, sahen die Göttin dabei! / Sie aber hat es gemerkt und den Körper verdeckt mit der Myrte. / Das gab ihr Schutz, und sie will, dass ihr das ebenfalls tut! / … Lasst euch gestoßenen Mohn in weißer Milch schmecken; klarer / Honig komme hinzu, den aus der Wabe

man presst. / Venus nahm diesen Trank, als zum lüs-
ternen Bräutigam man sie / Führte: In diesem Moment
wurde zur Ehefrau sie.
Ovid, Festkalender, 4.133–144; 151–154

Es war in diesen Tagen in Rom Brauch (nach Ovid aller-
dings nur bei den Freudenmädchen), Myrtenkränze zu tra-
gen und in den öffentlichen Bädern der Männer zu baden.
»Unbekleidet ist jede Frau an dem Ort, so dass er / Nackte
Körper und dort auch jeden Makel erblickt. / Den vor dem
Mann zu verstecken ermöglicht Fortuna Virilis, / Tut es auch,
wenn man's erfleht und etwas Weihrauch ihr streut.« (Ovid,
Festkalender, 4.147–150)

Wenn wir durch belebte Straßen gehen oder in einem Park
sitzen, sehen wir manchmal auf, erblicken einen Mann oder
eine Frau und spüren einen gewissen Reiz. Unser Atem wird
ein wenig schneller, und unser Blick bleibt einen Moment
länger haften. Vielleicht sehen wir der Person sogar nach, aber
nur sekundenlang. Dann gehen wir unseres Weges. Venus Ver-
ticordia hat uns gestreift. Venus wacht ihrem Auftrag gemäß
über die Generationen und die Fortpflanzung aller Arten.
Ihr geheimes Werkzeug ist der sexuelle Reiz, das Gefühl,
das mit dem Verstand nicht zu begreifen ist. Es lässt sich nur
schwer vorhersagen oder unter Kontrolle halten. Doch haben wir durchaus die Fähigkeit, unser Handeln zu steuern. In
der Antike galt die sexuelle Lust keineswegs als gottlos oder
sündig. Ganz im Gegenteil, schließlich sind wir Teil des
natürlichen und heiligen Kreislaufs der Fortpflanzung. Und
es ist eine Gottheit, die uns solche Gefühle einflößt und die
dafür Ehrerbietung verdient.
Die Veneralien, ein Kult zu Ehren der Venus Verticor-
dia, wurden an den Kalenden des Monats April gefeiert.
An diesem Tag gedachte man aber auch der Göttin Fortuna
Virilis, die Macht über den Umgang von Frauen und Männern hatte und schicksalhafte Beziehungen zu knüpfen wuss-

te. An diesem Tag feierten die römischen Frauen aller Klassen das Fest ihrer Sexualität und riefen Venus um Hilfe an.

Jetzt ist also der richtige Augenblick, uns zu entblößen, um zu sehen, wie schön wir in Wirklichkeit sind. Obwohl die Frauen im alten Rom eigene Badeanstalten hatten, drangen sie am 1. April in die den Männern vorbehaltenen Bäder ein. Vorher aber beteten sie zu Venus, dass sie jeden Schönheitsfehler ihres Körpers vor den Augen der Männer verberge. Und für ein bisschen Weihrauch auf ihrem Altar war Venus durchaus dazu bereit. Danach stürzten sich die Frauen ins *frigidarium* (das kalte Becken) oder nahmen unter den Augen der Männer ein heißes Bad im *caldarium* (das warme Becken).

MODERNE RITUALE ZU EHREN WEIBLICHER SINNLICHKEIT UND SCHÖNHEIT

Venus empfiehlt, dass alle Frauen an diesem Tag ein Bad nehmen, am besten unter einem Myrtenzweig, ihrer heiligen Lieblingsblume. Ein solcher Zweig ist heute und in unseren Breiten nicht leicht zu finden. Es tut auch gut, sich die Haut mit duftenden Essenzen einzureiben und sich in der eigenen schönen Nacktheit zu betrachten. Die Göttin Venus kann Sie dabei anleiten, Ihre eigene Attraktivität zu erkennen.

Allzu oft sind wir auf der Suche nach Perfektion und viel zu kritisch unserem Körper gegenüber. Bitten Sie Venus, jeden Makel Ihres Körpers zu verbergen, den Ihre Selbstquälerei entdecken will. Dann erst schauen Sie in den Spiegel und erkennen, wie schön Sie wirklich sind! Venus hilft uns, uns selbst zu akzeptieren und zu lieben. Stellen Sie sich vor, Sie hätten das Selbstbewusstsein, sich in einem Männerbad auszuziehen. Der Glaube an Venus genügte einst den römischen Frauen, um dies zu tun. Der Schlüssel ist allein der Glaube an die eigene Schönheit. Und gerade in diesem Monat sollte man damit experimentieren.

- Nehmen Sie ein Bad mit Rosenblättern. Sammeln oder kaufen Sie gelbe, rosa oder dunkelrote Rosen. Streuen Sie zwei Tassen Blütenblätter ins warme Wasser Ihres Bades und geben Sie auch ein paar Tropfen Rosenöl hinein. Lassen Sie sich ins Wasser sinken und genießen Sie dieses höchst sinnliche Erlebnis.
- Rosenwasser, der Lieblingsduft der Venus, ist ein Aroma, das Frauen seit Jahrtausenden lieben. Stellen Sie Ihr eigenes Duftwasser her! Das ist gar nicht schwer. Mischen Sie Blätter von frischen Rosenblüten mit destilliertem Wasser und erhitzen Sie die Mixtur ganz langsam. Dann gießen Sie es zur Aufbewahrung in ein Glasfläschchen. Und denken Sie daran: Beim Duft von Rosen ist Ihnen Venus ganz nah.
- Stellen Sie Myrtenzweige mit ihren kleinen weißen Blüten rund um die Badewanne in kleinen Vasen auf und fühlen Sie sich wie eine Göttin.

DIE HEILIGE WIEDERGEBURT

Nach Monaten der Dunkelheit glauben wir schon, sie wolle niemals ein Ende nehmen. Und dann, im April, wird es hell. Der Frühling kommt, und wie sich das Gras durch das feuchte Erdreich zum Sonnenlicht drängt, so erwachen auch unsere Lebensgeister. Im April feiern wir unsere »heilige Wiedergeburt«, die Wiederkehr des Frühlings und das Erwachen der Pflanzen. Die Christen feiern in diesem Monat Ostern, das Fest der Auferstehung. Im antiken Rom feierte man mit den Aprilritualen ebenfalls die Wiedergeburt und ehrte dabei zwei große Muttergottheiten, die Mater Magna und Ceres.

MATER MAGNA

Megalesia

Der Kult der Großen Mutter Cybele (in Rom nannte man sie nur Mater Magna) wurde um das Jahr 204 v.Chr. von den Phrygern übernommen. Im Tempel auf dem Palatin stellte man einen heiligen schwarzen Stein auf und weihte ihn am 10. April des Jahres 191 v. Chr. der Göttin. Der Stein wird als sehr klein beschrieben, und man platzierte ihn an einer silbernen Figur der Göttin so, dass es ihr Gesicht darstellte. Vielleicht war diese römische Mater Magna das Vorbild für die Schwarze Madonna.

Die Feiern der Megalesia begannen mit der Opferung einer Schüssel mit Kräutern im Tempel der Magna Mater. Mit diesem Opfer einfacher Wildkräuter hatte es eine besondere Bewandtnis, denn »Reine Milch, so erzählt man, und Kräuter ernährten einst unsere / Vorfahren, wenn das Land freiwillig trug. / Weißer Käse, vermischt mit gestoßenen Kräutern, das mag die / Göttin; es ist ein Gericht, das sie von früher her kennt.« (Ovid, Festkalender, 4.369–372)

MODERNE RITUALE ZUR EHRUNG DER WIEDERGEBURT
UND DES WEIBLICHEN

In Eiern ist der Kern neuen Lebens enthalten, sie haben seit prähistorischen Zeiten den Geist der Wiedergeburt wie auch den von Ceres und der Mater Magna symbolisiert. Eier gehören stets zu österlichen Feiern, vor allem im Süden Italiens, wo sie in die Osterkuchen eingebacken werden. In einer italienischen Stadt beispielswcise backt man Brot in Form von Puppen, deren Brüste Eier sind; in Sardinien hat das Osterbrot die Form einer Schlange, die sich um ein hellrotes, hart gekochtes Ei windet.

• Machen Sie einen Brotteig nach Ihrem Lieblingsrezept, bringen Sie ihn in eine hübsche Form und drücken Sie ein rohes Ei mit der Schale hinein. Während das Ganze gebacken wird, verwandeln sich Brot und Ei in ein Geschenk für die Göttin.

Die Rituale des altanatolischen Kults der Mater Magna wurden von Eunuchen-Priestern, den sogenannten Galli, im März gefeiert, doch den meisten Römern blieben die orgiastischen und oft perversen Riten, zu denen Ekstase, Gewaltausübung und Selbstverstümmelung gehörten, fremd. Der vier Tage dauernde Kult der Galli ging zurück auf den Mythos von Attis und seiner Wiedergeburt. Der sagenhafte Attis, der von der Großen Mutter geliebt wurde, entmannte sich selbst, starb und ward wieder geboren. Als männlicher Begleiter der Mater Magna wurde er zum Gott der Vegetation, der in jedem Frühjahr wiederkehrt.

Römischen Bürgern war es nicht erlaubt, sich an der Prozession oder an den Ritualen zu beteiligen oder gar Priester der Mater Magna zu werden, »so groß war die Abneigung der Römer gegenüber dem ungehörigen Schauspiel, dem jeder Anstand fehlte«. (Dionysus von Halikarnassus, 2.19,4)

Stattdessen führte man ein gemäßigteres Jahresfest für Cybele oder die Mater Magna ein, die so genannten Megalesia, die am 4. April begannen. Sie waren mit ihren Feiern und Theateraufführungen fröhlich, festlich und auch ein bisschen derb. In dieser Zeit lud man zu Gastmahlen ein und besuchte Freunde. Schließlich wurden die Bankette aber so ausschweifend, dass der Senat im Jahre 161 eine Begrenzung der Kosten für solche Feste verfügte, bei denen fortan ausländischer Wein verboten war. Das Tafelsilber durfte nicht mehr als etwa 100 Pfund wiegen.

Feiern Sie das Fest der Mater Magna mit einem Gastmahl und decken Sie dazu ihr schönstes Geschirr und Silber auf (Letzteres natürlich nicht schwerer als 100 Pfund).

• Dekorieren Sie Ihre Wohnung in hellen Frühlingsfarben, in Gelb oder Grün, und stellen Sie weiße Kerzen auf. Lassen Sie das Mahl wie die Römer mit einer Kräuter-Käse-Vorspeise beginnen.

• Besorgen Sie sich auf dem Wochenmarkt die frischesten Frühlingsgemüse, nach Möglichkeit Spargel, Artischocken und winzige neue Kartoffeln.

• Bereiten Sie ein üppiges, exquisites Mahl mit Huhn nach Art der Parther als Hauptgericht.

Huhn nach Art der Parther

Für dieses Gericht wurde ein Originalrezept aus dem Kochbuch des Apicius (De Re Coquinaria 6.9.2) abgewandelt und dem modernen Geschmack angepasst. Ursprünglich stammt es aus Parthien, einer der östlichsten Provinzen des Römischen Reiches.

1 Hähnchen
2 TL Salz
Wasser
$\frac{1}{2}$ TL schwarze Pfefferkörner
2 EL Petersilie, gehackt
1 Prise Kümmel
2 Knoblauchzehen, geschält

Das Huhn in Portionsstücke teilen. Das Salz in 4 Esslöffel Wasser auflösen. Pfeffer, Petersilie, Kümmel und das aufgelöste Salz im Mixer zu einer Paste verarbeiten. Die beiden

Knoblauchzehen zufügen. Wenn nötig, noch etwas Wasser angießen. Die Fleischstücke in einen Römertopf legen und die würzige Sauce darüber verteilen. Zugedeckt im vorgeheizten Backofen (230 °C) etwa 1 Stunde und 20 Minuten garen.

❖❖•❖❖

Eine andere Göttin mit dem Beinamen Mater Magna, nämlich Ceres, wurde ebenfalls im April mit bestimmten kultischen Handlungen und mit Spielen geehrt. Sobald die Megalesia vorbei waren, begannen die Cerialia. Ceres ist die Göttin des Getreides. Ihr Name leitet sich vom lateinischen Wort *creare* (wachsen) her, und der Vollmond im April ist die Zeit von Wachstum und Wiedergeburt.

12.–19. April; III Iden–XII Kalenden des Mai
CERES

Cerialia

Mit Pferderennen und Spielen begannen die Cerialia. Man feierte Ceres und ihre Freude über die Rückkehr ihrer Tochter Proserpina – besser bekannt unter ihrem griechischen Namen Persephone – aus dem Reich der Unterwelt, wohin sie entführt worden war.

Dann kommt das Ceresfest. Hier bedarf es keiner Erklärung, / Weiß man doch, was sie uns schenkt, kennt man doch gut ihr Verdienst! / Grüne Kräuter nur hatten die ersten Menschen als Nahrung; / Die gab die Erde von selbst, niemand beackerte sie. / Entweder rupften sie sich die frischen Gräser vom Rasen, / Oder die Zweigspitze bot Laub, das noch zart war, zum Schmaus. / Später wurde die Eichel bekannt, und nach ihrer Entdeckung / Lebte man besser; ihr Baum bot einen kostbaren Schatz. / Ceres nun rief als Erste den Menschen zu besserer Nahrung, / gab ihm statt Eicheln das Brot, das doch viel nützlicher war. / Sie zwang die Stiere dazu, unters Joch ihren Nacken zu beugen; / Da hat das offene Feld erstmals die Sonne gesehn. / Wertvoll war damals die Bronze, doch niemand kannte das Eisen. / Ach, hätt' die Erde es doch immer und ewig versteckt! / Ceres freut sich am Frieden; drum bete um ewigen Frieden, / Um einen Herrscher, der stets Frieden will, ländliches Volk! / Spelt und von knisterndem Salz eine Gabe mögt ihr der Göttin / Weihn auf dem alten Altar, Körner des Weihrauchs dazu, / Und wenn der Weihrauch euch fehlt, entzündet die öligen Fackeln: / Ceres, der guten, genügt wenig – nur rein sei, der's gibt!

Ovid, Festkalender, 4.393–412

Weiß war die Farbe des Ceres-Festes, denn zu diesem Monat passen keine dunklen und düsteren Töne. Proserpina kehrt zurück und die Erde erwartet die Tochter in einem Regenbogen von Farben. In ländlichen Gegenden wurde ihr Fest am 19. April gefeiert. Man ehrte Ceres mit Milch, Honig und Wein. Proserpina muss den Winter in der Unterwelt verbringen und darf sich im Frühling mit der Mutter vereinen. Doch die Cerialien sind nur der fröhliche Teil der Geschichte. Leid und Trauer prägen den anderen Teil des Mythos, der den September bestimmt, wenn die bedeutenderen Eleusinischen Mysterien stattfinden.

MODERNES MUTTER-TOCHTER-RITUAL

Suchen Sie ein Bild von sich heraus, auf dem Sie ungefähr so alt sind wie Ihre Tochter heute, wenn Sie eine haben. Betrachten Sie zusammen mit ihr das Bild, und denken Sie dabei zurück: Was haben Sie sich damals erhofft? Welche Ideale hatten Sie? Wovon haben Sie geträumt?

111

Dann betrachten Sie ein Bild von sich, das erst kürzlich aufgenommen wurde, sprechen über das Positive in Ihrem jetzigen Leben und über den Menschen, der aus Ihnen geworden ist. Möchten Sie vielleicht etwas in Ihrem Leben verändern? Könnten alte Kindheitsträume wieder zum Leben erweckt werden? Lassen Sie Ihre Tochter dann von ihren Träumen und Wünschen erzählen. Hören Sie ihr liebevoll zu und bemühen Sie sich um eine vertrauensvolle Atmosphäre der Nähe. Für die Stärkung der Bande zwischen Mutter und Tochter ist der April die richtige Zeit.

Die heilige und fruchtbare Erde

In der zweiten Aprilhälfte wurden Terra Mater, Mutter Erde, und ihre Großmut mit vier bäuerlichen Festen gefeiert: den Fordicidia, den Parilia, den Vinalia und den Robigalia. Nach dem Vollmond an den Iden des April fanden Rituale für die Göttinnen statt, die mit Wachstum und Fruchtbarkeit zu tun hatten. Es war wichtig, zu Ceres, Pales, Venus und Robiga ebenso wie zu mannigfachen Geistern zu beten und sie um kräftiges Wachstum, reichliche Ernte und guten Weinertrag zu bitten.

15. April; XIV Kalenden des Mai
Fordicidia

Die Fordicidia waren ein altes Hirtenfest für mehr Fruchtbarkeit der Erde und der Herden. Eine trächtige Kuh und ein ungeborenes Kalb (*forda*) wurden Mutter Erde geweiht. Die vestalischen Jungfrauen brachten das ungeborene Kalb als Opfer dar; die Asche fand später bei den Parilia Verwendung. Die Fruchtbarkeit der Kuh sollte durch die Asche des Kalbes gefördert werden und auf die Felder und in den Schoß der Erde zurückgelangen.

21. April; XVI Kalenden des Mai
PALES

Parilia

Die Parilia waren eine rituelle Feier zur Reinigung der Vieh-
herden. Sie wurden zu Ehren der geheimnisvollen Gottheit
Pales abgehalten. Ovid schreibt, dass es zum Ritual für die
Göttin Pales dazugehörte, dreimal über ein Freudenfeuer
aus Bohnenstroh und die Asche des ungeborenen Kalbes zu
springen, wobei man sich mit einem in Wasser getauchten
Lorbeerzweig bespritzte.

*Hirt, wenn die Dämmerung kommt, dann entsühn die
gesättigten Schafe! / Vorher mit Wasser besprengt, werde der Boden gefegt! / Laub und Gezweig, das man
anheftet, sollen die Schafställe zieren, / Und die geschmückte Tür sei durch Girlanden bedeckt! / Bläulich
steige vom reinen Schwefel der Qualm auf; umhüllt
vom / Qualmenden Schwefel soll dann jämmerlich blö-
ken das Schaf! / Wilde Oliven verbrenn, einen Kien-
span, sabinische Kräuter! / Lorbeer, den man versengt,
knistere laut auf dem Herd! / Hirsegebäck folge dann
sowie ein Körbchen mit Hirse: / Froh macht die Göttin
der Flur vornehmlich dieses Gericht! / Bringe ein Opfer-
mahl dar und Molke, verteile die Speisen, / Opfere
warme Milch, bete zu Pales und sprich: / »Sorge in glei-
cher Weise fürs Vieh und die Hirten! Der Schaden /
Mache sich auf und davon, aus meinen Ställen verjagt! /
Trieb ich auf heiligen Boden das Vieh oder saß unter
einem / Heiligen Baum, hat das Schaf arglos auf Gräbern gegrast, ... / Dann vergib mir! ... / Göttin, ver-
söhne für mich die Quellen, versöhn ihre Götter, ... /
Treibe die Krankheiten fort, gesund sollen Menschen
und Herden / Bleiben, die kluge Schar wachsamer Hunde dazu ... / Hunger sei fern, doch vorhanden sei reich-*

lich das Gras und das Laub und / Wasser zum Wa-
schen des Viehs, Wasser, mit dem man es tränkt! ... /
Dies möge alles geschehen! Pales, die Herrin der Hir-
ten, / Kriegt dann auch jedes Jahr riesige Kuchen von
mir!«

Ovid, Festkalender, 4.735–750, 755, 759,
763–764, 767–769, 775–776

Die römischen Bauern verbanden mit der Religion durchaus einen praktischen Zweck. Unglück in der Familie, Schä-
den auf den Feldern, Ausfälle bei den Herden oder Miss-
ernten ließen auf die Gegenwart böser Geister schließen,
also auf Mächte, die besänftigt werden mussten. Viele dieser
Geister waren namenlos, andere wurden nach ihrer Funktion benannt. Solche Geister deckten alle Aspekte des Lebens von der Wiege bis zur Bahre ab. Wenn man Ceres verehrte, mussten mindestens zwölf dieser Geister, die fürs
Pflügen, Säen, für das Vieh usw. zuständig waren, angerufen
werden.

23. April; VIII Kalenden des Mai
VENUS

Vinalia

Die Vinalia waren eines der Weinfeste (ein weiteres fand im
August statt). Acht Tage vor Neumond wurde der Wein
vom letzten Jahr geöffnet. Jupiter erhielt sein Opfer, und
der Wein wurde erstmals verkostet. Ein besonderer Tag für
Hetären und Dirnen. Man erwies vor allem der Venus von
Eryx an diesem Tag die Ehre. Ihr war auch in Rom ein Tempel geweiht, doch der eigentliche Tempel befand sich in
Eryx, im Westen Siziliens, wo rituelle Prostitution vollzogen wurde.

Robiga

Robigalia

Dieses Fest galt Robiga, dem Geist von Mehltau und Rost. Es hat eine lange Tradition, die in Zeiten zurückreicht, da Schimmelpilze ganze Ernten vernichteten. Man brachte Robiga in einem heiligen Hain außerhalb Roms Opfer dar (das Geschlecht der Gottheit ist nicht klar definiert).

Die Römer sahen in jeder Handlung, jedem Augenblick des Tages und selbst in den kleinsten bäuerlichen Arbeiten göttliches Walten. Irgendein Geist war immer gegenwärtig. Und indem man den Geist ehrte, der die Kerze am Brennen hielt, das Kind bei den ersten Schritten bewachte oder die Ernte schützte, war praktisch jeder Augenblick des Lebens heilig.

Auch wir sollten im Lauf des Tages dann und wann innehalten, die Gedanken schweifen lassen oder an bestimmte glückliche Augenblicke denken, wie an das Lächeln unseres Kindes oder einen Sonnenstrahl auf der Haut. Danken wir für solche Momente, sie könnten heilig sein. Die Römer jedenfalls wussten, dass dann die Geister in der Nähe und zufrieden waren.

Mai

Der Monat der Blüte

*Und sie mahnt, sich des Lebens, wenn's blüht und
noch schön ist, zu freuen,
Dann zu verachten den Dorn, wenn seine Rose
verblüht!*
Ovid, Festkalender, 5.353–354

LÄNDLICHES MENOLOGIUM

Sonne im Stier
31 Tage

SONNENKALENDER
Kalenden: 1. Mai
Nonen: 7. Mai
Iden: 15. Mai

MONDKALENDER
Kalenden: 1. Tag nach Neumond
Nonen: 9. Tag vor Vollmond
Iden: Tag des Vollmonds

Den Bauern der Antike wurde angeraten, das Unkraut zu jäten, die Schafe zu scheren, die Wolle zu waschen, die jungen Stiere zu bändigen, den Gemüsegarten zu pflegen und die Felder einer rituellen Reinigung zu unterziehen. (Menologium)

★

Der Mai stürmt mit einer unglaublichen Blütenfülle in Rosa, Weiß und Lavendel auf die Bühne. Die warme, feuchte Luft enthält Spuren süßer Düfte, die schlummernde Erinnerungen wecken und den Körper ebenso wie die Seele anrühren. Wir spüren die Nähe einer Göttin. Der Mai ist kein zarter Monat – neues Wachstum ringsum, das sich kaum bändigen lässt. In der Antike wurden Spiritualität, Sexualität und die Fruchtbarkeit der Erde wie auch die von Mensch und Tier als Einheit gesehen und gemeinsam verehrt, vor allem im Mai, wenn die Blüten mit atemberaubender Schönheit aufbrechen. Und jede zarte Apfelblüte trägt ja bereits die Ahnung der heranreifenden köstlichen Sommerfrucht in sich. Jede Blüte trägt eine Botschaft der Göttin für uns und ist ein Versprechen auf reiche Frucht. Doch lassen wir Flora selbst zu Wort kommen.

Die Geschichte von Flora, der Blütengöttin

»Komm, Mutter der Blumen, und erzähl uns von dir. Wer bist du? Welche Macht steht dir zu Gebote?«
Die Gottheit hat auf diese Fragen selbst geantwortet, und während sie sprach, atmete alles ringsumher den Duft der ersten Rosen. »Ich heiße Flora, doch war ich einst eine Nymphe der glücklichen Auen. Die Bescheidenheit verbietet mir, meine Schönheit zu preisen; doch ist sie strahlend genug, das Herz eines Gottes zu erobern.

119

An einem Frühlingstag streifte ich über die Wiesen, auf denen zartes Grün und üppige Frühlingsblumen sprießten, als ich Zephir, den Gott des westlichen Windes, traf. Ich wurde seine Braut, und sein Hochzeitsgeschenk war immer während der Frühling, die fruchtbarste Zeit im Jahr, wenn die Bäume in hellgrünen Kleidern prangen und sich die Erde mit Gräsern und Kräutern bedeckt. Auf den Feldern, die ich als Morgengabe erhielt, gab es einen Garten voller Früchte, dem eine sanfte Brise Kühlung brachte und ein sprudelnder Quell Feuchtigkeit spendete.

Diesen Garten füllte mir mein Gemahl reichlich mit blühenden Blumen von jeder Art, und er sprach zu mir: ›Göttin, sei du die Königin der Blumen.‹

Schon oft habe ich versucht, die Farben in den Blumenbeeten zu zählen, doch ihr Reichtum ist zu groß. Schon zu früher Morgenstunde, wenn die Blätter den Morgentau abstreifen und erste Sonnenstrahlen die Blumen wärmen, kommen die Stundengeister in ihren bunten Kleidern, pflücken aus meiner Blütenfülle und legen die Blumen in Körbe. Die Grazien versammeln sich in meinem Garten und winden Kränze und Girlanden, um ihr Haar zu schmücken.

Ich war die Erste, die neue Samen über viele Ländereien ausgestreut hat. Bis dahin hatte die Erde nur eine einzige dumpfe Farbe. Ich brachte Krokusse, Narzissen, Hyazinthen und die kleinen Veilchen hervor. Du glaubst vielleicht, ich sei nur die Königin der zarten Blumen, doch meine göttliche Kraft gilt auch den bestellten Äckern. Wenn es auf den Getreidehalmen viele Blüten gibt, werden die Kornspeicher voll; wenn die Weinstöcke üppig blühen, kommt im Herbst mehr Wein in die

Fässer; wenn die Olivenbäume viele Blüten tragen, steht guter Ertrag ins Haus; wenn die Zweige der Obstbäume mit rosa und weißen Blüten beladen sind, wird es eine reichliche Ernte sein. Auch der Honig, den die Bienen erzeugen, ist ein Geschenk von mir. Ich bin die göttliche Kraft, die die Bienen zu den Veilchen, zum Klee und zum Thymian lockt. Ich senke auch die Leidenschaft in die jungen Menschen, damit ihr Geist sprüht und ihre Körper Lust verspüren.

Noch ein guter Rat, bevor ich gehe: Nutze die Zeit der Blüte, denn wenn die Rosen vergehen, bleiben nur die Dornen zurück.«

Floras Geschichte war zu Ende, und sie entschwand. Doch ihr Duft lag noch in der Luft. So wusstet ihr, dass eine Göttin da gewesen ist.

Der blühende Mai ist voll von Überschwang, Unschuld und erotischem Reiz. Wir nehmen den Mai durch die Poren unserer Haut und mit allen Sinnen auf, und er wühlt in unseren sexuellen Sehnsüchten. Im Mai drängt es uns hinaus, um unsere Körper der wärmenden Sonne auszusetzen, mit den Händen in der Erde zu graben und Pflänzchen zu setzen, ganze Arme von Blumen zu pflücken und uns zu verlieben. Eine schöne Blume reizt mit ihrem süßen Duft, ihrer üppigen Farbe, ihrer reizvollen Form alle Sinne. Denken Sie an den berauschenden Duft des Flieders oder den Anblick einer samtigen roten Rose! Die Schönheit der Natur, wie sie sich in den Blüten zeigt, trägt in sich die Essenz von Sexualität und Sinnlichkeit.

Nach der Legende ist es Flora, die die Blumen zu Wachstum und Blüte anregt. Sie verleiht ihnen ihren Zauber und lockt die knospenden Blüten hervor. Flora und ihre Blüten verführen uns. Die dieser Göttin und ihrer duftende Fülle innewohnende sinnliche und erotische Kraft rührt uns an. Wir lernen, uns zu unserer eigenen Sinnlichkeit zu bekennen.

Die Maifeste, die es in vielen Kulturen gibt, sind oft frivol und sehr verspielt. »In den Mai gehen« bedeutet, dass wir uns mit dem Geliebten in die Natur wagen, große Blumensträuße pflücken und den Nachmittag vertändeln. Das liegt im Mai in der Natur der Sache.

Riten und Rituale im Mai

Macto Esto – Lass wachsen!

Der Name für den Monat Mai wie für die Göttin Maia hat seinen Ursprung im lateinischen Wort *mag* für Wachsen. Der Mai steht für die »erste Blüte«. Eine junge Frau erlebt »in ihrem Mai« zum ersten Mal ihre Sinnlichkeit und Sexualität. Auch sie ist unschuldig und ausgelassen, wenn sie die Liebe zu sich selbst und anderen entdeckt. Eine junge Frau »in ihrem Mai« strahlt, wenn wir sie genau betrachten, gleichsam von innen.

1. Mai; Kalenden
Maia

Der Göttin Maia brachte man einst am ersten Tag im Mai Opfer dar. Man opferte ihr, wie auch der Mutter Erde (Terra Mater), eine trächtige Sau. Die beiden Erdgöttinnen wurden damals vielfach gleichgesetzt.

1. Mai; Kalenden
Bona Dea

Am ersten Tag im Mai wurde der Tempel der Bona Dea, der »Guten Göttin«, an den Hängen des Aventin unterhalb eines großen Felsens (Saxum) neu geweiht, weshalb man sie auch

Bona Dea Subsaxana nannte. Bona Dea war eine Erdgöttin, die in der Mythologie mit dem Gott Faunus in Zusammenhang gebracht wird. Ihr bedeutendstes Ritual fand im Dezember statt.

1. Mai; Kalenden
LARES PRAESTITES

Die Lares Praestites oder Beistandslaren galten als Beschützer des Staates und wurden am 1. Mai geehrt. Sie hatten auch einen Tempel an der Via Sacra, die quer über das Forum führte. Die kleinen Bilder dieser zwei Götter wurden mit der Zeit stark ramponiert, und schon zu Ovids Lebzeiten war der steinerne Hund zu ihren Füßen verschwunden:

> *Ihnen zu Füßen stand ein Hund; er war aus dem gleichen / Steine gefertigt. Warum stand bei den Laren der Hund? / Beide beschützen das Haus und sind beide dem Herren ergeben; / Kreuzwege liebt der Gott, Kreuzwege liebt auch der Hund.*
>
> Ovid, Festkalender, 5.137–140

Wir unterscheiden uns gar nicht so sehr von den Blüten. Auch wir Menschen öffnen uns, wenn uns die Sonne bescheint und wir richtig genährt werden. Wir hoffen auf Wachstum und Wandel. Doch gerade im Mai erleben wir das erste Erröten – gleichsam unser »Coming-out«. Eine Frau braucht nicht unbedingt jung zu sein, um ihren Mai zu erleben. Dieser Blütenmonat ist eine Metapher für Wachstum jeder Art und jeden Alters. *Macto esto*, »Lass wachsen!«, war eine alte lateinische Anrufung. Es ist auch das richtige Wort, um die Göttin des Mais anzurufen. *Macto esto!*

Es gibt unzählige Gartenbücher, aber nur wenige über den geweihten Raum des Gartens. Mein liebstes stammt von Elizabeth Murray, worin es heißt: »Wenn wir unseren Garten mit einem klaren Ziel, Visionen und einem besseren Verständnis für die Tatsache bestellen, dass alles, was wir hier tun, unser Alltagsleben widerspiegeln und erhöhen kann, schaffen wir Gartenräume für spirituelles Wohlergehen, die auch der Seele Nahrung bieten.«

Murray beschreibt den natürlichen Kreislauf des Gartens von Jahreszeit zu Jahreszeit und berücksichtigt dabei die spirituellen Qualitäten von Winter-, Frühlings-, Sommer- und Herbstgarten. Den Winter beschreibt sie als die stille Zeit des Nachdenkens, in der Willenskraft, Entschlossenheit, Visionen und viel Geduld erforderlich sind, um die langen, dunklen Monate zu überstehen.

Die Autorin berichtet von alten, archetypischen Symbolen, die uns helfen können, uns eigene geweihte Räume zu schaffen. Bewusstes Gärtnern lehrt uns, das Wilde mit dem Kultivierten in Einklang zu bringen, teilzuhaben am heiligen Kreislauf der Natur, unsere Kreativität zu erschließen und dadurch auch der Seele Wurzeln und Nahrung bieten. Sie bietet viele Vorschläge für einen solchen geweihten Garten:
• Altar – für Opfer und Rituale
• Bank – für Augenblicke des Nachdenkens
• Blühende Blumen – die Göttin Flora selbst
• Brücke – um Welten zu verbinden, wobei Sie selbst *pontifex* oder »Brückenbauer« sind
• Brunnen – Wasser soll an die essenziellen Lebenselemente, die göttliche Weiblichkeit, erinnern
• Farbe – für sinnlichen Genuss und zur Freude von Venus und Flora
• Futterhäuschen – um die Vögel zu bewirten, die oft als Verkörperungen der Götter galten

- Girlanden – um die Götter und Sie selbst zu ehren
- Glocken – als erweckende Kraft
- Grotte – der Erdgottheit geweihter Platz
- Kreis – um an den Kreislauf der Natur mit Ihnen selbst im Mittelpunkt zu erinnern
- Laterne – die ihr Licht in die Dunkelheit wirft
- Nische – in einer Gartenwand als eine Art Lararium zur Verehrung der Schutzgeister
- Rosen – für Venus und Isis
- Skulpturen – von Tieren und Göttern oder anderen Figuren, die für Sie Bedeutung haben
- Tor – zum Überschreiten einer Schwelle und als Versprechen des Neuanfangs

HEILIGE DÜFTE: DER WEG ZU DEN GÖTTERN

Der Mai wird besonders mit Flora, der Göttin der blühenden Pflanzen, assoziiert. Doch ist sie nicht nur die Gottheit der süß duftenden Rosen. Flora kümmert sich auch um die bestellten Äcker und die Obstbäume. Ohne sie gäbe es keine Früchte, keine Ernte, keinen Honig.

2. Mai; V Nonen
FLORA

Floralia

Am 27. April wurde der Tempel Floras geweiht, und die Feiern und Spiele dauerten bis zum 3. Mai. Flora hatte eigene Priester und wurde von einer Priesterschaft mit uralter Tradition, den *arvalis fratres* (Arval-Bruderschaft), in deren heiligem Hain verehrt.

Die Spiele im Circus Maximus zu Ehren von Flora umfassten außer den üblichen Sportereignissen auch zwei spezielle Riten. Zu einem bestimmten Zeitpunkt innerhalb der Festwoche wurden Hasen und Ziegen, also besonders fruchtbare Tiere, freigelassen. Auch streute man Bohnen und Lupinen in die Menschenmenge, ebenfalls Symbole der Fruchtbarkeit und des Frühlings. Die Frauen trugen Kleider in hellen, bunten Farben und Kränze im Haar. Sie saßen zum Mahl an Tischen, die mit Rosen bestreut waren, und bei den nächtlichen Feiern waren sie umgeben von Kerzen und Lichtern.

Alle Schläfen schmücken gewundene Kränze, und, auf den / Glänzenden Tisch gestreut; decken die Rosen ihn zu. / Trunken tanzt der Zecher, dem Lindenbast sich ums Haupt schlingt; / Unbewusst übt er die Kunst, die ihn das Weintrinken lehrt. / Trunken singt er und liegt auf der harten Schwelle der schönen / Freundin; den weichen Kranz trägt er im duftenden Haar. / Ist die Stirne bekränzt, dann kann man nichts Ernstes betreiben; / Klares Wasser trinkt der, der sich mit Blumen schmückt, nicht. … / Bacchus liebt die Blumen; dass Bacchus Gefallen am Kranz fand, / das erkennt man ja schon am Ariadnegestirn. … / Flora hat's nicht mit ernsten und nicht mit pathetischen Leuten; / Wünscht sie sich doch, dass ihr Fest zugänglich sei für die Plebs! … / Doch warum ist sie schön im Schmuck ihrer bunten Bekleidung, / Während am Ceresfest weiße Gewänder man trägt? / Etwa weil weiß wird die Ernte durchs Reifen der Ähren, und jede / Farbe und jede Gestalt Blumen besitzen — ist's das? / Sie bejaht es und schüttelt das Haar: Da regnet es Blumen, / Wie wenn über den Tisch Rosen wir streuen zum Fest.

Ovid, Festkalender, 5.335−342, 345−346, 351−352, 355−360

Wenn wir die Augen schließen und uns einen Garten in voller Blüte mit Geißblatt, Lilien, Oleander, Mohn, Rosen und blühender Myrte vorstellen, wissen wir, warum die Römer Flora, die Göttin der Blüten, so sehr verehrten.

Blumen waren immer schon ein wichtiger Bestandteil heiliger Rituale. Auf den Hochaltären christlicher Kirchen prangen zu Ostern Narzissen im Überfluss. Rote Weihnachtssterne gehören zum Weihnachtsfest. Bräute tragen, wenn sie ihr Treuegelöbnis ablegen, Blumen im Haar und prächtige Sträuße aus Rosen, Lilien und Schleierkraut in den Armen, um diesen großen Tag würdig zu begehen. Blumen bringt man zum Begräbnis wie zum Besuch eines Kranken mit, denn sie tragen in sich die Botschaft von Hoffnung und Erneuerung. Blumengirlanden gehörten zu vielen antiken Ritualen, aber auch wohlriechender Weihrauch und Duftwässer aus Blüten wurden häufig verwendet. Das hatte mehrere Gründe: Sie überdeckten üble Gerüche, erzeugten eine bestimmte Stimmung, und sie markierten den Weg zu den Göttern. Unser Wort Parfum geht – über das Französische – auf die lateinischen Wörter *per* und *fumus* zurück, was wörtlich »durch den Rauch« bedeutet. Wenn Weihrauchstäbchen oder ein anderer parfümierter Gegenstand während eines Rituals in Rauch aufgingen, schraubte sich dieser bis zum Himmel hinauf und erreichte die Götter selbst. Solche Duftwolken trugen zugleich die Gebete und Bitten nach oben und den Göttern die Botschaften der Betenden. Der Mai ist tatsächlich auf vielerlei Weise ein Geschenk der Natur, ein Tor zu den Geistern.

Die Götter freuen sich immer über schön geschmückte Altäre. Gottheiten wie Flora gaben sich durch Düfte zu erkennen, denn jedem göttlichen Geist war ein bestimmter Geruch eigen. Daran sollten wir denken, wenn wir unseren Körper nach dem Bad verschwenderisch mit duftenden Essenzen einreiben oder einen Tropfen feines Parfum hinters Ohr tupfen, bevor wir uns in einen neuen Tag aufmachen. Wir rufen eine Göttin an – und wir sollten sie als Teil von uns anerkennen.

Weihrauch und Parfum gehören zu jedem Ritual. Der römische Autor Plinius beschreibt, wie Parfum hergestellt wird: Man mischt zwei Hauptingredienzen, nämlich Öl und Duftstoffe. Er empfiehlt, auch eine Prise Salz hinzuzufügen, um das Öl zu konservieren, und einen Tropfen Harz, damit der Duft nicht verfliegt und es nicht zu schneller Verdunstung kommt. Bevorzugt verwendete man Olivenöl, da es nicht so schmierte, doch auch Mandelöl fand Verwendung. Rosen, Lilien, Safrankrokus, Thymian und Majoran wurden häufig für Duftwässer gebraucht. »Rhodium« erzeugte man beispielsweise aus Rosenblütenblättern, Krokus, Zinnober, Kalmus und Honig. »Persisches Öl«, eine besonders beliebte Duftnote, wurde aus Majoran, Lilien, Myrrhe, Kassiarinde, Zimt, Myrte und Lorbeer hergestellt.

Spielen Sie in diesem Monat mit verschiedenen Düften. Verwenden Sie blumige Badeöle und probieren Sie die Aromatherapie aus. Zünden Sie aromatisierte Kerzen an und lassen Sie die Fenster offen, damit die Düfte zum Himmel aufsteigen und Ihre Gebete mit sich tragen.

In der Antike waren Floras üppige Blumengaben für Rituale unabdingbar. Alle Götter und Göttinnen bekamen Blumenopfer. Im alten Rom dekorierte man Geschäfte, Häuser, Tempel, Götterbilder, Hausaltäre und bei manchen Riten sogar die Haustiere mit Girlanden. Die Gläubigen schmückten ihr Haar mit Kränzen aus Blumen und Blättern. An den Kalenden, Nonen und Iden jeden Monats reinigten die römischen Frauen ihre Häuser zu Ehren Vestas, der Göttin des Herdes. Cato der Ältere empfahl, an diesen Tagen den Hausaltar mit grünen Girlanden zu schmücken, in die duftende Blüten gewunden waren, oder mit bunten Blumensträußen. Blumen und Girlanden wurden an den Altar gehängt oder darauf gelegt. Besonders in Pompeji machten Girlandenbinder gute Geschäfte. Plinius erzählt eine köstliche Geschichte darüber, wie es sich ergab, dass man Blumen für solche Zwecke verwendete. »Zuerst war nämlich das Bekränzen mit Zweigen von Bäumen bei heiligen Wettkämpfen Brauch. Nachher fing man an, mit einer bunten Mischung von Blumen abzuwechseln, die gegenseitig ihre Gerüche und Farben steigern sollte; [dies geschah] zu Sikyon durch die Erfindungsgabe des Malers Pausias und der von ihm leidenschaftlich geliebten Kranzflechterin Glykera, da er deren Arbeiten durch Malen nachahmte, während sie ihn durch Abwechslungsreichtum herausforderte, und sich so ein Wettstreit zwischen Kunst und Natur ergab.« (C. Plinius Secundus d. Ä., Naturkunde, 4)

Die Römer wanden ihre Girlanden bevorzugt aus drei Arten von Blumen: aus roten Rosen, weißen Lilien und purpurnen Veilchen. Zur Abwechslung auch aus gelbem Ginster, Oleander, Kornblumen, Margeriten, Mohn, Amaranth und Alpenveilchen oder aus Ringelblumen und gemischten Wildblumen. Efeugirlanden durchwand man oft mit duftendem Majoran, Thymian und Minze. Natürlich wechselten die Pflanzen je nach Jahreszeit, in den Wintermonaten wurden manche Blumen sogar aus Ägypten importiert. In der kalten Jahreszeit waren Immergrüne und Pinien beliebt. Wenn es kein frisches Material gab, verwendete man auch Kunstblumen aus Hornspänen. Als dauerhafte Dekoration ließ man Girlanden rund um den Hausaltar malen, in den Wänden aber steckten Haken, an denen frische Girlanden aufgehängt werden konnten.

MODERNES RITUAL FÜR DIE ZEIT DER BLÜTE: GIRLANDEN WINDEN

Natürlich können auch Sie sich in diesem Monat aus den schönsten Blüten Ihres Gartens oder mit Blumen aus der Gärtnerei einen Kranz winden. Jedes Jahr im Mai treffe ich mich mit ein paar Freundinnen, um diese Zeit des Blühens festlich zu begehen. Wir sitzen um einen großen Gartentisch, der mit Blumen und Kräutern beladen ist. Zuerst bindet sich jede von uns einen der Kopfgröße entsprechenden Kranz aus Efeu oder Glyzinenlaub. Dann winden wir leuchtende Stiefmütterchen, rosa Azaleenzweige, zartblaue Glyzinenblüten und sogar leuchtend gelbe Löwenzahnblüten in die Kränze. Für zarte Düfte sorgen Minze oder Rosmarin. Wir setzen unsere Kränze auf, trinken ein Glas Wein, essen Erdbeeren, singen, sprechen Gedichte, lachen und beobachten, wie der Vollmond aufgeht. Dann wissen wir, dass uns die Göttin ganz nah ist.

Sie können auch eine Girlande binden, die Sie sich um den Hals legen oder mit der Sie Ihr Heim schmücken. Ich erinnere mich, dass meine Mutter uns erzählte, wie sie und ihre Freunde Berge von Margeriten pflückten, um eine endlos lange Kette daraus zu fertigen. Sie wurde allen Mädchen um die Schultern gelegt, die in dem kleinen College in Virginia ihren Abschluss gemacht hatten. Die Girlande der Antike ist so ähnlich wie die hawaiianischen Blumenketten. Sie brauchen dazu eine lange, dünne Nadel und Garn, womit Sie die Blüten zusammennähen. Bei der Arbeit sollten Sie sie mehrfach mit Wasser besprühen, damit die Blumen frisch bleiben. Bis zu ihrer Verwendung können Sie die Girlande im Kühlschrank aufbewahren.

Sei vorsichtig, behutsam und scher dich weg!

Der Frivolität auf dem Fuße folgte – das wussten die römischen Bauern ganz genau – schon bald eine eher gedämpfte Zeit. Mitte Mai wandelten nämlich hungrige Geister auf Erden. Man musste sich und die Familie schützen, denn diese Geister drangen sogar in die Häuser ein. Nach den Iden war es an der Zeit, die Felder rituell zu reinigen, dem Tiernachwuchs und den zarten, jungen Saaten besonderen Schutz angedeihen zu lassen. Die »Lemuren« oder andere nachtwandelnde böse Geister mussten verjagt werden, damit Blüte und Wachstum keinen Schaden nahmen.

Sicher, der Mai ist die Zeit, wo man all die sinnliche Schönheit ringsum genießt, doch Vorsicht! Dieser Monat kann ein zweischneidiges Schwert sein. Seien Sie ständig auf der Hut und achten Sie auf alles, was hinter Ihrem Rücken passiert. So geschah es auch beim römischen Fest der Lemuria.

9., 11., 13. Mai; VII, V, III Iden
LEMURIA

Dann steht, aus Furcht vor den Göttern des Brauches gedenkend, der Römer / Auf – an den Füßen trägt keine Sandalen er dann –, / Macht das Zeichen des Daumens zwischen den Fingern, damit sich / Ihm, wie er schweigend da geht, nicht in den Weg stellt ein Geist. / Hat er mit Quellwasser sich die Hände gewaschen, dann nimmt er / Schwarze Bohnen. Darauf dreht er sich um: Das Gesicht / Abgewandt wirft er sie rückwärts, und werfend ruft er: »Ich opfre / Diese und kaufe damit mich und die Meinigen frei!« / Neunmal ruft er das aus und sieht sich nicht um, und der Schatten / Sammelt sie auf, denn er tritt unsichtbar hinter ihn, heißt's. / Wieder berührt er Wasser. Mit Bronze aus Temesa klappernd, / Bittet er dann, aus dem Haus möge jetzt gehen der Geist. / Hat er neunmal gerufen: »Geht fort, ihr Manen der Väter!«, / Sieht er sich um, und er glaubt, ordnungsgemäß sei's vollbracht.

Ovid, Festkalender, 5.431–444

Die *lemures* waren die hungrigen Geister der Toten, die zurückkehrten, um sich an die Verwandten heranzuschleichen. Diese Nachtwandler waren, anders als die »freundlichen Toten«, die uns im Februar begegneten, wahre Plagegeister.

Für die Römer galt der Mai als die Zeit, da der Schleier

zwischen den Welten der Lebenden und der Toten dünn war. Es ging zu wie im November, wenn die Schatten der Unterwelt und die Geister der Toten sich unter die Lebenden mischten. Man feierte die Lemuria an drei nicht aufeinander folgenden Tagen vor dem Vollmond im Mai. Der Ritus erinnert an die Reinigungsriten im Februar, nur ist er viel Furcht erregender.

11. Mai; V Iden
MANIA

Mania war die Mutter der Lares, und obwohl ihr Name »die Gute« bedeutet, ist sie doch die Göttin des Todes. Wenn einer Familie Unglück oder Gefahr drohte, hing man an die Eingangstür das Bild oder eine Puppe der Mania. Auch opferte man Kuchen in Form eines garstigen Menschen.

14. Mai; I Iden
ARGEI

Nach einem einleitenden Opferdienst warfen Priester und Vestalinnen zusammen mit anderen Bürgern von einer geweihten Tiberbrücke dreißig Puppen in den Fluss, die Menschengestalt hatten und Argei genannt wurden. Die Priesterin (*flaminica*), die die Prozession begleitete, durfte an diesem Tag ihr Haar nicht kämmen und musste Zeichen der Trauer tragen. Die Puppen waren offenbar aus Binsen gefertigt. Es handelte sich um einen großen Akt der Reinigung von allem Bösen des vergangenen Jahres. Die Argei galten als Verkörperung der Dämonen.

Wie die jungen Sämlinge, die auf ihren dünnen Stängelchen ans Sonnenlicht drängen, oder die daunenweichen jungen

Enten, die sich von ihrer Mutter wegtrauen, so sind auch wir Menschen zur Zeit der Geburt und der frühen Kindheit sehr verletzlich. Der Mai ist eine fröhliche Zeit, aber doch nicht frei von Gefahr. Dieser Monat galt als Unglückszeit für Eheschließungen, und man sagte, nur »schlechte Frauen« heirateten im Mai.

Auch wissen wir, dass Vorsicht geboten ist in einer so schwelgerischen Phase des Sprießens. Alles Junge ist zart, unschuldig und unwissend. Das junge Mädchen braucht Rat von einer älteren, weisen Person. Die Naive benötigt Schutz vor allen, die ihr Unglück bringen könnten oder gar den Hauch des Todes in sich tragen. Und auch wir selbst können uns aus Mangel an Erfahrung Schaden zufügen. Die Römer wussten das und schützten sich und ihre Häuser durch bestimmte Rituale. Wenn man sich der Gefahr bewusst ist und an Kreuzungen die richtigen Entscheidungen trifft, kann man sich vor Unglück bewahren, für stetiges Wachstum während der Sommermonate sorgen und eine gute Ernte sichern.

MODERNE AUSTREIBUNGSRITEN

Lassen Sie sich nicht mitreißen vom Überschwang des Mai. Es könnte ein schwieriger Monat werden, in dem Ihnen allerlei Unangenehmes widerfährt. Störungen und Probleme tauchen möglicherweise auf, »dunkle Schatten« könnten versuchen, Sie in ihr Reich zu ziehen. Vielleicht versuchen sie sogar, in Ihr Haus und Heiligtum einzudringen und Ihnen dort Schaden zuzufügen. Gerade weil Ihre Sinne von den prachtvollen Blütentagen des Mai so verwöhnt sind, sollten Sie auch seine dunklen Seiten im Auge behalten.

Basteln Sie sich in der uralten Tradition der Argei Ihre eigene Puppe oder Marionette aus Binsen, Schilfgras oder Zweigen. Nachdem Sie in diese Puppe all Ihre Ängste, Probleme und Sorgen hineingebunden haben, werfen Sie sie weg. Die römischen Vestalinnen schleuderten ihre Argei in den

Tiber; auch Sie könnten Ihre Puppe in ein fließendes Gewässer werfen und zusehen, wie sie davonschwimmt.

GLÜCK UND FRUCHTBARKEIT

Der Mai endet mit den Ritualen für *bona fortuna*, Glück und Fruchtbarkeit. Man war bemüht um die Gunst der Fruchtbarkeitsgöttin Dea Dia und schaltete dazu als Vermittler die Priesterschaft der Arvales fratres ein.

25. Mai; VIII Kalenden des Juni
FORTUNA PRIMIGENIA

Sie wurde auch Fortuna Publica genannt und in der letzten Maiwoche verehrt. Es handelte sich um eine altitalische Göttin, die Gewinn bringen sollte. Auch hat man sie mit Tyche, der Glücksbringerin, in Zusammenhang gebracht. Ihr Orakel befand sich im großen Tempel in Praeneste, wo Ratsuchende wahllos Eichentafeln mit Inschriften aus einer Kiste zogen. Die Anbetenden mussten sich die Botschaften selber deuten.

29. Mai; IV Kalenden des Juni
DEA DIA

Die Göttin Dea Dia wurde an diesem Tag von ihrer Priesterschaft, den Arvales fratres, geehrt. Über die Ursprünge dieses uralten Kultes weiß man wenig. Vielleicht hat ihr Name mit dem zunehmenden Sonnenlicht zu tun, er wurde sicherlich in Zusammenhang gebracht mit Fruchtbarkeit und gutem Gedeihen. Ihr heiliger Hain lag etwa sechs Kilometer außerhalb von Rom, unweit des heutigen La Magliana. Die Priesterschaft bestand aus zwölf Mitgliedern, die alle aus Senato-

renfamilien stammten; auch der Kaiser gehörte ihr an. Die
Priester wählten unter sich jedes Jahr einen Vorsitzenden,
den *magister*, und einen Oberpriester den *flamen*.

Ihre wichtigste Aufgabe bestand darin, das Ritual der
Dea Dia am 29. Mai zu leiten, doch oblag ihnen auch die
Ausrichtung der Geburtstagsfeier des Kaisers und anderer
Festlichkeiten. Bei Ausgrabungen im heiligen Hain fand man
einen Tempel der Dea Dia, einen Speisesaal, eine Badean-
lage und andere Kulträume. Während der Rituale für Dea
Dia versammelte sich die Priesterschaft im Tempel des Hains
und intonierte ein Gebet, um Mars und andere Geister anzurufen.

27.–29. Mai; Bewegliches Ritual,
VI–IV Kalenden des Juni
AMBARVALIA

Die Ambarvalia zur Entsühnung der Feldmark waren Festlichkeiten der letzten Maiwoche. Die Felder wurden von bösen Einflüssen gereinigt. In einer Prozession um die Äcker
bildete man einen heiligen Zirkel, und durch Opfergaben
an die zuständigen Götter wurde die feierliche Reinigung
vorgenommen. Es handelte sich dabei um die sogenannte
Suovetaurilia: Dabei wurden drei Opfertiere verschiedener
Art (Stier, Widder, Eber) herumgeführt und dann Mavors
(Mars), dem altrömischen Feldgott, und Dea Dia, der Vege-
tationsgöttin, geopfert. Auch eine Stadt konnte auf solche
Weise gereinigt werden.

Die Feldgottheiten Ceres und Bacchus wurden ebenfalls mit
der Bitte um gutes Wachstum angerufen. An diesem Tag
mussten Männer, Frauen und Kinder ruhen. Die Bauern
wanden Girlanden um die Hörner der Ochsen, und die
Frauen stellten das Spinnrad beiseite, alle hatten sich in ei-

nem rituellen Akt die Hände zu waschen. In der vorausge-
henden Nacht war jeder Geschlechtsverkehr verboten. Nach
Vergil zogen die Prozessionen mit Kronen aus Eichenlaub
dreimal singend und tanzend um die Felder und flehten zu
Ceres, bei ihnen Einzug zu halten. (nach Georgica 1.345)

Der Mai geht zu Ende mit der Bitte an Flora, die Göttin:
»Streu mir, ich bitt’ dich darum, deine Geschenke ins Herz!«
(Ovid, Festkalender, 5.378)

Juni

Der Monat des Nährens

Einen Hain gibt's, darin stehen dicht die Bäume. Von jedem
Laut ist er fern – man vernimmt nichts als das Rauschen
des Quells.

Hier wollt' ich grübeln, welches der Ursprung des Monats
sei, der grad

Anfing, und hier sann ich dann über den Namen auch nach.
Sie, die Göttinnen sah ich ...
Und ich erschrak; ich verriet meine Angst, weil ich stumm
und ganz blass war,

Aber die Furcht, die sie mir einflößte, nahm sie mir selbst ...
Aber damit du es weißt und dich das, was man fälschlich
glaubt, ja nicht

Irreführt, wisse: Nach mir hat man den Monat benannt!
Ovid, Festkalender, 6.9–13, 19–20, 25–26

LÄNDLICHES MENOLOGIUM

Sonne im Zwilling
30 Tage
Sommersonnenwende

SONNENKALENDER
Kalenden: 1. Juni
Nonen: 5. Juni
Iden: 13. Juni

MONDKALENDER
Kalenden: 1. Tag nach Vollmond
Nonen: 9. Tag vor Vollmond
Iden: Tag des Vollmonds

Bauern der Antike wurde geraten, das Gras zu mähen und die Erde um die Weinstöcke herum aufzulockern. (Menologium)

★

Entspannen Sie sich und holen Sie tief Luft – der Juni ist da. Das ist der Monat, um sich behaglich und sicher zu fühlen. Die Sonne scheint jetzt am längsten und schenkt Leben und Wachstum. Die Feldfrüchte reifen. Die Maiblüten haben sich in kleine grüne Äpfel an den Bäumen verwandelt – sie sind zwar noch nicht pflückreif, aber schon auf einem guten Weg dorthin. Alles ist jetzt etwas ruhiger als im Mai. Der Juni ist nicht die Zeit verspielter Sexualität, sondern eine Phase des langsamen, aber stetigen Wachstums.

Der Juni lässt sich nieder, wie eine junge Mutter es tut, um ihr Kind zu stillen, erfüllt von Fürsorge, mit sanftem Streicheln und liebevollen Blicken. Aus ihren Brüsten quillt warme Muttermilch. Die Mutter sitzt ruhig da und stillt, ihre Kraft ist in Bereitschaft, sie ist unendlich. Der Juni beginnt in der gleichen nährenden Weise mit einem Gefühl warmer Fülle. Jetzt braucht man keine kalten Nächte zu fürchten. Alles wächst und sprießt üppig.

Wir heißen den Juni mit einem Seufzer der Vollendung willkommen, ähnlich dem letzten langen, tiefen Stöhnen, mit dem wir zum letzten Mal pressen und unsere Kinder zur Welt bringen. Es ist ein urzeitlicher Seufzer, der aus unserem tiefsten Inneren kommt. Gute Arbeit! Die gleiche Zufriedenheit verspüren wir, wenn wir etwas sehr Wichtiges vollendet haben, sei es die Geburt eines Kindes, der Abschluss eines Projekts, die Zubereitung eines Festmahls oder das Genießen der Blütenpracht eines Gartens, in den wir viel Arbeit gesteckt haben. Wir haben alle schon irgendwann einmal solche Momente der absoluten Befriedigung erlebt. Juni ist der Monat, in dem Mutter Erde seufzt! Und jeder von uns kann das spüren.

Es ist ein sehr stabiler Monat, ein Monat, um Wurzeln zu schlagen, sich der warmen Sonne zuzuwenden und zu wachsen. Wir haben die Monate der Innenschau, der Planung und des Überschwangs hinter uns. Jetzt ist es an der Zeit, sich den eigentlichen Aufgaben zuzuwenden, und die Aufgabe der Natur besteht darin, zu wachsen und zu gedeihen. Juni ist der Monat der Mutter und des kleinen Babys, der Himmelskönigin und ihres Kindes. Jetzt ist es an der Zeit, um göttliche und natürliche Beziehungen zu ehren. Die Natur, die Mutterschaft und das Heilige sind so eng miteinander verbunden, wie in dem Mythos von Juno und der Geburt des Mars. Juni ist der Mutter Juno geweiht und deshalb nach ihr benannt.

Juno und die Geburt des Mars

Als die Göttin Minerva mutterlos und vollständig bekleidet aus Jupiters Kopf geboren war, ärgerte sich seine Ehrfurcht gebietende Gemahlin Juno, dass ihre Hilfe dabei nicht erforderlich war. Auf ihrem Weg zu Oceanus, den sie besuchen wollte, um sich über die Tat ihres Mannes zu beklagen, wurde Juno müde und hungrig. Vor der Tür von Flora, der Göttin der Blüten, machte sie Halt.

»Was führt dich in mein Haus, o göttliche Juno, Tochter des großen Saturn?«, fragte Flora, als sie die Königin des Himmels empfing.

Juno begann von ihrer Reise und der großen Kränkung durch ihren Gatten Jupiter zu erzählen, während die süß duftende Flora ihr Bestes tat, um die Freundin mit freundlichen Worten zu trösten. »Mein Schmerz kann nicht mit guten Worten geheilt werden, liebe Flora«, sagte die große Göttin. »Jupiter ist Vater geworden und hat selbst eine Tochter geboren. Er tat das, ohne bei mir oder einer anderen Frau zu liegen. Das Kind

140

hat keine Mutter. Jupiter ist ihm Vater und Mutter und vereint beide Rollen in seiner Person. Warum also, Flora, sollte ich die Hoffnung aufgeben, ohne einen Mann, einen Gatten, Mutter zu werden? Das muss möglich sein. Ich brauche keinen Mann. Ich werde keusch bleiben, unberührt von einem Mann und trotzdem gebären. Ich werde alle Drogen und Kräuter in der weiten Welt erproben, werde in den Tiefen der Meere und der Unterwelt nach einem Weg suchen.«

Juno hätte weitergesprochen, wäre sie nicht eines unsicheren Ausdrucks auf Floras Gesicht gewahr geworden.

»Flora, meine nymphengleiche Freundin, es scheint mir, du hättest vielleicht die Macht, mir in dieser Sache zu helfen. Ich weiß, dass du den Zorn meines Gatten Jupiter fürchtest, wenn er es je herausfinden sollte, doch ich verspreche dir, dass dein Name immer geheim bleiben wird. Ich schwöre bei den Gewässern der Unterwelt, dass Jupiter es nie erfahren wird.«

»Dann kann dein Wunsch nach einer keuschen und jungfräulichen Geburt in Erfüllung gehen«, verriet ihr die Frühlingsgöttin, »mithilfe dieser seltenen und einzigartigen Blume, die man mir von den Feldern Olenos' geschickt hat. Es ist die einzige Blume dieser Art in meinem Garten. Derjenige, der sie mir gab, empfahl mir ihre Anwendung, um eine unfruchtbare Färse trächtig zu machen. Eine Berührung mit den Blütenblättern genügt.«

Sogleich pflückte Flora die geschlossene Blüte und strich damit über Junos Brust. Die große Göttin empfing in dem Moment, als die Blume sanft ihren Busen berührte. Ihr Wunsch hatte sich also erfüllt. Sie wurde Mutter, ohne von einem Mann be-

rührt worden zu sein. Sie gebar ihr heiliges Kind,
den Ehrfurcht erregenden Gott Mars.

Dieser Mythos ist uns aus uralter prähistorischer Zeit überliefert, denn er ist eine Geschichte über die Große Göttin.
Sie ist als Lebensspenderin und Nährende allmächtig. Juno,
die Königin der Götter und Göttinnen, ist hier Schöpferin
und Mutter. Weder will noch braucht sie einen Mann. Juno
schreckt nicht vor der direkten Konfrontation mit ihrem
Gatten Jupiter zurück. Im Gegenteil, als ihr Mann sie igno-
riert, unterwirft sie sich nicht demütig seiner zur Schau ge-
stellten Macht oder reagiert wahllos. Stattdessen bemüht sie
sich um eine eigene unabhängige Position. Juno ist sehr klug,
denn sie weiß, wo ihre größte Macht liegt: in der Natur, in
der Blume, die jedes Jahr im Frühling wieder sprießt. Fruchtbarkeit, Kraft und Fülle, die für den Fortbestand allen Lebens unabdingbar sind, haben ihren Ursprung in der Natur
und der Weiblichkeit. Die große Göttin Juno ist identisch
mit Mutter Erde, die von den Samen der Erde selbst be-
fruchtet wird – von einer Blume. Sie ist die Inkarnation
weiblicher Fruchtbarkeit und Stärke. Juno ist die Mutter
schlechthin, und der Juni ist ihr Monat!
   Auch wir können in Juno eine Quelle weiblicher Energie und ein wunderbares Vorbild entdecken. Juno ist keine
einfache Gottheit, sondern spielt als komplexe Göttin viele
verschiedene weibliche Rollen: Schöpferin, Beschützerin,
Mahnerin, Nährende und Mutter. In diesem Mythos erweist sie sich als Jupiter ebenbürtig, indem sie einen magischen, heiligen Bund mit der Natur und der Schöpfung
eingeht. Sie handelt ohne Umschweife, entschlossen und
klug, denn sie ist sehr bestimmt und erreicht, was sie sich
vornimmt. Juno verkörpert als große Göttin das Potenzial
aller Frauen.
   Wir Frauen besitzen alle Junos weibliche Energie, wenn
von uns im Alltag ähnliche Pflichten erwartet werden: Fürsorge für uns und unsere Familie, Durchsetzungskraft in

einer männlich dominierten Welt, das Nähren, Schützen und Bemuttern von Ideen ebenso wie von uns selbst und unseren Kindern.

Riten und Rituale im Juni

Der Schutz vor Schaden

Denken wir uns für einen Moment in diese mütterlichen Gefühle und Empfindungen hinein. Mehr als alles andere in der Welt möchte eine Mutter, dass ihr Kind gesund, sicher und glücklich ist und gedeiht. Ein kleines Baby findet Sicherheit und Wohlbehagen, wenn es sich in die starken Arme seiner Mutter kuschelt und nach der warmen Milch und der intimen Bindung zwischen sich und seiner Mutter sucht. Der Juni ist der richtige Monat, um sich mit diesen Gefühlen vertraut zu machen und sie neu zu entdecken. Die Lektionen der Natur umfassen in diesem Monat das Nähren und Bemuttern, Sicherheit und Schutz. Die Göttinnen, die in diesem Monat besonders verehrt wurden, waren starke Verfechterinnen der Familie und des Heims: Juno, die Mahnerin, Mutter Matuta und Vesta, die Hüterin des Herdes. Auch wir können uns in der Obhut dieser großen Göttinnen sicher fühlen.

Juno, die Mahnerin, ist auf dem Posten und warnt uns vor Gefahren. Mutter Juno schützt die eben flügge gewordenen Jungen. Wenn wir uns wirklich sicher fühlen wollen, müssen wir nur auf Juno achten. Juno Moneta, die »Mahnerin«, wird uns eine Botschaft schicken, wenn Unheil bevorsteht. Das tat sie etwa dann, wenn den Römern ein Angriff drohte. Wir müssen uns nur darauf verlassen können, dass wir unsere innere Stimme, die ihre subtilen Nachrichten weitergibt, auch hören und ihren strengen Worten auch Beachtung schenken. Wo es um neues Wachstum geht, gebührt Juno Moneta unsere Verehrung.

1. Juni; Kalenden
JUNO MONETA

Die Kalenden jedes Monats waren der Göttin Juno geweiht, die in dieser Hinsicht eine echte Mondgöttin war. Juno wachte über den Menstruationszyklus einer Frau, half bei dessen Regulierung und gegen Schmerzen bei der Monatsblutung. In frühester Zeit opferten der Hohepriester und die Hohepriesterin jeden Monat der Juno, sobald sie der schmalen Sichel des zunehmenden Mondes ansichtig wurden. An den Kalenden des Juni wurde die Göttin speziell als Juno Moneta oder Juno die Mahnerin verehrt.

Zu oft verleugnen wir unsere innere Stimme, unsere Intuition, die uns sagt: »Lass es langsamer angehen«, »denk noch einmal darüber nach«, »dieser Weg ist falsch, kehr um«. Dabei müssten wir zuhören! Denn das ist die Stimme der Mahnerin, sie wohnt in jeder von uns. Ihre Stimme mag schwach und ihre Botschaft schwer zu entschlüsseln sein, aber sie ist wahr. Mit dieser sehr wichtigen Göttin sollte man nicht leichtfertig umgehen und sie schon gar nicht ignorieren. Wir können ihre Stimme nur vernehmen, wenn wir aufmerksam sind und unseren Selbstzweifeln und gelegentlichen Momenten des Zögerns Beachtung schenken. Unsere Intuition ist ein Geschenk der Göttin Juno. Ihre Warnungen haben vielen Römern das Leben gerettet und können sich auch für uns als wertvolle Hilfe erweisen.

Das Wort »Moneten« stammt auf Umwegen vom Namen Juno Moneta ab. Der Tempel der Juno Moneta wurde am 1. Juni 344 v. Chr. geweiht und stand auf der Spitze des Kapitols. Den Beinamen Moneta (Mahnerin) bekam Juno in der Antike, weil sie mithilfe ihrer heiligen Gänse die Römer vor einem Angriff der Gallier warnte. Es heißt auch, dass während eines Erdbebens eine Stimme aus Junos Tempel drang, die die Menschen aufforderte, Opfer zu bringen. Weil die Römer die staatliche Münze zum Prägen der offiziellen

Geldstücke unmittelbar neben dem Tempel der Juno Moneta errichteten, wurde die Göttin bald mit der Erzeugung der Münzen assoziiert. Moneta wurde zum Synonym für Geld und zum Ursprung unseres Wortes Moneten.

In späterer Zeit avancierte der Juni zum bevorzugten Heiratsmonat. Junos Name könnte seinen Ursprung in der lateinischen Bezeichnung für »Braut« oder »junge Frau« (juvenis) haben, weil sie die Braut Jupiters war. Ironischerweise galten jedoch im Kalender der Antike die ersten Juniwochen als ungünstig zum Heiraten. Man vermied Eheschließungen vor Vollmond, da diese Phase als gefährliche Zeit galt, in der böse Geister auf der Erde wandelten. Der Vollmond dagegen brachte den Frauen Glück. »Mach keine großen Pläne vor Mitte des Monats und heirate nicht«, riet die Priesterin der Antike.

Ich habe eine Tochter — sie möge, so bitte ich, meine / Zeit überleben; wenn's ihr gut geht, werd' froh ich stets sein! / Einem Mann wollt' ich sie verheiraten, und ich erforschte, / Welche Zeiten dafür passen, welche sehr schlecht. / Da belehrte man mich, nach den heiligen Iden, da sei der / Juni recht für die Braut, da sei er recht für den Mann, / Aber sein erster Teil, der eigne sich nicht für die Hochzeit.

Ovid, Festkalender 6.219–225

MODERNE RITUALE ZU EHREN JUNOS UND DER FRAUEN

An den Kalenden, Iden und Nonen hatten die römischen Hausfrauen die Pflicht, den Herd zu reinigen. Dem Mondzyklus folgend wurden Haus und Herd sauber geschrubbt. Frische Blumen und Girlanden zierten das Haus und besonders den Herd. Für Juno benötigte man nichts Extravagantes. Und für uns alle ist es wichtig, das Zuhause und die

Arbeit der Frauen zu achten, denn diese ist eine heilige Tätigkeit zur Erneuerung des Geistes.

Stellen Sie sich einen frischen Strauß Blumen in einer besonderen Vase in die Küche, so dass Sie ihn beim Kochen und Abwaschen sehen. Zünden Sie sich zur Küchenarbeit auch ein paar Kerzen an.

DIE FAMILIE UND DIE GESUNDHEIT SCHÜTZEN

Carna oder Cardea war eine alte Göttin mit einem Tempel auf dem Caelius. Dem Mythos zufolge besaß sie spezielle Kräfte zur Abwehr von Vampiren, die man *striges* nannte. Dabei sollte es sich um Furcht einflößende Vögel handeln, die des Nachts Babys das Blut aussaugten.

> *Dick ist der Kopf, starr der Blick, der Schnabel zum Raube geschaffen, / Krumm sind die Krallen, und grau ist das Gefieder am Leib. / Nachts nur fliegen sie aus, nach dem Kind, das die Amme nicht hütet; / Aus seiner Wiege geraubt, wird es von ihnen beschmutzt. / Mit ihren Schnäbeln zerhacken das zarte Fleisch sie, so sagt man, / Und ihre Kehle ist voll von dem getrunkenen Blut.*
>
> Ovid, Festkalender 6.133–138

1. Juni; Kalenden
CARNA

Carneria

Die Kalenden des Juni wurden im Volksmund auch Bohnenkalenden genannt, weil man der Göttin Carna zu dieser Zeit Bohnen opferte.

Fragst du mich nun, warum man an diesen Kalenden
das fette / Schweinefleisch isst und warum Bohnen mit
Dinkel man mischt? / Carna ist noch von früher, ver-
zehrt, was sie immer verzehrt hat, / Ist nicht verschwen-
derisch, will Speisen des Auslandes nicht. / Früher
haben die Leute den schwimmenden Fisch nicht behel-
ligt; / Austern, in Muscheln versteckt, waren noch gar
nicht bedroht ... / Nichts als die Federn gefielen am
Pfau, und Tiere der Wildnis, / Welche mit List man
fing, hatte kein Land uns geschickt. / Schweinefleisch
schätzte man sehr, hat ein Schwein zum Feste ge-
schlachtet; / Bohnen und harten Spelt schenkte die Erde
nur her. / Wird dieses beides vermischt und dann isst
an den sechsten Kalenden, / Dem ist, so glaubt man,
der Leib gegen Erkrankung geschützt!

Ovid, Festkalender 6.169–181

In ihrer Funktion als Beschützerin war Carna auch die Göttin der inneren Organe. Die Römer beteten zu ihr um Gesundheit. Sie empfahl besonders Bohnen mit Speck und galt
seltsamerweise auch als Patronin der Vegetarier.

MODERNES RITUAL FÜR EINE GUTE GESUNDHEIT

Carna wacht sehr genau über Ihre Ernährung. Sie selbst
genießt die einfachsten Speisen, deren Zutaten auf gutem
Boden leicht gedeihen, wie Bohnen und Gerste. Schwei-
nefleisch kam nur zu ganz besonderen Anlässen auf den
Tisch. Stellen Sie sich zu Ehren von Carna einen gesunden
Speiseplan zusammen.

Ein altes Rezept mit Puffbohnen für eine gute Ver-
dauung und einen gesunden Körper stammt von dem römischen Koch Apicius: »Grüne und baianische Puffbohnen
auf andere Art: Puffbohnen mit gemahlenem Senf, Honig, Pinienkernen, Raute und Kümmel. Sie werden mit
Essig serviert.« (Apicius 5.6.3) Hier eine moderne Va-

riante dieses Gerichts, das Sie vielleicht in kleinerer Menge zubereiten möchten.

Fabaciae oder Bohnensalat

(6 Portionen)

750 g frische Puffbohnen (mit Schalen gewogen)
$^1/_2$ TL Senfpulver
1 TL Honig
Essig nach Geschmack
$^1/_2$ TL Kreuzkümmel

Lösen Sie die Bohnen aus den Schalen und garen Sie sie in Salzwasser. Für das Dressing verrühren Sie das Senfpulver mit dem Honig und verdünnen das Ganze mit Essig. Gießen Sie dann das Dressing über die abgegossenen Bohnen und bestreuen Sie den Salat mit dem Kreuzkümmel.

DEN HERD BEWACHEN

Vesta war die römische Göttin des Herdfeuers, deren Verehrung sicher weit in prähistorische Zeiten zurückreicht, als jede Familie den Geist des Feuers noch in der Mitte ihrer runden strohgedeckten Hütte verehrte. Ihr erster Altar war die kreisförmige Feuerstelle in einer solchen Hütte. Die Familie und die Gäste, die im Kreis um das brennende Herdfeuer saßen und in die heilige Flamme blickten, spürten ihre Wärme und nährende Kraft. Ihnen war dieser Ort heilig.

Der 7. Juni war der erste Tag eines alljährlich begangenen achttägigen Rituals zu Ehren von Vesta. Während dieser Zeit war der runde Tempel der Vesta auf dem Forum Romanum und dessen innerstes Heiligtum, das *penus* oder Lagerhaus, für alle Frauen geöffnet; Männer hatten keinen Zutritt. Die Frauen mussten den Tempel zu Ehren der Göttin offenbar barfuß betreten.

Da Vesta die lebendige Flamme ist, spielt diese auch eine besonders wichtige Rolle in diesem Ritual. Das Entzünden des Herdfeuers oder einer Kerze vor Beginn sorgte dafür, dass die Göttin zugegen war.

Alle Rituale begannen mit dem Entzünden einer Opferflamme auf dem Altar. Vesta wurde mit einem kurzen Gebet willkommen geheißen. Führte man das Ritual zu Hause aus, so wurden die Götter zur Teilnahme am Mahl eingeladen, und man füllte einen sauberen Teller als Opfer für Vesta.

Fromme Römer brachten Vesta täglich am Hausaltar, dem *lararium*, ein Gebet und ein Opfer dar. Mutter oder Vater leiteten die kurze Zeremonie, mit der um das Wohlergehen der Familie, einen warmen, einladenden Herd und eine gut gefüllte Speisekammer gebeten wurde.

Vesta sorgt für einen geweihten Ort, an dem die Familie sich versammeln kann und wo Fremde und Gäste willkommen sind. Wer sich dem Geist der Göttin nahe fühlt, spürt die Wärme und Sicherheit des Heims. Vesta ist zudem für Harmonie zuständig. Man kann ein Haus, in dem Vesta verehrt wird, daran erkennen, dass man sich willkommen fühlt. Wenn wir wie unsere Vorfahren Vesta zu uns einladen, können wir eine solche Atmosphäre auch in unserem eigenen Zuhause schaffen.

Wir bitten um ihre Anwesenheit, indem wir Kerzen oder

ein Feuer im Ofen entzünden. Vesta braucht keine Statuen. Und es sind auch nur sehr wenige Darstellungen von ihr aus der Antike überliefert. »Sieh doch in Vesta nichts anderes als die lebendige Flamme.« (Ovid, Festkalender 6.291)

Das lateinische Wort für Herd ist *focus*, das sich wiederum von älteren Bezeichnungen für »hell sein« und »stärken« ableitet. Vesta ist die Herrin der Herde. Sie ist es, die uns dazu bringt, still zu sein, uns zu setzen, ins Feuer zu starren, zuzuhören, all unsere Sinne und unsere Intuition zu nutzen. Sie ist es, die uns heiligen Raum und Zeit der Stille schenkt, um innere Kraft – weibliche Stärke – neu zu sammeln. *Vi stando*, Standfestigkeit, ist die Stärke der Vesta und ihr Geschenk an uns. »Durch ihre eigene Kraft steht die Erde. Auch Vesta tut's.« (Ovid, Festkalender 6.299)

Die Göttin des Herdfeuers ist zugleich ein Tribut an die Bedeutung des Heims: ein sicherer, geschützter Ort, ein Refugium, in das wir täglich zurückkehren. Die Menschen der Antike sprachen von ihrer Herdgöttin als »Stubenhockerin«. Sie war nicht in der Lage, an den Prozessionen der Götter oder dem ausgelassenen Treiben der anderen Gottheiten in den abgeschiedenen Hainen auf dem Olymp teilzunehmen. Warum? Weil der Herd in der Mitte des Hauses verankert ist und von dort nicht wegbewegt werden kann – das Gleiche gilt für die Göttin. Sie hat ihren Sitz im Haus. Dieses Zuhausesein ist wichtig. Es gibt uns Zeit, still um das Feuer zu sitzen, zu weben, zu kochen, ein Kind zu füttern, kreativ zu sein, mit uns allein zu sein. Diese Zeit ist dazu gedacht, in sich zu gehen und die eigenen Gedanken und Kräfte zu sammeln.

Vestalien

Diese acht Tage im Juni wurden insbesondere von Bäckern und Müllern gefeiert. Fornax, die Göttin des Ofens, hat ihre eigenen Riten im Februar. Aber in frühester Zeit wurde das Brot im Herdfeuer – in Vestas Domäne – gebacken. Man vergrub es in der Asche und deckte es mit einer Tonscherbe ab. So wurde Vesta zur Schutzpatronin der Bäcker und Müller. Zu diesem Fest wurden den Eseln, die sonst die Mühlräder drehten, Girlanden umgehängt, und man opferte Vesta geweihte Kuchen.

15. Juni; XVI Kalenden des Juli
DIE SCHLIESSUNG DES VESTATEMPELS

Der Tag hieß *Quando stercum delatum fas*, weil dann der Schmutz aus dem Tempel der Vesta gekehrt wurde. Dann schloss man das Heiligtum für die Öffentlichkeit und nahm die Alltagsgeschäfte wieder auf. Der Schmutz wurde eine Allee neben dem Kapitol hinunter zum Tiber getragen und dort ins Wasser geworfen. Damit war der Tempel der Vesta und der Herd der Allgemeinheit gereinigt.

Es war das Herdfeuer, das in der Furcht erregenden Dunkelheit leuchtete, das Heim in Wärme hüllte, auch wenn es draußen bitterkalt war, und das rohen Teig in köstlich duftendes, lebenserhaltendes Brot verwandelte. Transformation und Erneuerung sind auch die Gaben der Vesta. Mit dem Herdfeuer wird schon immer Erneuerung und Verjüngung assoziiert. Wir alle wissen, wie viel Kraft es einem gibt, still vor einem Feuer zu sitzen. Nach der Hektik eines verrück-

151

ten Tages am Arbeitsplatz oder mit den Kindern brauchen wir Reinigung und Heilung im Schutz eines warmen, nährenden, von Vesta geliebten Heims. Den Herd bzw. das ganze Zuhause rein zu halten und es nicht durch unsere Aktivitäten außer Haus zu »beschmutzen« ist von großer Bedeutung.

MODERNE RITUALE UND EINE MEDITATION ÜBER DIE GÖTTIN DES HERDFEUERS

Gebet zu Vesta

Vesta,
Du, die den heiligen Herd hütest,
Komm in dieses mein Haus,
Tritt ein.
Und erhöre mein Flehen.

Heißen Sie Vesta willkommen und gewinnen Sie Ihre innere Stärke, Ihr Stehvermögen, zurück. Erlauben Sie Vesta, Sie mit einem Funken zu nähren.

Da Vesta die lebendige Flamme ist, können Sie sie auch anrufen, wenn Sie sich etwas wünschen. Nehmen Sie einfach ein Streichholz und zünden Sie eine Kerze an. Die folgende Übung, bei der man in die Flamme einer Kerze blickt, stammt aus dem Buch *Spiral Dance* von Starhawk:

Entzünden Sie in einem stillen, dunklen Raum eine Kerze. Erden und konzentrieren Sie sich und blicken Sie ruhig in die Flamme. Atmen Sie tief und spüren Sie, wie das Licht der Kerze Sie wärmt. Ihr friedliches Strahlen soll Sie ganz ausfüllen. Wenn Ihnen Gedanken in den Sinn kommen, betrachten Sie sie als etwas, das von außen kommt. Achten Sie darauf, dass sich das Bild der Flamme nicht teilt, sondern richten Sie beide Augen konzentriert auf sie. Verharren Sie mindestens fünf bis zehn Minuten so, dann entspannen Sie sich.

Die Matralia wurden am 11. Juni oder drei Tage vor Vollmond zu Ehren der Göttin Mater Matuta in ganz Italien gefeiert. Sie war die Göttin der Mutterschaft und des Wachstums. Zu Ovids Zeiten beteten die Frauen am 11. Juni nicht für ihre eigenen Kinder, sondern für die ihrer Schwestern. Es gibt jedoch eine gewisse Verwirrung, weil das lateinische Wort für Schwester, *soror*, dem Wort *sororiare* ähnelt, das »Wachsen weiblicher Brüste« bedeutet. Logischer erscheint es, dass eine gute Mutter an diesem Tag Mater Matuta um Schutz für ihre heranwachsende Tochter bittet und um ihre Reifung zur Frau. Ovid erzählt die Geschichte, wie Matuta, nachdem sie mit ihrem Sohn herumgeirrt war, beim römischen Volk zu Ehren kam.

11. Juni; III Iden
MATER MATUTA

Matralia

Die römischen Riten zu Ehren der Mutter oder Mater Matuta waren ein wenig seltsam. An diesem Tag wurde ihre Kultstatue nur von Frauen, die schon einmal verheiratet waren, mit Girlanden und Geschenken geschmückt. Sklavinnen hatten an diesem Tag keinen Zutritt zum Tempel, man wählte nur eine Einzige von ihnen aus, die symbolisch auf den Kopf geschlagen wurde. Man opferte der Göttin Mater Matuta geweihte Kuchen aus Libum, die man nach alter Weise in irdenen Töpfen gebacken hatte.

Du aber tratst als Gast in das Haus der Carmentis;
dort warst du / Sicher — so sagt man — und hast endlich den Hunger gestillt. / Kuchen reichte ihr, heißt es,
Tegeas Priesterin, die sie / Auf dem Herd, den sie rasch

wärmte, im Handumdrehn buk. / Deshalb erfreuen noch
jetzt sie am Fest der Matralien Kuchen; / Ländlicher
Fleiß war ihr stets lieber als städtische Kunst. / »Wenn
du es darfst, dann enthüll mir, Prophetin, mein künfti-
ges Schicksal«, / Sagte sie, »zeig dich auch hier gast-
lich, ich bitt' dich darum!« / Kurz nur dauert's, dann
kommt schon die göttliche Kraft über sie vom / Him-
mel; sie wird in der Brust ganz von der Gottheit er-
füllt. / Kaum noch hätte man sie erkennen können, um
so viel / Heiliger war sie, als sie vorher war, größer zu-
gleich! / »Frohes verkünd' ich: Dein Leid ist vorbei!
Drum freu dich, Ino«, / Sprach sie, »und diesem Volk
stehe Glück bringend bei! / ... heißt bei uns du Matu-
ta; / Über die Häfen herrscht mächtig von jetzt an dein
Sohn, / Hier Portunus genannt, ... / Ino ist's recht;
ihren Schutz verspricht sie. Ihr Leid nahm ein Ende. /
Anders heißen sie jetzt, Göttin ist sie, er ist Gott.

Ovid, Festkalender 6.529–550

Die Göttin hatte einen berühmten Tempel bei Satricum,
wo sich bei den Opfergaben, die gefunden wurden, Tonmo-
delle von inneren Organen, Figürchen von Wickelkindern
und Statuen von Müttern mit Kindern im Arm befanden.
All diese Gaben belegen die Bedeutung von Mater Matuta
für die Beziehung zwischen Mutter und Kind, für Nahrung
und Wachstum.

Ein Altar der Mater Matuta stand auch nahe der heutigen Stadt Capua, wo man eine Reihe prächtiger Statuen in
Lebensgröße – oder nur wenig kleiner – im Museum besichtigen kann. Die Figuren stellen sitzende Frauen und üppige
Mütter mit Babys in den Armen dar. Eine dieser Frauen
trägt zwölf Kinder, sechs in jedem Arm. Man vermutet, dass
die von einheimischen Frauen gestifteten Statuen einst den
Weg zum Tempel der Mater Matuta säumten, wie eine Prozession ewig beschützender, nährender Mütter.

»Ich erinnere mich, wie es war, als ich ein kleines Mädchen war«, begann meine Freundin Helen. »Wenn der Himmel schwarz wurde und der Wind ums Haus heulte, Blitze über den Himmel zuckten, der Donner so laut war, dass unser Haus erzitterte, und der Regen aufs Dach prasselte – dann ging meine Mutter mich suchen. Sie nahm mich in ihre warmen, schützenden Arme, setzte mich vor das große Panoramafenster und hüllte mich von Kopf bis Fuß in eine warme, weiche Decke. So saßen wir zusammen, beobachteten das Gewitter und tranken heißen Kakao. Das ist eine meiner schönsten Erinnerungen.«

Wenn wir Unsicherheit verspüren oder Angst haben, sehnen wir uns alle danach, bemuttert und geliebt zu werden. Wir möchten uns aufgehoben fühlen und versichert bekommen, dass alles gut werden wird. Mehr oder weniger heimlich wünschen wir uns, in eine warme Decke gehüllt, mit einem tröstenden heißen Getränk versorgt und im Arm gehalten, einfach nur gehalten zu werden.

Zufällig brach einmal an einem Sommerabend, als ich mich mit einer Reihe von Freundinnen traf, ein schreckliches Gewitter los. Nachdem Helen uns von ihrer Erinnerung erzählt hatte, griffen alle diese erwachsenen Frauen nacheinander zu einer Decke oder einem Schal. Wir hüllten uns darin ein, tranken Tee und beobachteten das Gewitter. Dabei teilten wir Furcht erregende Gedanken oder Erinnerungen und tauschten Mitgefühl und sanfte Umarmungen aus. Es war ganz offensichtlich, dass jede von uns sich danach sehnte, bemuttert zu werden – nach etwas, das wir so oft für andere taten, aber nie für uns selbst. Es war ein sehr schöner, heilsamer Abend, und wir fühlten uns danach alle besser. Was wachsen soll, muss auch bemuttert werden. Nehmen Sie sich deshalb ein bisschen Zeit, um zu lernen, wie Sie sich selbst bemuttern können.

Der Juni war die Zeit, in der die Flötenspieler oder *tibicines* Minerva ehrten. Sie spielten die heilige Musik bei allen Ritualen und Opferhandlungen in Rom. Im Jahr 311 v. Chr. verboten römische Beamte den *tibicines* ihr alljährliches Bankett. Daraufhin streikten die Musiker, begleiteten kein einziges religiöses Ritual mehr und wanderten schließlich in die Stadt Tivoli aus.

Als der Senat einlenkte und die *tibicines* bat, zurückzukehren, erhielten sie zugleich ein Versprechen: Drei Tage pro Jahr sollten sie in festlichen Gewändern musizierend und scherzend durch die Stadt ziehen. Außerdem durften jene, die religiöse Zeremonien begleiteten, im Tempel zu Abend essen (nach Livius 9.30). Es scheint, als hätten sich die Flötenspieler daraufhin vom 13. bis zum 15. Juni maskiert und in langen Frauengewändern die Straßen Roms durchstreift und dabei musiziert. Dabei mischten sie sich offenbar auch in ernste öffentliche wie private Geschäfte.

13.–15. Juni; Iden bis XVI Kalenden des Juli
JUPITER UND MINERVA

Minusculae Quinquatrus

Die Quinquatrus der Minerva wurde vom 19. bis 23. März gefeiert, die Minusculae Quinquatrus zwischen dem 13. und 15. Juni. Minerva, die Göttin der Flöten und Pfeifen, erklärt dazu:

> *Der März begeht für mich ein Fest dieses Namens. /*
> *Auch diese Schar verdankt meiner Idee den Beruf. / Ich*
> *bohrte erstmals ins Holz des Buchsbaums einige Lö-*
> *cher, / Schuf so die Flöte, die dann Töne hervorgebracht*
> *hat. / Mir gefiel zwar der Klang, doch ich sah dann im*

Spiegel der Wellen, / Dass mein Mädchengesicht plötz-
lich ganz pausbäckig war. / ›Das ist die Kunst mir nicht
wert‹, rief ich, ›leb wohl, meine Flöte!‹ … / Ich aber
hab' dieses Spiel erfunden, ich hab es begründet; / Des-
halb hält diese Kunst heilig den heutigen Tag.
Ovid, Festkalender 6.695–701, 709–710

Musik hat bei den Ritualen immer eine entscheidende Rolle gespielt. Hymnen oder Päanen wurden im Allgemeinen
auf Apollo, Bacchus und Aeskulap gesungen. Das Singen
von Hymnen wurde traditionell immer von einer formel-
len Kulthandlung begleitet. Instrumentalmusik war aus den
römischen Kulten nicht wegzudenken, und wenn ein Flötenspieler plötzlich verstummte, war das Ritual verdorben.
Möglicherweise glaubte man, die Musik würde schlechte
Omen übertönen und böse Geister von den heiligen Riten
fern halten. Die Art der Musik spielte vielleicht gar keine
Rolle, weil bei den Römern die Neugestaltung von Ritualen keineswegs verboten war. Es gibt dazu nur wenige
Überlieferungen, doch ist bekannt, dass in späteren römischen Epochen Musik geschrieben und aufgeführt wurde.
Horaz äußerte sich lobend über Augustus' neuzeitliche Zeremonie im Jahre 17 v. Chr., die von einen Chor aus 27 jungen Stimmen gesungen wurde. Im Herbst freut sich Ceres
über neue, speziell für ihre Ernte komponierte Lieder.

Viel Glück!

Fors war die alte Göttin des Schicksals und des Zufalls,
Fortuna, wie ihr Name schon sagt, waltete über Glück und
Vermögen. Zu einem früheren Zeitpunkt wurden diese
beiden Göttinnen als eine Gottheit verehrt – Fors Fortuna.
Man feierte sie an Mittsommer mit wilden Festen.

Eilig entgleitet die Zeit uns, still naht mit den Jahren das Alter, / Und die Tage entfliehn, hält doch kein Zügel sie auf. / Denn wie schnell ist der Festtag der Fors Fortuna gekommen! / Sieben Tage sind's noch, dann ist der Juni vorbei! / Geht, ihr Quiriten und feiert fröhlich die Fors! Ihren Tempel, / Welcher am Tiberstrand steht, hat ihr der König geschenkt. / Eilt zu Fuß oder auch mit dem schnellen Boot hinunter! / Schämt euch nicht, kehrt ihr von dort völlig betrunken zurück! / Tragt, ihr bekränzten Kähne, die munter zechende Jungschar! / Reichlich fließe der Wein während der Fahrt auf dem Strom! / Dies ist ein Volksfest, denn der, der es stiftete, kam aus dem Volke, / Heißt es; aus niedrigem Stand stieg er zum Königtum auf. / Sklavenfest ist es, weil Tullius Sohn einer Sklavin ist und der / Launischen Göttin die zwei Tempel einst aufbauen ließ.

Ovid, Festkalender 6.771–774

Der 24. Juni muss ein Tag der Feste auf Booten und mit reichlich Wein gewesen sein. Cicero fragt: »Wen hat die Fahrt auf dem Tiber an jenem Festtag [zu Ehren der Fors Fortuna] mit solcher Freude erfüllt …?« (Marcus Tullius Cicero, De finibus bonorum et malorum, V. 70)

Juli

Der Monat des Fruchtens

*Ehre Adonis mit allem, was schön ist. Neben ihm lie-
gen alle reifen Früchte, die die großen Bäume tragen.*
Theokrit, Hymne an Adonis

LÄNDLICHES MENOLOGIUM

Sonne im Krebs
31 Tage

SONNENKALENDER
Kalenden: 1. Juli
Nonen: 7. Juli
Iden: 15. Juli

MONDKALENDER
Kalenden: 1. Tag nach Neumond
Nonen: 9. Tag vor Vollmond
Iden: Tag des Vollmonds

Den Bauern der Antike wurde geraten, nun Bohnen und Gerste zu ernten. Die reifenden Früchte der Erde sind zu sammeln und einzubringen. (Menologium)

★

Wir sind im Juli, dem Monat des Fruchtens. Die Gaben der Natur sind reif, prall und harren der Ernte. Über die Planungsphase im Januar, die Februar-Vorbereitungen, die aufregenden und sinnlichen Monate April und Mai sowie die stilleren, nährenden Junitage sind wir im Juli angekommen. Die Frucht, die wir gehegt haben, ist nun vollreif und bereit zur Ernte. Sie können ihre Fülle und Reife buchstäblich spüren. Wandeln Sie im Geist durch einen alten Hain mit Zitronenbäumen: Sie sehen die leuchtend gelben Früchte und erleben den betäubenden Zitrusduft. Greifen Sie im Obstgarten nach einem Pfirsich an einem tief herunterhängenden Ast und beißen Sie genussvoll hinein, damit Ihnen der süße Saft über Zunge und Gaumen rinnt. Kosten Sie die dunklen Trauben, deren Fruchtfleisch so saftig ist und einen guten Jahrgang verheißt. Äpfel und Kirschen sowie köstliche Beeren kommen, von der Sonne verwöhnt, zur vollen Reife. Auch die Feldfrüchte stehen gut. Im Juli beginnt die Ernte, alles, was reif ist, wird eingebracht.

Der Kreislauf der Natur muss weitergehen – es gibt keine andere Möglichkeit. Das wird zu keinem Zeitpunkt so deutlich wie im Juli, der zugleich ein kritischer Wendepunkt im bäuerlichen Jahr ist. Denn er markiert auch den Übergang vom Wachstum zum Tod, vom Sonnenlicht zur Dunkelheit, von der Freude zur Trauer. Er ist der Monat, in dem wir nach den Höhen bald die Tiefen erfahren werden, nach dem Gewinn den Verlust. Doch da ist auch, entsprechend den Voraussagen des Adonis-Mythos, das Versprechen neuen Wachstums, eines neuen Frühlings und der Wiedergeburt.

Adonis, dessen Name »Herr« bedeutet, war ein wunderschöner Jüngling, der aus einer inzestuösen Verbindung stammte. Myrrha, von ihrem eigenen Vater schwanger geworden, wurde in einen Baum, die Trauer-Myrrhe, verwandelt. Die griechische Legende berichtet, dass neun Monate später Adonis aus dem Baum hervortrat. Venus (griechisch: Aphrodite) verliebte sich in den hübschen Burschen und vertraute ihn Proserpina (Persephone) an, die ihn dann nicht mehr loslassen wollte. Jupiter (Zeus) löste das Problem, indem er verkündete, Adonis würde vier Monate des Jahres mit Proserpina leben, vier mit Venus und vier mit einer Frau seiner Wahl. Er kam später bei der Jagd ums Leben, und von seinem Blut wurde das Windröschen, die Anemone, blutrot verfärbt. Blutstropfen der Venus, die ihm zu Hilfe kam, gaben der roten Rose ihre Farbe.

Wir hören die Geschichte eines Todes in der Fülle des Lebens. Adonis wurde geopfert, wie es ihm bestimmt war, denn aus seinem toten Körper spross das kleine Adonisröschen. Adonis, der Gott allen Wachstums und des vergehenden Lebens, der Gott der Vegetation, musste sterben, um wieder geboren zu werden.

Der Tod des Adonis

Die Jahre gleiten fast unbemerkt dahin, denn nichts verrinnt schneller als die Zeit. Geboren von der eigenen Schwester, gezeugt vom Großvater, versteckt im Stamm der Mutter, entwickelt sich aus dem Säugling ein Knabe, dann ein junger Mann; und er wird immer schöner. Schließlich weckt er sogar die Leidenschaft der Göttin Venus. Sie verliebt sich in den prächtigen Jüngling, verlässt Heim und Heiligtum, um bei ihm zu sein. Seine Gesellschaft ist ihr wichtiger als die der himmlischen Götter. Sie bindet ihn eng an sich und liebt ihn zärtlich. Adonis ist ihr ständiger Begleiter.

Venus warnt ihren jungen Geliebten: »Sei vernünftig, Adonis, geh nicht zur Jagd mit den anderen Burschen. Denk an die wilden Tiere. Fordere sie nicht heraus, es liegt in ihrer Natur, anzugreifen und zu töten. Wildschweine, vor allem Keiler, sind mit ihren tödlichen Hauern besonders gefährlich. Auch ich fürchte mich vor ihnen und hasse sie.« Mit diesen Worten verließ die Göttin ihren Geliebten. Auf dem Rücken ihres mythischen Schwans stieg sie zum Himmel empor.

Adonis schlug ihre Warnungen in den Wind. Sein Schicksal erfüllte sich, als seine treuen Hunde die Witterung von einem wilden Keiler aufnahmen, ihn auftrieben und verfolgten. Adonis stürzte aus dem Wald und floh vor dem Keiler, dann wandte er sich um und warf seinen Speer und traf das Tier. Doch augenblicklich riss sich die Bestie das blutige Geschoss mit seinen gebogenen Hauern heraus. Der tödlich gereizte Keiler wandte sich nun dem zu Tode erschrockenen Adonis zu, der um sein Leben rannte. Er schleuderte den Jüngling zu Boden und stieß ihm die mörderischen Hauer tief in den Unterleib.

Von weit her hörte Venus die Schreie des sterbenden Adonis. Als sie ihren Geliebten leblos in seinem Blut liegen sah, stürzte sie herbei, zerriss sich die Kleider und grub die Nägel in ihre Brüste. Und indem sie Drohungen gegen die todbringenden Fates, diese furchtbaren Gottheiten, ausstieß, rief sie: »Nach eurem Willen geht es diesmal nicht, ihr Fates! Du, geliebter Adonis, wirst in Ewigkeit ein Denkmal haben. Jedes Jahr soll man sich deines Todes entsinnen. Die ganze Natur wird um dich trauern, dein rotes Blut sich in eine Blume verwandeln. Wie man sich deiner, o Persephone, in jedem Frühling beim Sprießen der süß duftenden Minze erinnert, so soll es auch bei Adonis geschehen.«

Und während sie sprach, besprenkelte sie das Blut des Adonis mit süßem Götternektar. Es begann sogleich, Blasen zu werfen, so dass es aussah wie glühende Lava. In weniger als einer Stunde erblühte eine Blume von blutroter Farbe, ähnlich der Schale des Granatapfels, der seine Samen im Innern verbirgt. Doch der Lebenszyklus dieser Blume ist nur kurz. Der Wind bläst die zarten Blütenblätter, die bald zu Boden fallen, fort. Wir nennen sie Windröschen oder Rote Anemone.

Auf dem Höhepunkt der Fruchtreife im Juli werden die Pfirsiche gepflückt, der Mais wird geschnitten und kommt in die Scheunen. Genauso wurde auch Adonis in der Fülle seines Lebens dahingerafft. Der Juli ist ein bittersüßer Monat, in dem wir die Fülle genießen und doch eine Vorahnung des Todes haben. Adonis' mythisches Sterben gemahnt uns an das Schwinden unserer Energien, unserer Arbeitskraft und das Absterben von Beziehungen und Gefühlen, auch wenn sie jetzt noch auf ihrem Höhepunkt sind. Sogar die Sonne scheint auf den Tod des Adonis zu reagieren, indem sie sich vom vollen Licht ab- und der Dunkelheit zuwendet. Der Juli ist ein Monat des Übergangs, denn jetzt beginnen die Jahreszeiten der Trennung, des Niedergangs und schließlich des Todes. Der Mythos lehrt uns, dass alle Fülle vergehen muss, dass der Tod schmerzhaft, qualvoll, tragisch ist, aber zugleich doch, wie die Rote Anemone, das Versprechen eines Neuanfangs im Kreislauf der Natur in sich birgt.

Der Lebenszyklus

Mit dem ernsten, quälenden Ritus der Adonia ehren wir in diesem Monat Adonis. Für die Frauen der Antike erweckte dieser Ritus den Mythos zum Leben und ermöglichte es den Teilnehmerinnen (nur Frauen waren zugelassen), symbolisch den Lebens- bzw. Todeszyklus zu erfahren. Die Adonia gaben den griechischen und römischen Frauen die Möglichkeit, ihre geheimsten Gefühle zu offenbaren, ein Samenkorn auszusäen, es zu wässern und zu nähren, sich gemeinsam zu grämen und zu trauern und den Hymnus für die Wiedergeburt anzustimmen. Das Fest fand im Juli statt, an den heißen Sommertagen, in denen die Pflanzen welken und absterben.

Juli (ohne bestimmten Zeitpunkt)
ADONIS

Adonia

Die weiblichen Mitglieder des Haushalts kletterten auf die Hausdächer, um die Adonia zu begehen, auch bestellten sie ihre »Adonisgärtchen«. Sie füllten Pflanzerde in flache Schalen oder Körbe und säten schnell wachsende Pflanzen wie Fenchel, Salat, Weizen oder Gerste darin aus.
Acht Tage lang pflegten die Frauen diese Gärtchen. In dieser Zeit keimten die Samen dank der langen Sonnenstunden gut und wuchsen schnell heran. Nach dem achten Tag versorgten die Frauen die Pflänzchen nicht weiter – diese welkten und gingen unter den sengenden Sonnenstrahlen ein. Die Frauen kamen zusammen und betrauerten die

welkende Saat. Gemeinsam klagten und weinten sie.
Auch fertigten sie sich Puppen oder kleine Nachbildungen von Adonis, dem Gott des Lebens und Sterbens, an. Sie bastelten Miniatur-Särge und legten die Puppen hinein. Ein athenischer Bürger des Altertums berichtete, zur Mitsommerzeit seien ganze Straßen von solchen kleinen »Adonis-Särgen« gesäumt gewesen.

Adonis wurde von den Wassernymphen genährt. Unter ihrer mütterlichen Fürsorge wuchs und gedieh er zum Mann, wurde »schöner denn je«. Adonis stand wirklich in der Fülle seiner Jahre – eine reife Frucht –, als Venus ihn pflückte. Er war die Verkörperung der Vegetation und erreichte im Juli seine Vollendung.

MODERNES RITUAL FÜR FÜLLE UND WOHLSTAND

Wählen Sie schöne Früchte aus Ihrem Garten oder vom Bauernmarkt aus. Nehmen Sie die größten, prallsten Pfirsiche, Pflaumen, eine üppige Weintraube oder anderes Obst, das in Ihrer Region im Juli reif ist. Feigen sind in diesem Monat besonders köstlich. Stellen Sie die Früchte in einer Glasschüssel als Opfer ins Freie. Ein passender Opfertrank wäre frisch gepresster Obstsaft. Früher wurde der Saft der Früchte, die uns die Erde geschenkt hat, unter Gebeten und Danksagung dem Boden zurückgegeben.

Im alten Rom begann die Ernte schon im Juli; die Bauern waren gehalten, Gerste, Bohnen, duftende Früchte und Gemüse zu ernten. Auf den Bauernhöfen herrschte Hochbetrieb, alle Familienmitglieder arbeiteten unermüdlich in den Obstgärten und auf den Feldern, um das Getreide einzubringen. In diesem Monat ergötzten sich alle an der Fülle der Ernte, am guten Gedeihen der Tiere, an den Kindern, am Erfolg der Familie.

Auch wir sollten lernen, den Augenblick zu genießen, wenn alles seinen geordneten Weg geht, und uns an der Schönheit des Lebens erfreuen, das nun in voller Blüte steht wie der Blumenflor des Hochsommers. Venus wusste die Stunden des Zusammenseins mit dem schönen Adonis zu schätzen. Doch was noch wichtiger ist: Die Göttin sah diese Schönheit ganz bewusst. Und sie ließ sich auch nicht davon abbringen, Adonis auf verschwenderische Weise ihre Aufmerksamkeit zu schenken. Es ist lebenswichtig, dass wir Schönheit bewusst wahrnehmen. Den Augenblick zu erkennen und sich daran zu erfreuen, ist das Entscheidende. Wir sollten dabei auch einen Blick auf uns selbst werfen und unsere eigene Schönheit entdecken. Denn sie ist da! Lasst uns also unsere eigenen Erfolge in vollen Zügen genießen. Wir sollten uns überlegen, was wir alles richtig gemacht, was wir zu schönster Blüte und zum Gedeihen gebracht haben, wie unsere Kinder, unsere beruflichen Aufgaben, unsere Beziehungen und Partnerschaften. Wir sollten solche kostbaren Erinnerungen und Augenblicke, da sich alles wunschgemäß entwickelt, gedanklich festhalten. Wie Venus gönnen auch wir uns solchen Luxus. Deshalb wollen wir uns für immer die Ehrfurcht vor der Schönheit bewahren.

ZERSTÖRUNG UND ENDE

Im Juli finden viele Dinge ihr Ende. Nach der ersten Hälfte des Jahres ist er der Wendepunkt. Vor sechs Monaten sind wir gemeinsam aufgebrochen und der Sonne auf ihrem Weg bis zur Sommersonnenwende gefolgt, haben den Scheitelpunkt, den längsten Tag, erreicht und ändern nun den Kurs. Unser Weg führt in die entgegengesetzte Richtung, zum abnehmenden Tageslicht, zum Absterben der Vegetation, zur winterlichen Jahreszeit und den dunklen, kalten Monaten des Jahres. Der Juli zeigt uns, wie die Dinge – und manche davon gar nicht so sanft – zur Reife und dann zu ihrem Ende kommen.

5. Juli; III Nonen
POPLIFUGIA

Wörtlich bedeutet Poplifugia »Flucht des Volkes«, und sie sind die einzige Feier des Jahres, die so wichtig war, dass sie *vor* den Nonen zelebriert wurde. Das uralte Ritual haben die Römer selbst gar nicht mehr richtig zu deuten gewusst. Offenbar fürchtete man die Mächte, die in diesem Monat losgelassen waren, so sehr, dass die Bürger vor ihnen flohen. Das Ritual fand auf dem Marsfeld statt und war traditionell mit militärischen Aktionen und anderen aggressiven Handlungen verbunden.

7. Juli; Nonen
CONSUS

An diesem Tag wurde ein unterirdischer Altar des Consus, den man als Gott der Vorratsspeicher verehrte, zur Schau gestellt, und man brachte ihm Opfer dar.

Die Sonne brennt heiß und die Tage sind lang im Juli. Es gibt wenig Regen, zu viel Sonne, und eine zu späte Ernte bedeutet, dass das Getreide verdirbt. Die vergangenen Monate des Pflanzens und Pflegens bis zur Reife finden nun ein abruptes Ende. Die Ernte muss im Augenblick der Reife erfolgen, damit die Sonne dem Getreide nicht schadet. Genaue Planung ist wichtig! Im Juli muss entschlossen gehandelt werden, weil sonst Vernichtung droht.

Wir haben wie die Sonne die Macht, etwas zu zerstören,

und dieser Tatsache müssen wir uns stellen. Das taten die Frauen, die bei den Adonia die Pflanzen verwelken ließen, indem sie sie nicht mehr wässerten. Ein wütender Keiler hat den schönen Adonis entmannt. Die Kraft der wilden Tiere wird oft mit dem Aggressionspotenzial der Frauen verglichen – zum Beispiel mit der Kraft Dianas, wie wir aus der Legende vom kaledonischen Eber wissen.

Der König von Kaledonien opferte einst die ersten Früchte des Jahres zur Erntezeit den Göttern, also Ceres und Bacchus, Minerva und den ländlichen Gottheiten, nicht aber Diana, der Wilden und Ungezähmten.

Götter ergreift auch Zorn. »Doch straflos werd' ich's nicht lassen. / Die man mich ungeehrt genannt, nicht ungerächt wird man mich nennen!« / Spricht die Vergessne und schickt einen Eber als Rächer in Oeneus' / Lande: Das kräuterreiche Epirus trägt keine größern, / Aber es tragen die Fluren Siciliens kleinere Stiere. / Blutunterlaufen sprühn die Augen Feuer, der Nacken / Starrt, es stehn wie ein Wall, wie ragende Spieße die Borsten. / Heiß aus dem keuchenden Maul überströmt den mächtigen Bug ihm / Geifer, es drohen gleich Elefantenzähnen die Hauer. / Blitz aus dem Rachen ihm flammt, es brennt das Laub von dem Anhauch. / Dieser zertritt jetzt bald noch im Sprießen die grünenden Saaten, / Erntet bald das gereifte Gebet des zum Weinen erkornen / Bauern und raubt in den Ähren das Brot. Der verheißenen Ernte / Harren vergeblich die Tennen und harren die Scheuern vergeblich. / Nieder die schwellende Traube gewalzt mit den rankenden Reben, / Samt seinen Zweigen die Frucht des immergrünenden Ölbaums. / Ziegen fällt er und Schafe auch an. Es kann sie kein Hirt, kein / Hund sie schützen, nicht schützen der trotzige Stier seine Herde. / Überall flüchtet das Volk ...

Ovid, Metamorphosen, 8.279

Auch um Zorn bis zur Weißglut und um Zerstörung geht es im Juli. Wir bekennen uns zur destruktiven Seite unseres Wesens. Wir können in Wut geraten und auch vernichten. Es gibt sogar Zeiten, in denen wir jemanden am liebsten mit feurigen Blitzen erschlagen möchten, die aus unserem Mund züngeln. Oder wir hegen den dringenden Wunsch, etwas mit unserem brennendem Hass zum Welken zu bringen oder jeden zu zertreten, der uns übel mitgespielt hat. Wut hat eine große Bedeutung für unser Leben. »Es gibt eine Art von Rage, die mit vollster Berechtigung zum Ausdruck gebracht wird, und zwar mit sämtlichen Feuerwerkssalven, die einer Frau zur Verfügung stehen. Diese Rage ist eine Reaktion auf eine ernstliche Misshandlung des Körper-Geist-Seelen-Komplexes … Es ist unser Recht, ja sogar eine moralische Pflicht, diesen Zorn zu gegebener Zeit zu entfesseln.« (Pinkola Estés, Die Wolfsfrau)

Vielleicht brauchen Sie manchmal eine solche Wahn-sinnswut! Oft richtet sich Ärger oder Zorn gegen nichts Spezielles, gegen keine bestimmte Person. Durch die Juli-Rituale aber konnten die Frauen der Antike ihre Wut kontrolliert zum Ausdruck bringen, indem sie symbolisch dem Sklaven einen Klaps verpassten oder Männer mit Ästen vom Feigenbaum sanft schlugen. Der Juli war genau die richtige Zeit, um sich mit der zornigen Seite der Göttin Diana oder dem sengenden, zerstörerisch-aggressiven Aspekt der Sonnenkraft zu identifizieren. Ist er doch der Monat der Wut-Rituale.

7. Juli; Nonen
JUNO CAPROTINAE

An diesem Tag brachten die Frauen zu Ehren der Juno Caprotinae unter einem wilden Feigenbaum ihre Opfer dar. Sklavinnen wie auch Freie nahmen daran teil, und die Fei-

genzweige wurden Teil der heiligen Gegenstände. Auch der
»milchige Saft des Feigenbaums gehörte zum Opfer« – Fei-
gensaft wurde der Göttin anstelle von Milch geopfert. Der
mütterliche Aspekt des Baumes wird hier deutlich (Varro,
De Lingua Latina, 6.18).

7. Juli; Nonen
FERIAE ANCILLARUM

Die Ursprünge dieses uralten und seltenen Rituals der Feriae Ancillarum (der dienenden Frauen) waren schon in
römischer Zeit in Vergessenheit geraten. Zu dieser Feier wurden Hütten aus Ästen des Feigenbaums am Stadtrand aufgestellt. Die *ancilliae* oder Sklavinnen gingen in ihren schönsten Gewändern auf junge, frei geborene Männer los und
griffen sie in rituellen Kämpfen mit Zweigen vom Feigenbaum an.

MODERNES RITUAL, UM DER WUT FREIEN
LAUF ZU LASSEN

Auch wir können unserer Wut und unserem Zorn auf durchaus akzeptable Weise begegnen. Stecken Sie in eine Papier-
tüte lauter kleine Zettel, auf denen Dinge stehen, die Sie
nicht leiden können, oder die Namen von Personen, die Sie
zum Wahnsinn treiben. Kleben Sie die Tüte mit einem Gebet
an Juno, Diana oder eine andere Göttin, die Sie als Schutzpatronin verehren, fest zu. Hängen Sie sie irgendwo auf, wo
Sie Platz haben, und versetzen Sie ihr einen knallenden
Schlag! Das erscheint Ihnen vielleicht albern, aber es verschafft garantiert Erleichterung.

Es ist heiß, und alles kocht. Die Sommerhitze ist kaum auszuhalten. Die Haut wird rot und wirft Blasen, wenn sie nicht vor dem grellen Sonnenlicht geschützt wird. Im Freien lässt sich ohne Schatten und Wasser kaum arbeiten, vor allem wenn man sich dabei konzentrieren muss. Apollos sengende Julihitze kann einen wahrlich verrückt machen.

Der Gott wütete aber auch gegen die Sibylle von Cumae. Als Sonnengott war Apollo nämlich zugleich Herr über Wissen und Prophezeiung.

6.–13. Juli; I Nonen–III Iden
APOLLO-SPIELE

Apollo war, genau genommen, ein griechischer Gott. Doch die Römer übernahmen den Kult, und im späten dritten Jahrhundert v. Chr. wurden während der Kriege gegen Hannibal die Apollo-Spiele eingeführt, die seither im Juli stattfanden. Da sie sich großer Beliebtheit erfreuten, legte man im Jahr 44 v. Chr. ihre Dauer auf sieben Tage fest. Die Spiele im Circus, bei denen es sich vor allem um Pferderennen handelte, dauerten zwei Tage, an fünf Tagen wurden Theaterstücke und andere Bühnenveranstaltungen geboten.

Es war üblich, Häuser und Wohnungen mit Kränzen zu schmücken, wobei die Frau des Hauses das Ganze unter Gebeten zu organisieren hatte. Man veranstaltete ein großes Fest, für das Tische und Liegen in den Eingangsbereich des Hauses gestellt wurden. Alle Türen standen weit offen.

Die Höhle der Sibylle liegt in der antiken Stadt Cumae, nördlich von Neapel, direkt unterhalb der Akropolis und des Apollo-Tempels. Es ist ein außergewöhnlicher Ort, der uraltes Wissen und geheimnisvolle Mächte erahnen lässt. Die

Sibyllen der Antike (es gab mehr als zehn von ihnen) waren Prophetinnen. In allen Zeitaltern aber hat Apollo Druck auf diese Prophetinnen ausgeübt. Tief unten in einer Höhle war das Heim dieser Frauen, wo man leichter begreift, dass einem Erleuchtung und inneres Wissen an ganz dunklen Orten zuteil werden können. Nur eine ungebändigte, intuitive Frau kann den inneren verborgenen Kräften ihre Stimme leihen – ja, das Göttliche scheint manchmal dem Wahnsinn nahe.

Die Sibylle von Cumae

Ausgehöhlt ist Kumaes Fels zur riesigen Grotte. / Kaum an der Schwelle, begann die Sibylle: »Zeit ist, zu flehn um / Schicksalsspruch. Der Gott, o siehe, der Gott!« So rief sie, / stand am Tor, jäh wechselt ihr Antlitz, wechselt die Farbe, / hoch auf flattert ihr Haar, hart keucht ihre Brust, voller Wut schwillt / wild ihr Herz, hoch wächst sie und wächst, kein sterbliches Wesen mehr / spricht sie, steht im Anhauch ganz des näher und näher / waltenden Gottes ... So tobt in der Grotte / wild die Prophetin, ob von der Brust den gewaltigen Gott sie / abschütteln könne ... Schon erschlossen die hundert gewaltigen Schlünde des Hauses / sich von selbst und trugen empor den Spruch der Prophetin ... / So aus innerstem Heiligtum lässt Kumaes Sibylle / schauerlich Rätselworte ertönen, brüllt in die Grotte, / Wahrheit hüllend in dunkles Wort; der Rasenden reißt den / Zaum und bohrt ins Herz gar tief die Sporen Apollo.
Vergil, Aeneis, 77–83, 98–101

Abkühlung! Bereiten Sie ein Picknick aus Kräutern, Früchten, Wein und anderen Gaben des Sommers. Essen Sie – wenn möglich – im Freien. Lassen Sie die Fenster oder die Tür offen, um den Sonnengott in Ihr Heim zu lassen. Hier ein wunderbares Rezept für heiße Sommertage:

✦➤•◄✦

Granita di limone: Zitroneneis

(6–8 Portionen)

$^1/_2$ l Wasser
110 g Zucker
Saft von 3 großen Zitronen, durchgesiebt

Das Wasser zum Kochen bringen, den Zucker zugeben und rühren, bis er sich aufgelöst hat. Abkühlen lassen. Zitronensaft unterrühren. In einem Eiswürfelbehälter tiefgefrieren. Sobald die Mischung fest zu werden beginnt (etwa nach eineinhalb bis zwei Stunden), herausnehmen, in eine Schüssel geben und gut durchrühren. Nach einer weiteren Stunde im Eisfach nochmals umrühren. Dann fertig gefrieren lassen und servieren.

✦➤•◄✦

Sobald wir in die Höhle der Sibylle von Cumae eintreten, gelangen wir aus dem gleißenden Sonnenlicht in den kühlen Schatten einer unterirdischen Kammer. Der abrupte Wechsel von Hell und Dunkel begleitet uns auf dem Weg durch die Höhle. Wie die Pilger seit Jahrtausenden benutzen wir einen von Menschenhand in den Fels gehauenen Durchgang. Der heilige Pfad führt durch eine Art Korridor, der immer wieder von natürlichem Licht erhellt wird, das durch trapezförmige seitliche Fenster strömt. Wir gehen auf unserem Weg weiter, vom Dunkel ins Licht und wieder ins

174

Dunkel, zu einem unbekannten Ziel tief in der Erde. Die innere Kammer, in die wir gelangen, ist keine Grabstätte, sondern war der Wohnraum eines lebenden Wesens, nämlich der Sibylle von Cumae. In diesem geheimnisvollen Raum hallen Vergils Worte wider:

> *Dann siehst du die verzückte Prophetin: Tief in der Felskluft / kündet sie Schicksal, vertraut den Blättern Zeichen und Namen. / Alles, was immer an Sprüchen die Jungfrau schrieb auf die Blätter, ordnet nach Zahl sie und lässt es verschlossen zurück in der Grotte. Fest bleibt Spruch bei Spruch am Platz in gehöriger Ordnung; / ging die Tür aber auf und wehte nur leise ein Windhauch / und hat also die Pforte verwirrt die flüchtigen Blätter, / niemals bemüht sie sich dann, die Sprüche, die wirr durch die Felskluft / fliegen, zu fassen und neu zur Ordnung wieder zu fügen. / Ratlos scheiden die Frager, sind gram dem Sitz der Sibylle.*
>
> Vergil, Aeneis, 3.442–452

Ihre Prophezeiungen waren, wie die meisten Orakel, oft rätselhaft, und häufig blieb die Deutung dem Betroffenen vorbehalten. Man stellte seine Frage, begehrte Antwort und nahm seine Blätter. Viele Leute verabschiedeten sich enttäuscht.

Untergang, Wiedergeburt und Neubelebung

Der Juli lehrt uns, wie wir uns von etwas trennen können, das uns lieb geworden ist. Wir haben das Getreide reif werden sehen, unsere Verluste gezählt und müssen nun nach vorne schauen. Die Sonne wendet sich dem Dunkel zu, wir ahnen das Ende des grünen Laubs und der warmen Sonnentage, obwohl es bis dahin noch Monate dauert. Wir jammern und wehklagen. Wie kann das nur geschehen? Aber es geschieht. Die Natur gibt uns im Juli einen Hinweis darauf.

175

8. Juli; VIII Iden
VITULA

Vitulatio

Am 8. Juli wurde Vitulatio, ein Fest zu Ehren der Vitula, gefeiert. Uns wird berichtet, dass die Römer nach Poplifugia das Ritual der Göttin Vitula begingen. Sie war die Göttin der Freude und des Lebens, geht ihr Name doch auf *vita*, das lateinische Wort für »Leben«, zurück. An diesem Tag erhielt Vitula die ersten Früchte der Erde, die Leben spendeten. (Vergil, Georgica, 3.77)

Wir trauern um den Verlust des Adonis: der Fülle, der Schönheit und – im Bereich der Familie und des Freundeskreises – um Veränderungen, die einen Verlust an Kraft bedeuten. Schließlich erinnern wir uns, dass gemeinsames Trauern heilsame Wirkung hat. Das haben wir bei den Klagen der Frauen um Adonis gesehen.

19., 21. Juli; XIV, XII Kalenden des August
LACURIA

Die Lacuria fanden an zwei Tagen statt und waren eigentlich ein Doppelritual. Sie wurden an der Via Salaria und am Tiber in einem uralten heiligen Hain begangen. Der Name *lacus* bedeutet »Wäldchen«, und mit dem Ritual sollten all die Geister besänftigt werden, die in den Bäumen wohnen. Angeblich stammte das Geld für diese Festlichkeiten aus den Einkünften, die man mit den öffentlichen Wäldern erzielte. Das war gerade im Juli von Bedeutung, da jetzt Holz geschlagen und verbrannt, Land gerodet und Felder gesäubert wurden. Man fällte die Bäume, brachte dann ein Opfer dar und bereitete anschließend das Land für die neue Saat vor. Hier ein spezielles Gebet, das die Bauern sprachen, bevor sie die Bäume in einem Wäldchen, das ihnen gehörte, fällten:

Gebet an den Geist des Hains

Ob du ein Gott oder ob du eine Göttin bist,
demgehörig dieses Heilige ist, wie es recht ist, dir
mit einem Schwein das Sühneopfer zu bringen
der Lichtung jenes Heiligtums halber und dieser
Dinge halber, dass es mit Recht getan sei, mag ich,
mag es irgendeiner auf meinen Befehl tun, dieser
Sache halber richte ich, indem ich dieses Schwein
zum Sühneopfer schlachte, gute Bitten an dich,
dass du seiest gütig und geneigt mir, meinem
Hause, meiner Hausgenossenschaft und meinen
Kindern; dieser Dinge halber sei geehrt durch
Schlachtung dieses Schweines zum Sühneopfer.
Cato, Vom Landbau, CXLVIII 139

Wir können eine Hymne an den sterbenden Gott Adonis anstimmen und auf den nächsten Frühling warten. Aus der Zerstörung entwickelt sich neues Wachstum. Bis dahin vergehen Monate, schließlich wird aber alles gut. Der Glaube an den sich ständig erneuernden Kreislauf der Natur bewirkt Geduld und Zuversicht. Solch heiliges Wissen hat heilende Kraft. Die Frauen der Antike vollzogen Wasserrituale, um zu heilen, den Kreis zu schließen und sich der Wiederkehr zu versichern.

23. Juli; X Kalenden des August
NEPTUNUS

Neptunalia

Neptun war der altitalische Gott des Wassers, ursprünglich wohl des Süß- oder Quellwassers. Er schützte die Wasserwege und alle menschlichen Bemühungen, die mit dem Wasser zu tun hatten. Im Juli, dem heißesten Monat, wurde sein Fest gefeiert. Seine Entsprechung fand er in Salacia, der Göttin des Brunnenwassers. Auch stand er in enger Beziehung zu Venilia, der römischen Göttin des Küstengewässers, doch hatten weder Salacia noch Venilia eigene Rituale. Am 23. Juli aber wurden schattige Laubengänge aus Blättern für die Betenden errichtet, um sie vor der Sonne zu schützen. Im 3. Jahrhundert v. Chr. widmete man Neptun einen Altar im Circus Flaminius. Am heißesten Tag des Jahres opferte und betete man zu Neptun um ausreichende Versorgung mit Wasser.

25. Juli; VIII Kalenden des August
FURRINA

Furrinalia

Auch Furrina, die Göttin der Brunnen und Quellen, wurde um diese Zeit geehrt. Das Ritual war sehr alt, und sie hatte sogar ihren eigenen Priester. Man verehrte sie in einem Hain auf dem Janiculum (einem der sieben Hügel Roms) jenseits des Tibers unweit der Sublicius-Brücke. Die Felsspalte mit einer Quelle, die einst ihr Heiligtum war, kann noch heute besichtigt werden. Sie war eine so altehrwürdige Göttin, dass römische Autoren späterer Zeiten mit ihr nicht mehr viel anzufangen wussten. Varro sagt von ihr: »Die Alten haben sie verehrt, die alljährliche Opferfeier für sie begründet und ihr einen eigenen Priester zugeeignet.

Doch ist ihr Name kaum noch bekannt, und heute wissen nur noch wenige von ihr.« (Varro, De Lingua Latina 6.19 LCL) Schon in der Antike war sie vergessen, an den Rand gedrängt von ihrem männlichen Pendant, dem Gott Neptun.

Juli ist der Monat, da man an eine Wiedergeburt glaubte und daran arbeitete, alles dafür vorzubereiten. Wasser hat nicht nur eine stärkende Wirkung, es ist auch in der Julihitze besonders wichtig. Seit ältester Zeit symbolisiert es Geburt, Heilung und Erneuerung. Die Julirituale für Neptun und Furrina, die Göttin der Quellen, gleichen die sengende Hitze, die Apollo schickt, wieder aus.

Moderne Rituale zur Erneuerung

Stellen Sie Schüsseln in die heiße Sonne und lassen Sie darin Wasser verdunsten. Die Umwandlung des Wassers in Wasserdampf und dann wieder in Regen entspricht dem Leben spendenden Kreislauf der Natur. Am Ende der Eleusinischen Spiele im September wurde ein interessantes Ritual vollzogen, das auch in diesem Monat gut passt:

• Nehmen Sie zwei irdene Gefäße, flache Schalen oder Becher mit kaltem Wasser.
• Stellen Sie eines in Richtung Westen, das andere richten Sie nach Osten aus.
• Kippen Sie sie dann nacheinander um und spenden Sie damit der Erde eine Erfrischung.
• Wenden Sie sich zum Himmel und rufen Sie: »Regen!« Dann senken Sie den Blick zur Erde und rufen »Empfange!« (Im Griechischen reimen sich die beiden Wörter: »Hye! Kye!«)

Der Monat geht zu Ende mit einer Feier für *fortunae huiusque diei* oder die »Reichtümer dieses Tages«. *Fortunae huiusque diei* mahnt uns, dankbar zu sein und für den Tag und den

Augenblick zu leben. Mit Bäumen, Wasser und Erde haben
wir uns wieder neu justiert. So sind wir für den Herbst
gerüstet.

MODERNE RITUALE ZU DEN ADONIA

Während Sie die Legende von Adonis lesen, sollten Sie sich
überlegen, wie sich das Ritual Ihren eigenen Bedürfnissen
anpassen lässt und für Sie Sinn ergibt. Legen Sie ein paar Samenkörner in eine Schale mit ganz wenig Erde und wässern Sie den Boden, bis die Saat aufkeimt. Dann lassen Sie
die Sämlinge in der heißen Julisonne welken und vergehen.
Übertragen Sie auf die Sämlinge all die schönen und positiven Ideen, Gedanken oder Zeichen der Selbstverwirkli-
chung, die Sie zu wenig genährt haben und die deshalb in
Ihnen verwelkt sind. Trauern Sie um jeden Einzelnen von
ihnen. Überlegen Sie, wie sie wieder zum Leben erweckt
werden und Ihnen Erfüllung bringen könnten. Beschließen
Sie das Ritual mit Gedanken der Hoffnung und guten Worten. Feiern Sie die Erneuerung mit »Adonis-Kuchen«. Hier
ein für unsere Zeit umgewandeltes altes Rezept:

❖➤•◄❖

Itria: Honigkuchen aus Alexandria

(ca. 20 Stücke)

Itria waren dünne, süße kleine Kuchen aus Sesam und Honig, die möglicherweise zu den Adonia gebacken und gegessen wurden (Athenaeus 646 d)

75 g Sesamsamen
75 g Walnüsse, gehackt
100 g Honig
Butter für die Form
100 g Zucker
125 ml Wasser

Sesamsamen und Nüsse im vorgeheizten Backofen (180 °C) rösten, bis sie hellbraun sind. Den Honig mit Zucker und Wasser in einer Kasserolle zum Kochen bringen und bei schwacher Hitze unter Rühren zu fester Konsistenz einkochen lassen. Nüsse und Samen zufügen. Ein flache Backform mit Butter bestreichen, die Masse gleichmäßig darauf verteilen und vollständig abkühlen lassen. In kleine Stücke schneiden und servieren.

Der Juli endet. »Damals zuerst erglühte die Luft, in dörrender Hitze brennend.« (Ovid, Metamorphosen, 1.119)

August

Der Monat der Reise

Hymnus an Diana

Lasst uns Dianen preisend nahn …
dass du Herrin der Berge seist und der grünenden
                                        Waldeshöhn
und der dunkelnden Felsenkluft und der tönenden Ströme.
Du als Juno Lucina bist in den Wehen der Mütter Hort,
du, als Trivia mächtig, strahlst fremden Lichtes als Luna.
Du, o Göttin, im Mondenlauf teilend, messend den
                                        Jahreskreis
füllst des Ackermanns ländlich Dach mit dem Segen der
                                        Früchte.
Seist mit jeglichem Namen uns heilig, welchen du nur
                                        beliebst,
und des Romulus Volk, wie seit alters, schütze du machtvoll!
                Catull, Sämtliche Gedichte, Gedicht 34

Ländliches Menologium

Sonne im Löwen
31 Tage

Sonnenkalender
Kalenden: 1. August
Nonen: 5. August
Iden: 13. August

Mondkalender
Kalenden: 1. Tag nach Neumond
Nonen: 9. Tag vor Vollmond
Iden: Tag des Vollmonds

In diesem arbeitsreichen Monat sollten die römischen Bauern das Stroh schneiden, Heuschober bauen, ihre Äcker eggen und pflügen sowie Laub als Tierfutter sammeln. Weiters riet man ihnen, bewässerte Wiesen zu mähen, Zaunpfähle vorzubereiten, Weizen sowie anderes Getreide zu ernten und einzulagern. Außerdem waren die rauen Teile des Flachses zu verbrennen. (Menologium)

★

Der August ist der heißeste Monat des Jahres, eine Zeit, in der die Sonnenstrahlen die Erde ausdörren. Der Boden unter unseren Füßen wird heiß wie ein Backofen, und die Hitze vernebelt auch unsere Sinne. Jetzt ist der beste Zeitpunkt, um sich ans Meer oder ins Gebirge zu begeben, um kühle Brisen und angenehme Nächte zu genießen. Stellen Sie sich vor, wie Sie durch gebirgiges Gelände wandern und auf ein üppig grünes Tal mit einer Quelle und Schatten spendenden hohen Bäumen stoßen, deren belaubte Äste das Wasser berühren. Wer würde da nicht gerne die grasbewachsenen Hänge hinunterrennen und sich kopfüber in das kühle Wasser stürzen? Wer könnte an einem glutheißen Augusttag an einer plätschernden Quelle vorbeigehen, ohne einen wohltuenden tiefen Schluck daraus zu nehmen?

Unsere Aufmerksamkeit wendet sich in diesem Monat von Adonis, dem verstorbenen und wieder geborenen Gott der Vegetation, ab und der absoluten, wahrhaft schöpferischen Kraft des göttlichen Weiblichen zu. Der August wird von Göttinnen regiert, die unsere Verehrung verdienen. Diana gilt als Große Mutter und Schöpferin. Sie verkörpert das Mysterium und die verborgene Kraft, die der Natur innewohnen. Fauna und Flora, die von Mutter Erde erschaffenen und uns als Nahrung gewährten Geschenke, werden im August gejagt und geerntet. Doch während wir Sterblichen uns von den Früchten auf der Erde bedienen, sollten wir immer aufmerksam und sensibilisiert für die natürlichen Vorgänge sein. Wir müssen Mutter Erde respektieren, sie in Ehren halten und dürfen sie nicht besudeln. Aktaion befleckte Diana, als er sie beim Baden beobachtete, und musste deshalb sterben.

DIANA UND AKTAION

Scheint Ihnen der Grund für Aktaions Tod fragwürdig? Ist es etwa ein Verbrechen, vom Weg abzukommen? Es war nicht sein Fehler, aber sein Schicksal.

Der Vorfall ereignete sich auf einem Berg, wo viele wilde Tiere lebten, in einem beliebten Jagdrevier. Die Sonne, die zur Mittagsstunde im Zenit stand, machte die Hitze schier unerträglich, und man fand kaum Schatten. Der junge Prinz Aktaion rief seinen Freunden, mit denen er gejagt hatte, zu: »Von unseren Netzen und Speeren tropft schon das Blut unserer Beute. Das Jagdglück war uns heute schon hold. Lasst uns nach Hause zurückkehren und morgen wieder frisch aufbrechen. Der Sonnengott Apollo hat seinen höchsten Himmelsstand erreicht, die Erde glüht. Verfolgt die Fährten eurer Beute nicht weiter, sondern bringt diese Netze nach Hause.«

Die Männer taten wie geheißen.

Ganz in der Nähe lag ein mit Pinien und stacheligen Zypressen dicht bewachsenes Tal. Es wurde Gargaphie genannt und war das Heiligtum von Diana, der Göttin der Jagd. Hier in diesem versteckten Tal gab es eine schattige Grotte, die noch nie ein Mensch gesehen hatte. Die Natur hatte einen Felsen so ausgehöhlt, dass er wie eine Brücke aussah. Ein kleiner Fluss plätscherte laut und ergoss sich über die Steine in ein Becken mit grünen, grasbewachsenen Ufern.

Die Göttin Diana kam, wenn sie von der Jagd erschöpft war, oft hierher, um nackt in dem klaren, kühlen Wasser zu baden. An diesem Tag wurde sie von ihrer Schar getreuer Nymphen zur heiligen Grotte begleitet. Sie vertraute ihren Speer, den Köcher und den ungespannten Bogen einer Nymphe an. Eine andere hob die Gewänder auf, die die Göttin fallen ließ. Zwei weitere Nymphen lösten ihre Sandalen. Die Nymphe Crocale, bekannt für ihr Geschick beim Frisieren, steckte das lange Haar der Göttin auf, das dieser bis über den Nacken reichte. Andere brachten große Krüge und füllten diese mit kühlem Wasser, um Diana damit zu übergießen.

Während Diana in ihrem geheimen Becken badete, befand sich der Jäger Aktaion auf dem Heimweg. Doch er verirrte sich und betrat unabsichtlich Dianas Hain. Sein Schicksal hatte ihn hergeführt! Sobald er sich dem heiligen Ort mit der sprudelnden Quelle genähert hatte, wurden die Nymphen seiner gewahr. Sie versuchten, ihre nackten Brüste zu bedecken und ihre schrillen Schreie hallten durch den Wald. Vergeblich scharten sie sich um Diana, um diese mit ihren eigenen Körpern zu verbergen. Doch die Göttin war viel größer als sie – sie reichten ihr kaum bis zur Schulter. Diana errötete wie die Wolken in der Abenddämmerung, während sie vollkommen nackt und bloß vor ihm stand. Sie drehte Aktaion den Rücken zu und sah ihn über ihre Schulter hinweg an.

Sie wünschte, sie hätte ihren Bogen und Pfeile zur Hand gehabt, aber alles, was sie zu ihrer Verteidigung besaß, war Wasser. So schöpfte sie rasch eine Handvoll davon und spritzte es dem jungen Jäger ins Gesicht. Dabei stieß sie einen Fluch aus, der sein Los besiegelte. »Jetzt kannst du vor jedermann damit prahlen, mich nackt gesehen zu haben – falls du noch in der Lage sein solltest zu sprechen.«

Auf seinem Kopf begann dort, wo die Wassertropfen ihn berührt hatten, plötzlich ein großes Geweih zu wachsen. Sein Nacken wurde länger, seine Ohren formten sich runder, seine Hände wurden zu Hufen, seine Arme zu Beinen und seine Haut verwandelte sich in ein weiches, getupftes, braunes Fell. Aktaion floh und wunderte sich über seine Geschicklichkeit, bis er sein Spiegelbild im kristallklaren Wasser erblickte. »Was geschieht mit mir?«, versuchte er zu schreien, aber aus seinem Mund kam kein Wort. Das einzige Geräusch, das er hervorbrachte, war ein Stöhnen. Doch liefen Tränen über seine Hirschwangen, denn seinen Verstand hatte Diana nicht verhext.

Während er noch überlegte, was zu tun sei, entdeckte er seine eigenen, von ihm selbst zum Jagen und Töten ausgebildeten scharfen Hunde. Die Meute war ganz wild von seinem Geruch und nahm seine Fährte auf. Sie verfolgte ihr Opfer über steile Klippen und Felsen in weglosem Gelände. Aktaion floh durch die Gegend, in der er selbst gejagt hatte. Er versuchte seinen eigenen Hunden zu entkommen. »Ich bin euer Herr Aktaion, gehorcht mir«, wollte er ihnen zurufen, doch er besaß keine Stimme mehr. Die Luft war von lautem Gebell erfüllt. Einer der Hunde schlug seine Zähne in den Rücken des Hirsch, ein anderer verbiss sich in seine Schulter. Die ganze Meute attackierte ihn, grub ihre Zähne in seinen Körper und riss ihm das Fleisch von den Knochen. Aktaion stöhnte und stieß einen letzten – weder menschlichen noch tierischen – Laut aus, der von den Berggipfeln widerhallte.

Er fiel auf die Knie wie zum Gebet, den Kopf schweigend seinen Kameraden zugewandt und mit flehendem Blick. Doch die Freunde und Jagdgefährten erkannten Aktaion nicht. Sie hetzten die Hunde weiter auf das hilflose Wild. Erst als Aktaion von seinen eigenen Hunden zerrissen tot dalag, war der Zorn der Jagdgöttin besänftigt.

Aktaion war ein kräftiger, willensstarker junger Mann in der Blüte seines Lebens. Mit Sicherheit entdeckte er die Nymphen und vernahm ihre Schreie früh genug, doch er war jung. Es fehlte ihm an Weisheit und Erfahrung, um rechtzeitig wegzusehen und zu fliehen. Stattdessen spähte er über die Nymphen hinweg und ließ seinen Blick über die nackte Diana gleiten. Aber wer ist diese Göttin? Laut Joseph Campbell war sie »die Manifestation der Muttergöttin der ganzen Welt«. Der junge Aktaion war auf den Anblick der göttlichen Nacktheit nicht vorbereitet. Er sah Dinge, die er niemals hätte sehen dürfen. Niemandem ist es gestattet, das Geheimnis der Göttlichen Weiblichkeit, der Mutter der Welt, zu sehen und zu offenbaren.

Es ist offensichtlich, was Aktaion in das kühle Tal gelockt hat. Solche Dinge bewirkt der August. Wenn Sie sich den ganzen Tag in der Sonne aufhalten, wird Ihre Haut rot und wirft Blasen, Ihre Augen tränen, Sie fühlen sich sterbenselend – und Sie suchen nach einer Erleichterung. In dieser starken Hitze gibt es nicht viel Leben. Die Feldfrüchte welken und verdorren, die Tiere suchen Schatten. Der Sonnengott Apollo herrscht. Aber wenn Sie mit einem Becher kühlen Quellwassers am Ufer eines Bergbachs im feuchten Gras liegen und in schattige Bäume hinaufschauen, fühlen Sie sich wie neugeboren.

Kühles Wasser, nackte weibliche Körper, ein feuchtes Tal, zu dem nur Frauen Zutritt haben, Wasser, das aus einer geheimnisvollen unterirdischen Quelle entspringt – das ist das Allerheiligste der großen Göttin Diana. Dies ist ein Leben spendender Ort, den nur Frauen kennen. Aktaion hatte kein Recht, hier zu sein und die Göttliche Weiblichkeit in ihrem Heiligtum zu erspähen. Er musste sterben, um das Geheimnis zu bewahren, und Diana zögerte keinen Augenblick. Die Macht und das Mysterium der Göttlichen Weiblichkeit wurden bewahrt und in Ehren gehalten.

Die Riten für Diana um die Monatsmitte wurden vorwiegend von Frauen durchgeführt und brachten diese mit der geheimnisvollen, Ehrfurcht gebietenden Kraft der Erde – der Kraft der Schöpferin – in Kontakt. Diana ist die ranghöchste Beschützerin der Göttlichen Weiblichkeit. Im Mythos lernen wir Diana als Mutter der Erde kennen, ihre Gabe ist das gejagte Wild, und Aktaion stirbt wie eines ihrer Tiere. Er kehrt zur Erde zurück. Der August markiert auch das Ende der Wachstumsperiode. Jetzt ist es Zeit für die Ernte und die Jagd, um genügend Nahrung für den nächsten Winter einzulagern. Weibliche Gottheiten stehen in diesem Monat im Vordergrund und lenken unsere Aufmerksamkeit auf die Tatsache, dass weibliche Kraft schon immer mit der Erde assoziiert wird. Die Göttinnen, die man in diesem Monat verehrt, stehen ebenso wie ihre Mythen im Zusammenhang mit dem Kreislauf der Natur und der Ernte.

RITEN UND RITUALE IM AUGUST

DAS WEIBLICHE SCHÜTZEN

Die Göttin Diana lehrt uns die Heiligkeit der Göttlichen Weiblichkeit, deren überzeugte Anwältin und Beschützerin sie ist. Diese Lektion sollten wir alle verinnerlichen.

An den Kalenden des August wurde während der Punischen Kriege im 4. Jahrhundert v. Chr. der Göttin Spes ein Tempel geweiht (der heute unter der Kirche San Nicola in Carcere liegt). Der Kult ist jedoch schon älter. Fortan wurde hier alljährlich an diesem Tag ein öffentliches Ritual zu Ehren der Göttin durchgeführt. Man nennt sie auch Bona Spes oder »Gute Hoffnung«. Wenn die Dinge schlecht stehen, bete zur Göttin Spes, damit sie in der Zukunft besser sein werden, lautet ein lateinisches Sprichwort.

In der Kunst ist die Göttin mit einer sich öffnenden Blume in der Hand dargestellt, während sie den Saum ihres Gewandes rafft, als sei sie auf der Flucht. Dieses Bild erscheint zutreffend, denn schließlich kann ja auch die Hoffnung flüchtig sein.

Wir sollten Diana als Diana Luna oder Diana Lucifera, die Mondgöttin, in Erinnerung behalten. Aber auch als Diana Opifera, die Hilfe-bringende, sowie als Diana Venatrix, die Jägerin und Herrin über die wilden Tiere. Nicht zu vergessen ist sie auch als Diana / Hekate im Zypressenhain und als die jungfräuliche Göttin, die keinen Mann braucht. Diana war in ihrer ältesten Erscheinung die italische Göttin der Erde, der Wälder und Haine. Sie wurde auch als Mondgöttin, als Beschützerin bei der Geburt und als Göttin des Todes verehrt. Kein Wunder also, dass besonders Frauen zu ihr beteten und dass man sie mit weiblichen Urkräften gleichsetzte. Ihre berühmteste Kultstätte befand sich in Nemi, etwa 24 Kilometer südlich von Rom. Ihr Ehrentag war der 13. August oder die Iden des August bei Vollmond.

Diana war die Göttin, mit der die Römer ihre Geheimnisse und ihre wildesten Fantasien teilen konnten. Zu ihr betete man um eine glückliche, gesunde Familie oder um Erfolg in einer von Männern dominierten Welt. Sie versteht etwas davon! Frauen schrieben kurze Botschaften an Diana auf Bänder und befestigten diese an einem Zaun bei ihrem Heiligtum in Nemi. Diana konnte auch Krankheiten heilen, wie zahlreiche Statuetten von Körperteilen belegen, die man in vielen ihrer Heiligtümer fand. Auf Sizilien werden bis heute – wie in der Antike üblich – Brote in der Form von Armen, Füßen, Beinen, Händen und anderen Körperteilen gebacken. Ich persönlich nehme statt Brot- lieber Plätzchenteig, den man inzwischen sogar schon fertig kaufen kann. Wenn Ihnen das nächste Mal etwas wehtut, backen Sie es doch einfach aus Teig und opfern Sie es Diana. Bei Vollmond sollten Sie außerdem Diana zuliebe Ihr Haar waschen und sich ein paar Blüten hinter die Ohren stecken – als Zeichen einer wilden Frau und Göttin!

Nemi ist ein einzigartiger heiliger Ort. Das lateinische Wort Nemus bedeutet »heiliger Wald« oder »Hain«. Wegen seiner runden Form (eigentlich handelt es sich um einen Vulkankrater) und der Spiegelung des Mondes in dunklen Nächten darin nannten die Menschen der Antike den See »Dianas Spiegel«.

Drunten im Tal von Aricia liegt, umgeben von einem / Dunklen Walde ein See, heilig durch uralten Kult. ... / Bänder hängen herab und verhüllen die lange Umzäunung; / Tafeln, der Göttin geweiht, stehn dort als Zeichen des Danks. / Wurden erhört die Gebete, dann tragen die Frauen oft, Kränze / Um die Stirn, von der Stadt leuchtende Fackeln hierher. ... / Undeutlich murmelnd fließt über Felsen ein Bach herab; oftmals / Trank ich daraus, aber klein waren die Schlucke dann stets. (Ovid, Festkalender 3.263–274)

5. August; Nonen
SALUS

In Rom wurde der Göttin Salus ein öffentliches Opfer dargebracht. Salus ist zuständig für Sicherheit, Gesundheit und Wohlfahrt. Ein Opfer an Salus auf ihrem Altar auf der Spitze des Hügels sollte Gesundheit und Sicherheit gewährleisten. In frühester Zeit war diese Göttin eine Gottheit der Landwirtschaft gewesen, da damals eine gesunde und erfolgreiche Ernte entscheidend für das Überleben waren.

Auf Münzen ist Salus abgebildet, während sie eine heilige Schlange von einer *Patera*, einer Spendeschale, füttert, während sie in der anderen Hand ein Zepter hält. In manchen Darstellungen, die wahrscheinlich ihrem früheren Bild entsprechen, hält sie Weizengarben in den Armen.

12. August; III Iden
LYCHNAPSIA

Lychnapsia ist das Fest zum Geburtstag der Göttin Isis. Dieses Ritual, das erst später in den römischen Kalender eingefügt wurde, stammt aus Ägypten. Man verwendet dazu Lampen.

Diana fungierte als Beschützerin der Frauen. Sie half bei der Geburt und brachte Menschen in Not Hilfe. Frauen schrieben individuelle Botschaften und Gebete auf Tafeln, wenn sie Hilfe bei Diana Opifera suchten. Wo es um Dianas Hilfe beim Heilen oder bei Unfruchtbarkeit ging, lie-

ßen sie auch Bilder von sich oder ihren Lieben und von
Körperteilen wie Augen, Gesicht oder Gebärmutter aus Ton
zurück.

13. August; Iden
DIANA

An glühend heißen Tagen mitten im August begingen römische Frauen die Rituale von Diana. An diesem Tag, das
wusste man, machten alle Frauen ein besonderes Ritual aus
dem Waschen ihrer Haare. Außerdem trugen sie zum Zeichen ihrer Dankbarkeit Blumenkränze auf dem Kopf und
hielten eine Fackelprozession zum heiligen Hain und dem
Heiligtum in Nemi ab. Wir wissen, dass sie sich Hilfe von
Diana erhofften und ihre Botschaften auf Tafeln dort zurück-
ließen. Frauen, die Diana für ihr Geleit und ihren Schutz das
ganze Jahr hindurch dankbar waren, erwiesen dieser Göttin
ihre Reverenz. Sie führten auch nächtliche Rituale zu ihren
Ehren durch, etwa indem sie den See mit einem Ring aus
brennenden Fackeln umgaben. Sie ließen Votivtafeln und
zur Erinnerung an Aktaion Hirsche aus Ton sowie handge-
formte Modelle ihres Uterus' oder Statuetten von einer
Mutter mit Kind zurück.

An diesem Tag bekränzt Diana selbst ihre getreuen Hunde, poliert ihre Pfeile und lässt die wilden Bestien frei, wie
Statius zu berichten weiß. Alle Sklavinnen wurden von den
üblichen Arbeiten freigestellt. In der Tat war der Ritus der
Diana einer der wenigen, an dem auch sie teilnehmen durften. Frauen aus allen Schichten stand es an diesem Tag frei,
die Riten der Diana in Nemi zu begehen.

Die Privatsphäre einer Frau sollte heilig sein. Diese Dinge,
die uns ganz allein gehören, wie unser Körper, unsere Gefühle und Träume, können sehr zerbrechlich und verletzlich
sein. Wenn wir uns deshalb an einen ruhigen Ort zurück-

ziehen, sei es in ein eigenes Zimmer, in eine Badewanne oder nur im übertragenen Sinn für einen Moment der Selbstbeobachtung in uns selbst, muss unsere Umgebung das respektieren. Diese heilige Zeit der Innenschau hilft uns, wieder mit unserem weiblichen Selbst in Kontakt zu treten, offen zu sein und unsere wahren Gefühle und Gedanken zum Ausdruck zu bringen. Wir brauchen diese Augenblicke, um uns unseres wunderbaren weiblichen Körpers zu erfreuen und uns an unserer wilden intuitiven Natur zu erfrischen – wie Diana in ihrer Grotte. Diese kleinen »Ausflüge in die heilige Grotte« sind unverzichtbar für das Wohlbefinden, auch wenn wir dieses Bedürfnis oft leugnen!

Aktaions Eindringen in den Hain der Göttin war vergleichbar mit einer Vergewaltigung. Die Göttin wurde missbraucht und geschändet. Ihre unmittelbare Reaktion – Scham – verwandelte sich schnell in Wut und Rache, und sie suchte nach ihrem Bogen und Köcher. Diese Göttin machte weder sich selbst Vorwürfe noch ließ sie ihren Zorn ungesühnt. Auch hier können wir viel von Diana lernen. Frauen fühlen sich oft schuldig und passiv, wenn ihnen Gewalt angetan wird, sie glauben, vielleicht etwas getan zu haben, das die Gewalt provozierte. Viel zu oft fürchten wir Frauen uns davor, Rache zu nehmen oder selbstbewusst aufzutreten. Dabei müssen wir lernen, unsere wilde weibliche Seite aktiv zu verteidigen und Eindringlinge sowie Missbrauch nicht zu dulden. An einem Tag jedes Sommers zogen sich die Frauen Roms in den heiligen Hain zurück, trafen dort die Göttin Diana und feierten die wilde, heilige, weibliche Seite ihres Charakters.

WIE MAN SICH EIN HEILIGES, PRIVATES REFUGIUM SCHAFFT

Eine ganz intime, stimmungsvolle Zuflucht in einer versteckten Grotte mit einem kleinen Fluss, der über Felsen und an üppig grünen Ufern entlangplätschert, ist gleichermaßen verlockend für die Sinne und die Seele. Diana hatte ihr Heiligtum Gargaphia, aber auch wir können uns ein ganz privates Refugium in der Natur erschaffen. Wer das Glück hat, einen eigenen Garten zu besitzen, der kann sich ein kühles, schattiges Plätzchen fern von den Pflichten und Sorgen des Alltags anlegen. Dieser Ort des Trostes und der Stärkung tut Körper und Seele wohl.

Anstelle einer echten Zuflucht kann man sich aber auch einen magischen Garten einfach nur vorstellen. Diese durch unsere Fantasie, unsere Wünsche und Erfahrungen geformte Visualisierung kann uns ebenfalls Trost und Erneuerung spenden.

- Denken Sie in Ruhe über Orte in der Natur nach, die Sie kennen. Welcher davon hat Sie inspiriert oder bewegt? Warum war das so? Welche Gefühle soll Ihr Refugium in Ihnen hervorrufen?
- Stellen Sie sich vor, am Eingang Ihres privaten Heiligtums zu stehen. Was zieht Sie an, was verlockt Sie dazu, einzutreten? Liegt der Ort ganz im Schatten oder gibt es flimmernde Sonnenflecken?
- Gibt es ein Plätzchen, das zum Hinsetzen oder -legen einlädt? Wo befindet es sich, und wie sieht es aus?
- Stellen Sie sich das Geräusch von Wasser, das über Steine plätschert, vor. Wie würde das Wasser in Ihrem Garten fließen?
- Welche Pflanzen gedeihen an diesem Ort? Malen Sie sich die Farben von Blättern und Blüten aus. Was sind Ihre Lieblingspflanzen, und wie ordnen Sie diese an?
- Stellen Sie sich die Vielzahl von Tieren vor, die Ihr Garten anlockt. Denken Sie an Singvögel, bunte Schmetterlinge, kleine Eidechsen, Kaninchen oder auch Hirsche – mit denen Diana besonders verbunden ist.
- Versenken Sie sich in Geräusche, Gerüche und alle anderen Sinneseindrücke Ihres ganz privaten Refugiums. Vielleicht lässt sich diese Vorstellung annähernd in Ihrem eigenen Garten oder in bescheidenerem Ausmaß auf Ihrem

Balkon realisieren. Auch ein Gemälde kann die Wirkung eines solchen magischen Ortes besitzen und Ihre Stimmung beflügeln.

Die Gaben der Erde

Mit vielen Riten dankte man im August für eine üppige Ernte in verschiedenen Bereichen – für die Weinlese, das Einbringen der Feldfrüchte und für die Obsternte. Der Gott Vertumnus oder »Wandler der Jahreszeiten« war zugleich Gott des Herbstes. Seine Ehe mit Pomona, der Göttin des Obst- und Gartenbaus, war in der Tat eine im Himmel geschlossene Verbindung.

13. August; Iden
Vertumnus und Pomona

Vertumnus war ein etruskischer Gott, dem in Rom auf der nordwestlichen Seite des Aventin in einem alten Lorbeerhain ein Tempel errichtet wurde. Sein Name könnte vom lateinischen Wort für »ändern«, *vertere*, abgeleitet sein. Denn grundlegende Veränderungen waren typisch für ihn. Der Erntegott der Frühzeit wird üblicherweise umgeben von einer reichen Ernte dargestellt. Ihm gebührten immer die Erstlinge, die ersten blauen Trauben, der erste gelbe Mais, die ersten roten Kirschen, die Gurken, Kürbisse und alles andere, was die römischen Bauern ernteten.

In der Gestalt des Herbstes ist Vertumnus auf einem Wandgemälde in Pompeji zu sehen: Der junge Mann ist dort mit Weinlaub und Trauben gekrönt und hält einen Korb mit Obst und Gemüse in den Händen. Seine Gattin Pomona ist mit einem Korb, der von Feldfrüchten überquillt, dargestellt.

197

Diana war die Muttergöttin der wilden Tiere und der Jagd. Sie war es, die den Sterblichen den Hirsch und andere wild lebende Tiere zum Geschenk machte. In der Zeit der Jäger und Sammler sicherten diese Gaben den Menschen tatsächlich das Überleben. Sie war die Schöpferin, und von ihren Jagdgeschenken ernährten sich die Sterblichen. In der agrarischen Gesellschaft galten eher Getreide, Obst, Gemüse und alle anderen Kulturpflanzen als ihre lebenserhaltenden Geschenke. Pflügen und Säen waren das Äquivalent zum Begatten, charakteristisch für den März und den Mai. Darauf folgten Juni und Juli, die Monate des Nährens, Wachsens und Reifens. Der heiße August ist die Zeit der Ernte, aber auch eine Zeit, in der vieles zu Ende geht.

Mutter Erde opfert ihre Früchte ebenso wie ihre Tiere als Nahrung für die Sterblichen. Dies ist die größte Gabe der Göttlichen Weiblichkeit, der Schöpferin. Wir Sterblichen nehmen uns bei der Ernte und der Jagd das Beste der Erde, der deshalb Lob gebührt.

In der Legende war Aktaion jung und heißblütig. Er konnte sich nicht im Zaum halten und überschritt verbotene Grenzen. Weil er dies nicht bemerkte und die Gesetze der Erde missachtete, zahlte er den höchstmöglichen Preis dafür. Diese Grenzen hatte Diana, die Mutter von allem, die Erdgöttin selbst gesetzt. Bei der Jagd soll man nur erlegen, was man zum Leben braucht, und sich niemals blutiger Metzeleien rühmen. Exzesse zum reinen Vergnügen oder um anderen zu imponieren, bedeuten eine Grenzüberschreitung. Aktaion verstand letztendlich, worin das große Geschenk des Hirschs für die Sterblichen bestand, als er sein eigenes Leben opferte. Das Töten dieses speziellen Tieres war jedoch unnötig, da die Jäger ihr Soll bereits erfüllt hatten.

JUPITER UND VENUS

Vinalia Rustica

Bei diesem zweiten Weinfest des Jahres (das erste wurde im April gefeiert) ehrte man Jupiter und Venus. Bei der ersten Festlichkeit feierte man die Verkostung des Weins vom vergangenen Herbst. Die Vinalia Rustica im August, die auf dem Land abgehalten wurden, sollten die reifenden Trauben schützen, die bevorstehende Lese ankündigen und den günstigsten Zeitpunkt dafür festlegen.

Zu den Opfergaben für Venus zählten Weihrauch, Myrrhe, Minze und geflochtene Binsen, die man in einem Rosenstrauß verbarg. Die Zeremonie fand in Tempeln wie auch in heiligen Gärten statt. Die Arbeit in den Küchen- und Bauerngärten ruhte während dieser Zeit, denn alle Gärten stehen unter dem Schutz von Venus.

Wir müssen die Erde und alle lebenden Kreaturen respektieren. Es war nur ein schicksalhafter Zufall, der über Aktaions Los entschied. Doch die Erde und unsere Umwelt zu missbrauchen ist nicht nur falsch, sondern ein Sakrileg, eine Missachtung des Göttlichen. Wir Sterblichen sind ein integraler Bestandteil des Kreislaufs der Natur; das heißt, wir zerstören uns selbst, wenn wir der Natur und ihren Gaben Schaden zufügen. Aktaion erkannte das zu spät und konnte sein Leben nicht mehr retten. Wir dagegen sollten das rechtzeitig begreifen.

21. August; X Kalenden des September
CONSUS

Consualia

An jenem Tag wurden im alten Rom die Consualia begangen. Man ehrte damit Consus, den Gott der Ernte und der Saat. Dieser hatte einen unterirdischen Altar im Circus Maximus, wo der Oberpriester und die Vestalinnen seinen Ritus abhielten. Nachdem man den Altar von Schmutz und Staub gereinigt hatte, wurde mit Brandopfern für Consus der Erntedank gefeiert. Pferde und andere Nutztiere durften an diesem Tag ausruhen und wurden mit Blumenkränzen geschmückt. Zu Ehren von Consus gab es noch zwei weitere Feiertage, einen im Juli und einen im Dezember für die Wintersaat.

23. August; VIII Kalenden des September
OPS

An diesem Tag ehrte man die Göttin Ops. Sie stand in enger Beziehung zu Consus und wurde auch Consiva oder Opifera genannt. Im Mittelpunkt ihres Festes standen das Getreide und dessen Ernte. Der älteste Altar zu ihren Ehren befand sich auf dem Forum Romanum.

MODERNE DANKRITUALE FÜR DIE FREIGEBIGKEIT DER ERDE

Altehrwürdige Ernte- und Erntedankrituale wurden im Laufe der Jahrhunderte von vielen Völkern gepflegt. Das amerikanische Thanks-Giving etwa findet Ende November statt, auch wenn die Ernte selbst im Spätsommer oder Frühherbst eingebracht wird. Das erste Stück Wild, der erste Fisch, die ersten Wildfrüchte und Pilze oder die ersten geernteten Feldfrüchte sind traditionelle Opfergaben. In der Antike wurden diese entweder verbrannt, ins Wasser geworfen oder einfach im Freien zurückgelassen.

• Feiern Sie Erntedank mit Opfergaben. Dekorieren Sie dazu Früchte oder Gemüse, die Sie selbst anbauen und ernten oder der Jahreszeit gemäß kaufen, an einem besonderen Ort, auf einem Hausaltar oder an einer Quelle.

• Veranstalten Sie außerdem ein Fest – das war auch früher der wichtigste Teil dieses Rituals.

• Beginnen Sie immer mit einem Gebet. Denn dieses großzügige Ritual soll Ihren Dank für das Wachsen und Gedeihen in den vergangenen Monaten ausdrücken.

ERNTE UND TOD

Was die Erde uns bei der Ernte schenkt, lässt sich mit dem Tod vergleichen – die Periode des Wachstums ist zu Ende und die reifen Früchte werden ihrem Schoß entrissen. Auch das Jagen und Schlachten ihrer Tiere setzt dem Wachsen ein Ende. All das ist Teil der Natur und unabdingbar für unser eigenes Überleben. Alles kehrt irgendwann in den Schoß der Erde zurück. Nach seinem Tod fand der junge Jäger Aktaion zur Erde, in den Schoß der Mutter, zurück. Neues Wachstum und der Fortbestand von allem entspringen letztendlich dem Tod. Es fällt schwer, den Tod eines geliebten Menschen, eines Familienangehörigen, eines Freundes, ja sogar den eines Haustiers zu akzeptieren. Aber der Tod ist notwendig und unabwendbar. So ist es vielleicht ein gewisser Trost, das Grab mit dem heiligen Schoß von Mutter Erde gleichzusetzen. Der Sarg als Schoß ist ein schon in der Antike gebräuchliches Bild.

Ein seltsames Ritual wurde dreimal jährlich abgehalten: an diesem Tag im August, im Oktober und im November. Es scheint dabei um die Toten gegangen zu sein, und alles drehte sich um den Mundus, um eine Grube. Eigentlich gab es zwei rituelle Gruben: eine hatte Romulus bei der Gründung Roms gegraben, die andere war Mundus Cereris, die Grube der Ceres. Letztere, eine überwölbte rituelle Vertiefung, teilte sich in zwei Hälften und wurde an diesen drei Tagen geöffnet. Das Abnehmen des Deckels entsprach dem Öffnen des Tors zur Unterwelt. Die Geister der Toten, die Manes, durften dann entweichen und die Straßen unsicher machen. An diesen besonders hohen Feiertagen ruhten alle Geschäfte: Es gab keine Schlachten, keine Steuererhebungen, keine Hochzeiten. In frühester Zeit könnte die Grube mit der Ernte in Zusammenhang gestanden haben, weil man damals das Getreide unterirdisch lagerte. So behauptet etwa ein Autor, der Mundus habe Ceres gehört. 1914 entdeckte man auf dem Palatin, einem der Hügel Roms, eine überwölbte Grube, bei der es sich um den mysteriösen antiken Mundus Cereris handeln könnte.

Die alten Römer erwiesen auf dem Höhepunkt der Ernte und zwischen all den Erntedankritualen auch den Manes, den Totengöttern der Unterwelt, ihre Reverenz. Man glaubte, dass die Schatten der Toten Mitte August auf der Erde wandelten. Der Mundus wurde deshalb traditionell während der Erntezeit geöffnet, nachdem man das Getreide für den Winter unterirdisch gelagert und die Saat für das kommende Frühjahr in Speichern unter der Erde untergebracht hatte.

25. August; VI Kalenden des September
OPS

Opiconsivia

Zu Ehren von Ops, der Göttin der Fülle, feierte man mit den
Opiconsivia noch ein weiteres Fest – ohne Consus. Ihrem
Altar durften sich nur die jungfräulichen Vestalinnen und
der höchste Priester des Staates nähern, wobei Letzterer einen
weißen Schleier tragen musste. Man benutzte ein spezielles
großes Bronzegefäß, das Praefericulum. Manche setzen Ops
mit Rhea gleich und nennen sie die Mutter von Juno, Ceres
und Hestia. Ihr Tempel stand in der Regia, dem Haus des
Königs, weil sie den Menschen alles zum Überleben not-
wendige – omnes ops – zukommen ließ. In der Frühzeit
könnte es sich dabei um ein gemeinschaftliches Silo oder die
Speisekammer des Königs gehandelt haben. Darin lagerte
man die Früchte der Erde und ließ sie von den Vestalinnen
behüten.

Die korrekte und angemessene Weise, sie zu ehren, ist, die
Erde mit einer Hand zu berühren und zu beten. In der
Kunst wird sie auf einem Thron sitzend, mit Zepter, Welt-
kugel und Weizengarben dargestellt.

27. August; IV Kalenden des September
VOLTURNUS

Volturnalia

Der an diesem Tag gefeierte Kult ist so alt, dass selbst die römischen Autoren des ersten vorchristlichen Jahrhunderts
kaum etwas über Volturnus wissen. Er gilt als der Vater der
Quellen- und Flussgöttin Juturna. Das Wasser der ihr zuge-
schriebenen Quelle speist bis heute den Trevi-Brunnen.
Volturnus' Name könnte sich vom lateinischen *volvere*, »rol-

len«, ableiten, das an einen Fluss- oder Windgott denken lässt. Vielleicht war er ein Windgott, den es zu besänftigen galt, um die reifenden Trauben vor Schaden zu bewahren.

So endet der August: »Dies ist der Monat, in dem die Sonne ihre sengende Hitze auf die Erde schickt. Dies ist der Monat, um Diana zu ehren.« (Statius Silvae 3.1.55–57)

September

Der Monat der Ernte

Der eine begräbt Kinder, der andere bekommt Kinder, ein weiterer stirbt selbst. Diese Menschen tragen eine schwere Last, während Erde zu Erde kommt. Doch es ist unvermeidlich, das Leben so zu ernten wie eine Frucht tragende Getreideähre.

Euripides, Hypsipyle, Fragment 757

LÄNDLICHES MENOLOGIUM

Sonne in der Jungfrau
30 Tage
Äquinoktium (Tagundnachtgleiche)

SONNENKALENDER
Kalenden: 1. September
Nonen: 5. September
Iden: 13. September

MONDKALENDER
Kalenden: 1. Tag nach Neumond
Nonen: 9. Tag vor Vollmond
Iden: Tag des Vollmonds

Den Bauern der Antike wurde geraten, die Weinfässer mit Pech zu streichen, die Äpfel zu pflücken und den Boden rund um die Baumwurzeln zu lockern. Zur Tagundnachtgleiche empfahl man, das Stroh zu schneiden, die gepflügten Äcker zu eggen und Viehfutter zu sammeln. (Menologium)

★

Wenn die Wachstumsperiode des Sommers vorbei und auch die Ernte fast vollständig eingebracht ist, beginnt mit dem September ein Monat, in dem vieles zu Ende geht. Obwohl es noch viele sonnige und warme Tage geben wird, kehrt die große Hitze des Sommers nicht mehr zurück. Mit kühleren Tagen setzt die Sonne ihre sechsmonatige Reise zur Wintersonnenwende fort. Während wir uns der Tagundnachtgleiche nähern, werden die Tage merklich kürzer. Ein paar Blätter verfärben sich schon und fallen ab. Sie sind Vorboten des prachtvollen, aber kurzen Naturschauspiels der Herbstfarben, bevor die düsteren Töne des Spätherbstes und Winters das Bild bestimmen. Im römischen Bauernkalender verhieß der September den fleißigen Landwirten eine ruhige Zeit, nachdem die Früchte des Sommers eingebracht waren. Auf dem Land war der September die Zeit des Erntedanks. Wein oder Honig wurde – mit Milch vermischt – als Trankopfer direkt auf den Boden gegossen. Mit improvisierten Tänzen und Liedern dankten mit Eichenlaub bekränzte junge Männer und Frauen Ceres für eine reiche Ernte. Der September galt aber auch als der Monat der Trauer.

Der Jubel über die üppige Ernte machte Traurigkeit und der Vorbereitung auf das Finale Platz. Im September sollte man dem Ende ins Auge sehen: Es ist Zeit, Dinge zum Abschluss zu bringen. Dies ist jedoch nur ein Teil des natürlichen Kreislaufs. Wie im August regieren auch jetzt mächtige Göttinnen, jedoch mit einem Unterschied: Die Göttinnen des September sind nicht aggressiv, sondern erinnern an den ewigen Zyklus des Lebens. Sie bieten uns Hoffnung und stärken unseren Glauben.

Die Geschichte, die ich erzählen möchte, ist seit Tausenden von Jahren bei zahllosen geheimen Ritualen zu Ehren der griechischen Demeter oder ihrer römischen Entsprechung, der Göttin Ceres, weitergesagt und nachgespielt worden. Vor langer Zeit machten sich Männer und Frauen aus Athen im September auf den Weg in die gut zwanzig Kilometer entfernte kleine Stadt Eleusis. Was lockte sie hierher? Was veranlasste sie, an diesem mehrtägigen Ritual, den berühmtesten Mysterien der antiken Welt, teilzunehmen? Wo doch über die Initiation bei Androhung der Todesstrafe nicht gesprochen werden durfte. Wir können diese Frage nicht mit Gewissheit beantworten, sondern nur indirekte Schlüsse ziehen. Da es sich um einen sehr feierlichen Ritus handelte und die Initianden ihren Eid sehr ernst nahmen, existieren keine zuverlässigen Quellen, die die Ereignisse detailliert beschreiben würden. So sind die Riten der Eleusinischen Demeter seit knapp 3000 Jahren ein Rätsel, ein Mysterium eben.

Stellen Sie sich diese heilige Geschichte über Mutter und Tochter – die vielleicht eindringlichste aller klassischen Sagen – als Einführung zu den Großen Eleusinischen Mysterien vor, die in der zweiten Septemberhälfte stattfanden und auf die kurze Zeit später die Thesmophorien folgten. Dieser wahrhaft weibliche Mythos taucht tief in die Erde, die Natur und die Seelen ein und gewinnt seine Stärke aus zeitlosen Archetypen. Es handelt sich um eine Geschichte, die von Verlust, Trauer und Leid erzählt und demnach gut zum September passt.

Die ursprünglich mündliche Überlieferung des Mythos von Demeter und Persephone (für die Römer: Ceres und Proserpina) wurde irgendwann zwischen 650 und 550 v. Chr. von einem anonymen griechischen Sänger niedergeschrieben. Die folgende Version nach Ovid ist römisch und nimmt ihren Anfang auf Sizilien, nahe der heutigen Stadt Enna.

Ich muss euch jetzt die Geschichte von der Entführung der Jungfrau erzählen. Ihr werdet darin einiges wiedererkennen, aber auch ein paar neue Dinge erfahren.

Sizilien ist eine Insel im Süden und das geliebte Land der Ceres. Sie nennt viele Städte Siziliens ihr Zuhause, besonders aber das blühende Enna mit seinen fruchtbaren Böden. Einmal hatte die Quellnymphe Arethusa alle Mütter unter den Göttinnen zu ihrer heiligen Quelle geladen. Ceres mit ihrem goldenen Haar nahm an den heiligen Riten teil, während ihre Tochter Proserpina es vorzog, an jenem Tag barfuß die Wiesen um Enna zu durchstreifen. Sie wollte mit ihren Freundinnen Blumen pflücken.

Nun gibt es einen speziellen Ort in einem Tal nahe der Stadt Enna, der vom sprühenden Nebel eines hohen Wasserfalls schattig und feucht ist. Dieser magische Platz ist gesprenkelt mit allen Farben und Schattierungen, die man in der Natur findet. Der Boden ist von einer Vielzahl herrlicher Blumen bedeckt. Sobald sie diese Stelle entdeckte, rief Proserpina ihren Freundinnen zu: »Kommt schnell her und lasst uns alle Blumen pflücken, die wir mit nach Hause nehmen wollen.«

Die jungen Mädchen begannen eifrig zu pflücken. Eine füllte ihr Körbchen mit grünen Kräutern, eine andere ihren Rock mit Blüten und steckte sie sorgfältig in ihr Mieder. Ein Mädchen pflückte Ringelblumen, ein anderes Veilchen. Eine zupfte Mohnblüten ab. Manche bevorzugten Hyazinthen, manche Amarant, duftende Thymianblüten oder Klee. Viele pflückten auch Rosen und andere Blumen, die keine bestimmten Namen tragen. Proserpina wählte goldgelbe Krokusse und weiße Lilien und sie war so versunken, dass sie sich nach und nach immer weiter von ihren Gefährtinnen entfernte. Wie der Zufall es wollte, folgte ihr keine von diesen. Da fiel sein Blick auf sie.

Pluto, der Herr des Hades, entführte sie auf dem Rücken seiner schwarzblauen Pferde und verschleppte sie in sein dunkles Reich. Natürlich schrie sie um Hilfe. Und sie zerriss sich sogar das Mieder ihres Kleides. Doch sofort tat sich für Pluto ein Weg in die Unterwelt auf, da seine Pferde das helle Licht nicht länger ertrugen. Als die Freundinnen ihre Körbchen mit Blumen gefüllt hatten, riefen sie: »Proserpina, komm und sieh, was wir für dich gepflückt haben.« Und als sie nicht antwortete, hallten ihre ängstlichen Rufe von den Bergen zurück.

Ceres, die gerade nach Enna zurückgekehrt war, wunderte sich über die von Panik erfüllten Schreie. Sie fürchtete um ihre Tochter und rief sogleich: »Wo bist du, meine Tochter?« Wahnsinnig vor Schmerz und Verzweiflung stöhnte die Göttin laut auf und rannte, so schnell sie konnte, durch die Ebenen von Enna. Im Laufen rief sie abwechselnd »Proserpina« und »Tochter«. Doch Proserpina hörte Ceres ebenso wenig wie diese die Schreie ihrer Tochter.

Wenn Ceres einen Hirten oder Bauern traf, stellte sie immer dieselbe Frage: »Hast du hier ein junges Mädchen vorbeikommen sehen?« Alle Felder und Wiesen schienen jetzt von der gleichen trüben Farbe zu sein; ein dunkler Schatten lag über der Welt. Die Wachhunde waren verstummt. Ceres suchte auch auf dem brennenden Vulkan Ätna, dessen Spitze rot glühte. Hier zündete die Göttin sich zwei Fichten als Fackeln an und suchte die ganze Welt nach ihrer Tochter ab. Sie schirrte Schlangen an, die ihren Wagen über den Himmel zogen, und schaute auf alle Meere. Sie flog über Athen, überquerte die Ägäis und das Ionische Meer. Sie suchte in allen Städten Asiens und folgte dabei einem unberechenbaren Kurs. Doch es gab keinen Ort auf der Erde, an dem sie nicht nach Proserpina gesucht hätte.

Sie trauerte sehr lange und ihr Gesicht war von Gram gezeichnet. Schließlich wandte sich Ceres an Jupiter. »Wie du vielleicht noch weißt, ist sie auch deine Tochter, du solltest dir also auch Sorgen machen. Ich allein habe die Welt durchstreift und wenigstens von ihrer Entführung erfahren. Pluto erfreut sich jetzt am Lohn seines Verbrechens. Proserpina darf keinen Räuber zum Mann haben. Als Schwiegersohn können wir ihn nicht anerkennen.«

Jupiter versuchte sie damit zu trösten, dass er ihr von der tiefen Liebe Plutos zu ihrer Tochter erzählte. »Aber wenn du nicht umzustimmen bist und diesen Bund brechen willst, dann lass es uns versuchen. Das wird uns jedoch nur gelingen, wenn sie gefastet hat; sonst wird sie auf ewig Plutos Gattin bleiben.« Der Götterbote Merkur nahm den Auftrag entgegen und schnallte seine geflügelten Sandalen an. Er flog in die Unterwelt, kehrte jedoch schon bald zurück, um zu berichten, das entführte Mädchen habe sieben Kerne eines Granatapfels gegessen.

Ceres versank in Trauer wie zuvor. »Der Himmel ist nun auch für mich nicht mehr der richtige Ort. Ich werde mich zu meiner Tochter in die Unterwelt gesellen.« So wäre es geschehen, hätte nicht Jupiter eingegriffen und versprochen, Proserpina

solle zweimal drei Monate über der Erde verbringen. Erst da war Ceres wieder glücklich. Sie
setzte sich eine Krone aus Ähren aufs Haupt. Die
bis dahin brachliegenden Felder trugen noch im
selben Jahr reiche Ernte; die Tennen konnten die
vielen Getreidegarben kaum fassen. Weiß ist die
der Göttin Ceres angemessene Farbe. Tragt weiße
Gewänder bei Ceres' Fest, keine düsteren Farben.

Dieser Mythos von Ceres und Proserpina spiegelt den
Rhythmus des Landbaus wider, die Probleme mit dem Wechsel der Jahreszeiten im Herbst, mit dem Übergang von der
Wachstumsperiode zur Zeit der Ruhe und des Todes. Proserpina selbst steht für den Samen, denn so wie die Göttin
sich im Herbst in die Unterwelt begibt, wurde die Saat in
unterirdischen Speichern gelagert oder noch im Herbst aus-
gesät. In der Sage bleibt sie wie die Samen unter der Erde und
erwartet schlummernd die Wiederauferstehung im Frühling.
In der Antike wurde dem Verlust und der Trennung von
Mutter und Tochter im Herbst mehr Bedeutung beigemes-
sen als der Wiedererstehung im Frühjahr.

Die Rituale für Ceres im September, die Eleusinischen
Mysterien und die Thesmophorien, waren von drei Themen
geprägt: Trennung und Verlust, Trauer und Suche, Freude
und Glaube. Es waren bestimmte Tage vorgesehen, um jeden dieser Aspekte rituell zu begehen.

Diese Zeit des Jahres, wenn Dunkelheit und Untätigkeit
nahen, kann auch in jedem von uns düstere Gedanken und
Ängste wecken. Der September ist der richtige Monat, um
sich mit der Furcht erregenden Vorstellung vertraut zu machen, geliebte Menschen zu verlieren. Man kann dies durch
Gebete, Opfergaben und Rituale tun. Jene uralte Sage kann
uns heute noch zutiefst berühren, weil es nichts Tragischeres
gibt als den Verlust eines unschuldigen Kindes. Wir durch-
leben die Stadien von Verlust und Trauer, aber auch die letzte Phase der Rückführung und der Einigung. Dieser Pro-

zess ist jedem Verlust, jeder Trennung, die wir heutzutage erleben können, gemein. Egal, ob es sich um den Tod eines
geliebten Menschen, das Ende einer Beziehung, den Verlust
von Heimat, Familie oder Lebensunterhalt handelt. Auch
wenn wir uns den Schmerz solcher Erfahrungen nicht er-
sparen können, werden wir daran erinnert, dass auch sie Teil
eines Zyklus sind. Aus der Sage können wir lernen, wie man
mit Trennung und dem Verlust der Unschuld umgeht. Das
Wichtigste ist jedoch die Hoffnung auf Vereinigung und Erneuerung, die hier vermittelt wird. Im September können
wir von Ceres und Proserpina lernen, wie man »das Leben
erntet«.

Riten und Rituale im September

Trennung und Verlust

Der Verlust der Tochter bzw. der Mutter ist eine grundlegende weibliche Tragödie. Selbst 1000 Jahre v. Chr. muss sich
schon jede Tochter nach einer Mutter gesehnt haben, deren
Liebe und Macht ausreichten, um eine Vergewaltigung un-
geschehen zu machen und sie von den Toten aufzuerwe-
cken. Jede Mutter wiederum muss sich nach Ceres' Macht
gesehnt haben, nach der Wirksamkeit ihres Zorns und ihrer
Kraft zur Versöhnung.

Modernes Trennungs- und Verlustritual

Die Sage von Ceres und Proserpina ist heute so eindringlich
und treffend wie vor mehr als zweitausend Jahren. Wenn Sie
die Geschichte lesen, verspüren Sie vielleicht das Bedürfnis,
mit der Göttin zu trauern.

Eventuell haben Sie Lust, sie in Versform bei Ovid nach-
zulesen. Und lesen Sie sie ruhig mehrmals, versetzen Sie sich
in die Figuren hinein und meditieren Sie über bestimmte

Passagen. Gegen Verluste ist niemand von uns gefeit, und viele haben mit Depressionen unterschiedlichsten Grades zu kämpfen. Es lässt sich nicht leugnen, dass unschuldigen Menschen Schlimmes widerfährt. Der Mythos von Ceres und Proserpina erinnert uns daran, dass all das Teil eines natürlichen Kreislaufs und nicht das Ende ist.

5.–19. September; Nonen–XII Kalenden des Oktober
JUPITER

Ludi Romani

Die Ludi Romani waren die ältesten und berühmtesten Spiele und wurden zu Ehren von Jupiter Optimus Maximus veranstaltet.

13. September; Iden
JUPITER, JUNO UND MINERVA

An diesem Tag im Jahre 509 v. Chr. wurde der Tempel des Jupiter Optimus Maximus geweiht. Das aus diesem Anlass gefeierte Fest wurde in den folgenden Jahren zu Ehren von Jupiter, Juno und Minerva wiederholt. Auf die heilige Feier, das *epulum*, folgte ein Opfer. Statuen der drei Gottheiten wurden aus dem Tempel getragen, festlich gewandet und zum Festbankett gebracht. Jupiter lag immer auf einer Liege, während die beiden Göttinnen auf Stühlen saßen. Mit Speisen und Getränken beladene Tische wurden vor ihnen aufgestellt, während im Hintergrund Musik spielte. Zu dem Bankett fanden sich alle Senatoren ein, was dem ganzen einen imposanten Rahmen gab.

Vielen von uns fällt es heute schwer, sich Tausende weiblicher und männlicher Initianden – Sklaven und Freie –

vorzustellen, die wochen- oder monatelang unterwegs waren und eine lange, kostspielige Reise aus dem ganzen Mittelmeerraum auf sich nahmen, um der Liebe zwischen Demeter und Persephone (oder Ceres und Proserpina) ihren Tribut zu zollen. Aus heutiger Sicht kaum nachzuvollziehen ist auch ein vom Staat sanktioniertes zweiwöchiges Fest der Göttlichen Weiblichkeit, das alle Arbeiten und Geschäfte zum Erliegen bringt. Aber genau das passierte damals, und man kann nur bedauern, dass dieses Ritual verloren ging.

Mitte September
DEMETER UND PERSEPHONE

Eleusinische Mysterien

Die Eleusinischen Mysterien standen allen Menschen offen, die Griechisch sprachen und keinen Mord begangen hatten. Die Göttinnen hießen Frauen wie Männer, Sklaven wie Freie willkommen. Das Einzige, was jemand noch an der Teilnahme hätte hindern können, war die Entrichtung einer Gebühr von 15 Drachmen, was etwa zehn Tageslöhnen eines Arbeiters im 4. Jahrhundert v. Chr. entsprach. Die großen Eleusinischen Mysterien begannen in der zweiten Septemberhälfte und dauerten circa zehn Tage.

1. Tag: Nach ihrer körperlichen Verfassung und Sportlichkeit ausgewählte junge Männer brechen von Athen aus nach Eleusis auf, um am darauf folgenden Tag die heiligen Gegenstände nach Athen zu begleiten.

3. Tag: Tausende von Männern und Frauen versammeln sich auf der großen Agora in Athen und erklären sich zu Teilnehmern. Der Hohepriester verkündet ihnen die Regeln.

4. Tag: Die Initianden wandern ans Meer, um sich im Salzwasser zu reinigen. Jeder von ihnen wusch außerdem ein Ferkel, das er im Laufe des Tages opfern würde.

5. Tag: Man brachte den beiden Göttinnen Opfer dar.
7. Tag: Die Initianden wanderten auf dem Heiligen Weg nach Eleusis; die heiligen Gegenstände wurden ihnen nachgetragen. Im Gehen schwangen sie Myrtenzweige, die mit Wolle umwickelt waren, in einem bestimmten Rhythmus und riefen laut den heiligen Namen »Iakchos«. Außerdem führten sie wie die Göttin Demeter auf ihrer Suche Fackeln mit sich. Ein rituelles Bad im Fluss beendete die Reise dieses Tages.

Die Initianden wurden in Eleusis begrüßt, und sie brachen – wie die Göttin – ihr zweitägiges Fasten, sobald der erste Stern am Himmel zu sehen war. Besondere runde Keramikschalen und winzige Becher mit Getreide, Bohnen und Erbsen fanden Verwendung. An diesem Abend führten die Frauen offenbar verführerische Tänze auf und sangen obszöne Lieder, obwohl während des Rituals Enthaltsamkeit vorgeschrieben war.

8. Tag: Der letzte Teil der Initiation fand in einem nur dafür vorgesehenen Gebäude statt. Das Telesterion war eine große fensterlose, quadratische Halle mit Flachdach, in der Tausende auf den Sitzreihen entlang der Wände Platz fanden. In der Mitte stand das Anaktoron, eine heilige Steinkonstruktion, die – vor den Blicken verborgen – den Thron des Hohepriesters umgab. Es muss ein sehr dunkler und mysteriöser Ort gewesen sein. Die Initianden tranken den heiligen Trank *kykeon* und verfolgten die Riten des Mysteriums.

9. Tag: Nach Abschluss aller Riten wurde getanzt, gefeiert und gesungen. Als Abschlusszeremonie wurde ein Trankopfer dargebracht, während alle Anwesenden nach Osten in den Himmel blickten und »Regen« (griechisch »Hye«) riefen, sich dann nach Westen drehten, zu Boden schauten und »Empfange« (griechisch »Kye«) riefen. Die Kleider der Initianden wurden später als Windeln für Neugeborene verwendet.

Wie kann eine mehr als tausend Jahre alte Geschichte, ein Mythos über Götter und Göttinnen, die wahrscheinlich noch aus dem Neolithikum stammen, für uns heute noch irgendeine Bedeutung haben? Wir müssen alle irgendwann einmal in unserem Leben mit Verlusten unterschiedlicher Schwere zurechtkommen. Sich mit einem Ende oder einer Trennung abzufinden, dauert seine Zeit. Manchmal ist das ein sehr langsamer, schmerzhafter und persönlicher Prozess. An irgendeinem Punkt in unserem Leben finden wir vielleicht Trost und Heilung in einem entsprechenden Ritual.

MODERNES RITUAL: TANZ, UM EINEN VERLUST ZU BEKLAGEN

In Trauerzeiten wurde die Nenia, das Klagelied, traditionell zur Begleitung einer einzigen Flöte gesungen. Es ähnelte einem Sprechchor mit vielen Strophen, die ein ums andere Mal wiederholt wurden. Nenia war auch der Name der Göttin der Totenklage. Diese besaß einen kleinen Tempel nahe der Stadttore Roms. Der Tanz, der als Erfindung der Göttin galt, hatte seinen festen Platz bei vielen religiösen Festen – sowohl bei erfreulichen Anlässen als auch in Zeiten der Trauer. Bei einem Trauertanz bewegten sich Frauen und Männer in einer langsamen Prozession im Rhythmus von Musik und Gesang. Dabei vollführten sie die Trauergeste, indem sie eine Hand vor ihr Gesicht hielten oder an ihre Stirn führten.
• Suchen Sie sich ein langsames, besinnliches Musikstück aus, das Ihnen etwas bedeutet.
• Choreographieren Sie Ihren eigenen Tanz des Verlusts, der Trauer und der Suche. Ihre Bewegungen müssen nicht besonders kunstvoll, aber sie sollten innig sein. Sie können diesen Tanz entweder in einer Gruppe aufführen oder ganz für sich allein.

Etwas verbindet uns mit den Menschen, die vor zwei- oder dreitausend Jahren gelebt haben: die Erfahrung des Verlusts. Verschiedene Kulturen, Religionen und Epochen haben eine Vielzahl verschiedener Reaktionen auf Verluste entwickelt. Das Nachvollziehen des Mythos von Demeter und Persephone durch die Teilnahme am Ritual der Eleusinischen Mysterien bewirkte eine persönliche Begegnung mit den Göttinnen, die den Griechen und Römern der Antike Hoffnung, Glaube und Kraft schenkte. Die Menschen der Antike fanden in der Stärke und dem Mysterium der Göttlichen Weiblichkeit Trost und Hilfe in der Trauer und den düsteren Tagen des September.

MODERNES RITUAL: EIN TRANKOPFER FÜR DIE VERSTORBENEN

Die Römer ehrten ihre Toten und deren Geister, die unter der Erde hausten, mit einem Opfer, das die Erde trank. Oft wurde eine Trankopfergrube nahe der Familiengräber ausgehoben, die als Zugang zur Welt der Totengeister diente. Die Familie brachte dort das ganze Jahr hindurch Trankopfer aus Wein oder Honig für die verstorbenen Verwandten dar.
• Suchen Sie sich einen stillen Ort und gießen Sie dort ein Trankopfer für Mutter Erde aus, während Sie sich der geliebten Menschen erinnern, die Ihnen im Tod vorausgegangen sind.

TRAUERN UND SUCHEN

Wir Menschen sind im natürlichen Kreislauf von Leben und Tod an die Erde gebunden und unterscheiden uns hierin kaum von Tieren und Pflanzen, denn die Toten kehren zur Erde, in den Schoß der Mutter zurück. Diese Tatsache wird gerne verdrängt, ist aber unumstößlich. Wir suchen nach Antworten und Gründen. Für die Initianden bedeuteten die

Septemberriten zu Ehren von Demeter und Persephone eine ritualisierte Zeit der Trauer und der Suche.

Wir werden nie erfahren, was genau die Tausenden von Initianden gesucht und was sie während der Fastenzeit, auf ihrer anstrengenden Wanderung und bei den Reinigungsritualen erlebt haben. Müdigkeit? Angst? Vorfreude auf das Unbekannte? Wir können uns sicher sein, dass sich jeder Teilnehmer bewusst auf dieses Ritual einließ, das eine physische, emotionale und spirituelle Herausforderung darstellte. Und genau darin bestand wohl die Bedeutung der Zeremonie, in der Suche nach den tiefen Mysterien des inneren Selbsts.

Unser Wissen ist dürftig und zweifelhaft, da nur wenige je darüber sprachen, was sich im Telestrion zugetragen hat. Clemens von Alexandrien, ein Initiand und Christ, berichtet: »Ich fastete, ich trank den *kykeon*, ich arbeitete und legte etwas in den Korb und vom Korb in die Brust.« (nach Protreptikos, 2.21.2) Kykeon war ein Trank aus Gerste, Wasser und Kräutern, von dem man annimmt, er habe Spuren von Mutterkorn (einer Substanz mit LSD-ähnlicher Wirkung) enthalten.

Wir können jedoch annehmen, dass der Zustand nicht zuletzt vom Fasten, der wenigen Nahrung und dem vergorenen Getränk herrührte. Doch welche Visionen hatten die Initianden? Fanden sie, wonach sie suchten? Trauer und Suche waren ein integraler Bestandteil des einwöchigen Ritus, und diese Erfahrung bedeutete für viele Männer und Frauen eine einschneidende Veränderung.

Kykeon – der magische Trank der Initianden bei den Eleusinischen Mysterien

Diesen dicken, suppigen Zaubertrank nahmen nicht nur die Initianden der Eleusinischen Mysterien, sondern auch die Helden des Trojanischen Krieges zu sich.

Weinmus mengte für sie die lockige Maid Hekame-
de … / Diese rückte zuerst den wohl geglätteten, schö-
nen, / Dunkelfüßigen Tisch vor die beiden, setzte die
Schüssel / Drauf aus Erz, mit Zwiebeln gefüllt, dem
Tranke zur Würze, / Gelblichen Honig dabei, und Mehl
von heiliger Gerste … / Hierin mengte das Weib, von
Ansehn gleich einer Göttin, / Pramnischen Wein für
die Männer und rieb mit eherner Raspel / Ziegenkäse
darauf, mit weißem Mehl ihn bestreuend, / Nötigte
dann zum Trank des zubereiteten Muses.
(Homer, Ilias, 11.624–641)

Eine moderne Version von Kykeon

(für 4 Portionen)
(nach Catos Rezept für Punische Grütze, Landbau 85)

125 g Bulgur (Weizenschrot)
450 g Ricotta
70 g Honig
$^{1}/_{2}$ Tasse verquirltes Ei

Geben Sie den Bulgur in einen mittelgroßen Topf und bedecken Sie ihn mit Wasser. 15 Minuten quellen lassen. Danach das Wasser abgießen und den Bulgur mit dem Ricotta,
dem Honig und dem Ei verrühren. Unter Rühren langsam
zum Kochen bringen und ein paar Minuten köcheln lassen.
Vor dem Servieren sollte die Masse etwas abkühlen.

Thesmophoria

Dieses Ritual zu Ehren von Demeter und Persephone wurde Ende September oder Anfang Oktober abgehalten, beschränkte sich aber nicht auf Griechenland, wo es drei Tage dauerte, sondern wurde im ganzen Mittelmeerraum gefeiert. In Süditalien und auf Sizilien konnten die Festlichkeiten bis zu zehn Tage in Anspruch nehmen. »Ältere Frauen, die wegen ihrer edlen Herkunft und ihres Charakters geschätzt wurden«, fungierten dabei als Priesterinnen.

Die Thesmophorien unterscheiden sich insofern von anderen Riten, als sie nur von Frauen, »Jungfrauen wie Matronen«, ausgeführt wurden. Auch hier liegt die Sage von Ceres/ Demeter und Proserpina/Persephone zugrunde. Die drei Aspekte des Mythos – Trennung, Trauer und Suche sowie die freudige Wiedervereinigung – wurden von den Frauen kollektiv nachvollzogen.

Zur Vorbereitung auf das Ritual warfen die Priesterinnen der Thesmophorien einen Monat vorher lebende Ferkel in eine heilige Grube. Am ersten Tag der Feier veranstalteten die Frauen eine Prozession zu einem Gebäude oder zu extra gebauten Hütten am Rande der Stadt, wo sie für die Dauer des Rituals lebten. Sie trugen geschlossene Körbe mit sich – wir wissen nicht, was sie enthielten, vielleicht Phalli aus Ton oder Getreideähren. Später am Tag öffnete man die Grube, eine Priesterin stieg hinunter und brachte die Ferkelkadaver herauf, die auf einen Altar gelegt wurden.

Dieses ungewöhnliche Ritual der Auferstehung von etwas, das begraben war, bedeutete den Beginn einer Trauerphase, die auch am zweiten Tag andauerte. Die Frauen blieben unter sich, fasteten und schliefen auf frisch geschnittenen grünen Zweigen. Am zweiten Abend liefen sie mit Fackeln durch die Straßen, blieben an Kreuzungen stehen, um nach der verlorenen Tochter zu rufen, und spielten so Demeters panische Suche nach.

Der dritte Tag, die letzte Phase des Rituals, wurde mit besonderen Speisen, Gesang und Tanz gefeiert. Und obwohl Enthaltsamkeit vorgeschrieben war, dominierten sexuelle Symbole. So buk und aß man etwa Kuchen in Phallusform. Obszöne Gesten, Lieder und Tänze waren üblich und erfreuten insbesondere die vorbeikommenden Männer. Blutroter Wein und rote Granatäpfel waren Teil des Rituals. Zu Ehren von Persephone wurden die Granatäpfel jedoch nicht gegessen. Als alles vorüber war, kehrten die Frauen zu ihren Familien zurück, so wie auch Demeter Persephone wieder traf.

»Alle Felder und Wiesen schienen jetzt von der gleichen trüben Farbe zu sein. Ein dunkler Schatten lag über der Welt. Die Wachhunde waren verstummt ...« Im September erleben wir eine Zeit des Abschlusses, des Rückzugs und des Todes. Die Göttinnen leiten uns mit brennenden Fackeln. Ceres überlässt den Menschen zwei Gaben: das im Herbst geerntete Getreide und die Mysterien.

MODERNES RITUAL BEI EINEM PERSÖNLICHEN VERLUST

Ich habe einmal mit einer Gruppe von Frauen das Septemberritual in der Einsamkeit der Berge gefeiert. Am Abend, als es dunkel war, zündeten wir ein riesiges Freudenfeuer an, lasen gemeinsam die Sage von Ceres und Proserpina und erzählten uns dann von schmerzhaften Erfahrungen im Zusammenhang mit Verlust und Trennung. Dann nahm sich jede von uns einen brennenden Zweig oder eine Kerze und ging allein ein kleines Stück weit ins Dunkel, um in uns selbst zu suchen, zu trauern und über unsere persönlichen Verluste zu meditieren.

So wie Ostern den Christen die Auferstehung Christi bestätigt und um die heilige Geschichte von Mutter und Kind kreist, so bestärkten die Septemberrituale zu Ehren von Ceres den Heiden der Antike den Zyklus von Leben, Tod und Wiedergeburt. Im Unterschied zur christlichen Version von göttlichem Vater und Sohn ging es hier jedoch um Mutter und Tochter, um das Prinzip der Göttlichen Weiblichkeit.

Der große römische Staatsmann Cicero hatte als Initiand der Eleusinischen Riten im September eine sehr persönliche Begegnung mit Ceres und ihrer Tochter. Er gestand diesen tiefen und innigen Moment der Erleuchtung in einem Brief an seinen Freund Atticus: »Wir haben begonnen, die wichtigsten Prinzipien des Lebens zu verstehen, und wir haben nicht nur mit Freude den Grund für das Leben akzeptiert, sondern auch mit größerer Hoffnung den Grund für das Sterben.« (Cicero, De Legibus, 2.36). Wir alle streben nach Glück auf Erden und Seligkeit nach dem Tod. Wie eindrucksvoll muss es gewesen sein, den alten Mythos erzählt zu bekommen, ihn tatsächlich nachzuleben und in einer spirituellen Gemeinschaft an diesem Erlebnis und dem Mysterium teilzuhaben. Der September zwingt uns, dem Ende ins Gesicht zu sehen; es ist ein Monat der Trennung. Dieser Monat stärkt aber auch den Glauben an die Heiligkeit der Natur, an die Göttliche Weiblichkeit und den unendlichen natürlichen Kreislauf aller Dinge. Und er gibt uns Hoffnung für das, was kommt, wenn wir tun, was wir tun müssen – »das Leben ernten«.

EIN URALTES GEBET FÜR DIE SAAT

Schenkt beständigen Wuchs den zarten Keimen der Saaten, / Lasst nicht im eisigen Schnee eingehn das sprossende Grün! / Säen wir, hellt uns den Himmel dann auf durch heitere Winde; / ist sie geborgen, dann sprengt himmlisches Nass auf die Saat! / Seid auf der Hut, dass sie, die den Feldern schaden, die Vögel, / Nicht verheerend im Schwarm herfallen über das Korn! / Schont auch, ihr Ameisen, dann die Körner im Schoße der Erde: / Ist nach der Ernte für euch größere Beute ja da! / Unterdessen wachse die Saat, und der Rost bleibe fern ihr; / Durch ein Unwetter soll bleich werden niemals die Saat! / Dürre schade ihr nicht, noch ersticke im eigenen Wuchse / Jemals der Halm, weil er sich höher, als gut ist, erhebt! / Fern auch bleibe der Flur das den Augen so schädliche Tollkorn; / Auf dem bebauten Feld wachse der Windhafer nicht! / Weizen jedoch und Dinkel, der zweimal das Feuer erduldet, / Bringe – und Gerste dazu! – reichlich der Acker hervor! / Darum bitt' ich für euch, ihr Bauern, erbittet's auch selbst euch! / Mögen die Göttinnen dann beide erfüllen den Wunsch! / Lange hielt Krieg die Männer einst fest: Das Schwert hatte größren / Wert als der Pflug, und dem Pferd räumte der Pflugstier den Platz. / Hacken verschwanden, die Karste, sie wurden zu Spießen, und schwere / Spaten, die dienten dem Zweck, Helme zu machen daraus. / Dank sei den Göttern und Dank deinem Haus: Unter eueren Füßen / Liegt, von Ketten umschnürt, längere Zeit schon der Krieg. / Darum empfange sein Joch der Stier und die Erde das Saatgut; / Ziehkind des Friedens gedeiht Ceres im Frieden allein.

Ovid, Festkalender, 1.679–704

Oktober

Der Monat des Versprechens

Isis, Herrin im Haus des Lebens

Ich, Allmutter Natur, Beherrscherin der Elemente, erstgeborenes Kind der Zeit, Höchste der Gottheiten, Königin der Geister, Erste der Himmlischen; ich, die ich in mir allein die Gestalt aller Götter und Göttinnen vereine, mit einem Wink über des Himmels lichte Gewölbe, die heilsamen Lüfte des Meeres und der Unterwelt viel beklagtes Schweigen gebiete. Die alleinige Gottheit, welche unter so mancherlei Gestalt, so verschiedenen Bräuchen und vielerlei Namen der ganze Erdkreis verehrt.

Apuleius, Der goldene Esel, 11.5

Ländliches Menologium

Sonne in der Waage
31 Tage

Sonnenkalender
Kalenden: 1. Oktober
Nonen: 7. Oktober
Iden: 15. Oktober

Mondkalender
Kalenden: 1. Tag nach Neumond
Nonen: 9. Tag vor Vollmond
Iden: Tag des Vollmonds

Den Bauern der Antike wurde geraten, die Trauben zu lesen, zu pressen und den neuen Wein zu keltern. (Menologium)

*

Neun Monate sind vergangen, seit wir uns auf die Reise durch das Jahr begeben und dabei den bäuerlichen Kreislauf Monat für Monat vom Wachstumsbeginn bis zur Reife oder Ernte durchmessen haben. Nun sind wir im Oktober, dem Monat der herbstlichen Weinlese, angekommen. Die prallen, saftigen Trauben, die in lauen Sommertagen an den Weinstöcken herangereift sind, werden geerntet und gepresst, um daraus den spritzigen, jungen roten und weißen Wein zu keltern. Die Stunden gedämpften Sonnenlichts nehmen immer mehr ab, schnell naht der kalte, dunkle Winter. Das Leben in der Natur zieht sich in diesem Monat ins Verborgene zurück, die Tiere bereiten ihren Rückzug vor, viele Vögel fliegen in wärmere Klimazonen, schlafend ruhen die Samenkörner und warten auf ihre Wiedergeburt. Auch wir Menschen verkriechen uns vor kühleren Temperaturen und strömendem Regen ins warme, trockene Heim und an den Herd. In manchen Regionen legt sich bereits die kristallweiße Decke des ersten Frostes über Felder und Bäume. Der Oktober kündigt raue winterliche Zeiten an, die Natur nötigt uns den Gedanken an Ende und Tod auf.

In der römischen Antike brachte der Oktober nicht nur das Ende aller bäuerlichen Arbeiten mit sich, sondern auch den vorläufigen Abschluss von Reise- und Geschäftstätigkeit sowie kriegerischer Auseinandersetzungen. In diesem arbeitsreichen Herbstmonat bereitete sich die Landbevölkerung auf den kommenden Winter vor, sorgte für die nötigen Vorräte und traf alle Vorkehrungen, um heil durch die nahenden dunklen, kalten Monate zu kommen. Schnee und drohendes Winterwetter brachten in der Antike auch den Handel mehr oder weniger zum Erliegen. In jenen alten Zeiten dauerten sogar die Kriegszüge nur von März bis in den

227

Oktober, dann kehrten die Soldaten in die Heimat und auf ihre Höfe zurück. Vieles also fand in diesem Monat ein fast abruptes Ende. In den letzten Tagen des Oktober wurden in Rom die Isia abgehalten: feierliche Rituale zu Ehren der Göttin Isis, die um diese Zeit voller Trauer ihres Gemahls Osiris gedachte.

Isis war ursprünglich eine ägyptische Göttin gewesen, die seit prähistorischer Zeit von den Menschen im Niltal verehrt wurde. Doch schon im zweiten und ersten Jahrhundert vor Christus verbreitete sich ihr Kult im ganzen Mittelmeerraum und gelangte auch nach Italien. Hier genoss Isis bald höchste Verehrung in allen Schichten, bei der kaiserlichen Familie ebenso wie unter den Sklaven. Die herbstlichen Isia dauerten vom 28. Oktober bis zum 3. November und fanden bald so viel Anklang in der römischen Welt, dass sie um 40 n. Chr. in den bäuerlichen Kalender, das ländliche Menologium, Eingang fanden. Wer war nun diese altehrwürdige ägyptische Gottheit? Was hat die Göttin Isis zu bieten?

Anfänglich wurde Isis, die früheste der frühen Gottheiten, die große Frau Ägyptens, Königin des Himmels und Herrin im Haus des Lebens, durch das altägyptische Henkelkreuz dargestellt, das zugleich als Symbol des Lebens galt. Im Altertum genoss diese Göttin in Ägypten, aber auch in Äthiopien, Griechenland, Italien, Spanien, Germanien, Britannien, im Nahen Osten wie am Schwarzen Meer höchste Verehrung. Der Göttin war jeder willkommen, ohne Unterschied der Geburt, Klasse, des Vermögens oder der Rassenzugehörigkeit. Isis ließ ihre Gunst allen Völkern zuteil werden, sie war eine Gottheit der Versöhnung und des Vergebens, Sünder waren ihr ebenso willkommen wie tugendhafte Menschen. Isis kam jedem mit Liebe, Mitleid, Leidenschaft und Verzeihung entgegen, denn sie hatte selbst großen Schmerz erfahren müssen. Sie, die Mutter allen Lebens, bot ihren Gläubigen bedingungslose Liebe.

Der Isis-Kult schenkte vielen Menschen Hoffnung und

Sinnhaftigkeit, denn sie brachte die ewigen Fragen von Leben und Tod zur Sprache. Königin Isis ist mit ihrem heiligen Schiff unterwegs bis an die Grenzen des Totenreichs. Und sie kehrt zurück. So hat es also seinen Sinn, dass die Isia im späten Oktober stattfanden, in einer Zeit, da wir ans Ende aller Dinge denken, da sich die Lebenden und die Toten besonders nahe sind und der Schleier zwischen ihnen nur hauchdünn ist. Heute bezeichnet man diese dunkle, magische Zeit, den Abend vor Allerheiligen, im angloamerikanischen Raum als Halloween, Samhain oder Tag der Toten. Im Altertum gehörten diese Tage der Königin Isis.

Die Geschichte der Isis ist uralt, und sie wird seit Jahrtausenden in vielen Kulturkreisen rund um das Mittelmeer erzählt und weitergegeben. Dieser Mythos eines sterbenden Gottes, der bekümmerten Göttin und einer heiligen Geburt hat seine Wurzeln im natürlichen Rhythmus des Nildeltas mit den jährlichen Überschwemmungen durch den lebenserhaltenden Strom. Er ist letzten Endes eine Geschichte von Glaube, Hoffnung und Liebe.

Isis und Osiris

Geb, der große Erdgott, und Nut, die höchste Göttin des Himmels, zeugten ihre ersten Abkömmlinge, nämlich Isis und Osiris, die noch im Mutterleib in Liebe füreinander entbrannten und sich vermählten. Isis und ihr Bruder/Gemahl Osiris bildeten eine vollkommene Einheit und regierten die Welt in Frieden. Osiris zog durch die Lande und brachte allen Menschen seine Geschenke. Er war es, der die Sonnenstrahlen über Land und Meer in alle Teile der Welt schickte.

Bei seinem Bruder Seth aber beschwor Osiris Zorn und Eifersucht herauf, so dass dieser auf Rache sann. Seth überfiel Osiris und ermordete ihn heimtückisch.

Isis betrauerte ihren Bruder/Gemahl tief. Tagelang durchstreifte sie das Land, um seinen Leichnam zu finden; dann erfuhr sie, dass Seth den Toten zerstückelt und seine Teile überallhin verstreut hatte. Sie trauerte und beklagte laut ihren Verlust. Der unaufhaltsame Strom ihrer Tränen floss über die göttlichen Wangen direkt in den Nil, wo er alljährlich eine Überflutung bewirkte, die segensreich für alle Lebewesen – Pflanzen, Tiere und Menschen – ist. Die göttliche Isis fand alle Körperteile ihres Geliebten wieder bis auf den Phallus. Auf wundersame Weise vereinigte sie sich dennoch mit dem toten Osiris und empfing von ihm das Kind Horus. Durch die Zauberkraft der Isis, mit der sie ihm ihren Atem in die Nasenlöcher hauchte, wurde Osiris wieder ins Leben zurückgerufen. Osiris war neu geboren und zwar in der Gestalt seines eigenen Sohnes Horus. Der wieder erstandene Gott setzte seinen Kampf gegen den schändlichen Seth fort, den er schließlich überwältigte, um erneut die Weltherrschaft anzutreten.

Nach dem Wunsch der Isis sollten alle Menschen in Ägypten Osiris die höchsten Ehren erweisen. Die Göttin rief Priester aus allen Teilen des Landes zusammen und befahl ihnen, ein wächsernes Abbild des Gottes in ihre Provinzen mitzunehmen und es daheim mit allen Trauerzeremonien zu bestatten. Sie trug den Priestern auf, Osiris als ihren großen Gott anzubeten und ihm zugleich ein für ihre Gegend typisches Tier zu weihen. Dies ist der Grund, weshalb sich jede Region Ägyptens rühmen konnte, die Grabstätte des Osiris zu besitzen, und deshalb sind dem Gott eine Vielzahl von Tieren heilig.

Diese Geschichte berichtet uns von Tod und Ende, aber auch von Treue und Vertrauen. Das hilft uns, die Heilsbotschaft besser zu verstehen. Die Göttin Isis lehrt uns die Fähigkeit, tiefer zu empfinden und unsere in unermesslichem Gram wurzelnde Trauer zum Ausdruck zu bringen. Wir lernen, uns so schweren Augenblicken im Leben, wie sie der Tod unserer Liebsten bedeutet, zu stellen, aber auch mit dem Verlust des Arbeitsplatzes oder dem Ende einer Beziehung leichter fertig zu werden. Wir erfahren, dass Alter und Tod zum Kreislauf der Natur gehören. Gemeinsam mit der Göttin trauern wir und wissen, dass sie uns versteht: »Isis schreit mit lauter Stimme ihren Schmerz hinaus, und die Erde bebt«, heißt es in der Inschrift einer Pyramide.

Von der Göttin lernen wir aber auch, zu vergeben, das Leben zu bejahen und all denen, die uns nahe stehen, in Liebe zu begegnen. Isis bietet uns die Tugenden Glaube, Hoffnung und Liebe, lehrt uns die Wertschätzung unserer Erde und aller Lebewesen, die doch eine Offenbarung des Göttlichen sind. Die Macht der Isis wurzelt in der Natur. Ihre Tränen lösten die segensreichen Nilüberschwemmungen aus, sie war die Erde, die erst zusammen mit dem Wasser des Stroms fruchtbar wurde. Die Lebenspenderin hielt ihre Hand über alle Tiere, besonders über die Katze, die den alten Ägyptern heilig war. Aber auch Kuh, Falke, Geier, Ibis, Krokodil, Gazelle, Ziege und Schwalbe galten als ihr zugehörig. Auf dem Kopf trug sie als Krone die ihr geweihte Schlange, die Natter. Kleopatra, die sich selbst für die Inkarnation der Göttin Isis hielt, ließ sich deshalb von einer Natter beißen, um zu sterben.

So viele Elemente in der Natur sind in sich heilig, aber auch eng miteinander verbunden und aufeinander bezogen – der Samen, der Baum, das Tier, das vom Baum lebt, der Mensch, der die Früchte des Baumes erntet und vom Tier lebt. Alle machen sie ähnliche Phasen der Entwicklung durch – Geburt, Wachstum, Tod und die Heimkehr in den ewigen Schoß der Erde, ein endloser Kreislauf der Wieder-

231

geburt und Erneuerung. All jenen, die an die Göttin Isis mit Hingabe glauben, offenbart sich die Natur in den verschiedenen Göttinnen und Göttern, die jedoch in Wahrheit alle eins sind. Welchen Weg wir auch beschreiten, wessen Namen wir anrufen und preisen, wem wir höchste Ehren zuteil werden lassen, stets verehren wir die eine Göttliche Weiblichkeit.

Ich heiße den Athenern, den Ureinwohnern Attikas, kekropische Minerva, den eiländischen Kypriern paphische Venus, den Pfeil führenden Kretern dictynnische Diana, den dreizüngigen Siziliern stygische Proserpina, den Eleusiniern Altgöttin Ceres. Andere nennen mich Juno, andere Bellona, andere Hekate, Rhamnusia andere. Sie aber, welche die aufgehende Sonne mit ihren ersten Strahlen beleuchtet, die Äthiopier beider Länder, und die Besitzer der ältesten Weisheit, die Ägypter, mit den angemessensten eigensten Gebräuchen mich verehrend, geben meinen wahren Namen mir: Königin Isis.

Apuleius, Der goldene Esel, 11.5

RITEN UND RITUALE IM OKTOBER

TOD UND ENDE

Im Oktober, wenn die Trauben gelesen und der Wein gekeltert ist, geht der Wachstumszyklus zu Ende. Für die römischen Bauern kam damit die Zeit, ihren Weinkeller zu reinigen und auszuräuchern. Anfang Oktober wurden noch Oliven und reife Trauben eingebracht. Die Trauben kamen in mächtige Bottiche auf der Presstenne, wo der Traubensaft in großen Kesseln, den so genannten *doliae* gelagert wurde, bis daraus im kommenden Jahr Wein geworden war.

Suchen Sie sich an einem ruhigen Oktobertag einen stillen Winkel, um zu meditieren, vielleicht an einem bestimmten, Ihnen heiligen Platz im Garten oder einem anderen Zufluchtsort. Nehmen Sie mit allen Sinnen die Schönheit der Natur in sich auf. Machen Sie sich Gedanken über den folgenden Text des buddhistischen Mönches Thich Nhat Hanh, der uns die Wertschätzung dieses Eins-Seins und der Verbundenheit mit der Natur und dem Göttlichen lehrt.

Stellen Sie sich ein Blatt vor, das tiefrot oder golden an einem Zweig hängt, bereit, beim leichtesten Windhauch zu Boden zu fallen. Bedenken Sie, dass das Blatt dem Baum eine Mutter war. Im Frühling und Sommer hat es dazu beigetragen, den Baum zu ernähren. Doch wenn es zu Boden fällt, was unvermeidlich ist, und so zu Mutter Erde zurückkehrt, wird es den Baum weiterhin ernähren. Trösten Sie sich mit der Gewissheit, dass das sterbende Blatt an den Zweig des Baumes zurückkehren wird, bald, im nächsten Frühling.

1. Oktober; Kalenden
Fides

An diesem Tag wurde die Göttin Fides, die Verkörperung der Treue, geehrt. Bevor man ihr Opfer darbrachte, wickelten die Priester ihre Hände bis zu den Fingern in ein Tuch als Zeichen dafür, dass man Treue und Glauben bewahren muss.

Fides symbolisierte die enge Beziehung zwischen Gottheit und Menschheit, nicht die zwischenmenschliche Treue. An diesem Tag verpflichtete man sich zur engen Verbin-

dung mit dem Göttlichen. Fides soll mit einer eingebunde-
nen Hand als Zeichen der Treue dargestellt worden sein.

Alle Kriegshandlungen fanden in diesem Monat ein Ende,
die Soldaten legten ihre Waffen beiseite und bereiteten sich
auf den kalten, dunklen Winter vor. Den Abschluss der krie-
gerischen Aktionen beging man mit Pferde- und Waffen-
ritualen (Armilustrium).

5. Oktober; III Nonen
GEÖFFNETER MUNDUS

Wie schon am 24. August, so steht auch jetzt das Tor zur
Unterwelt (*mundus*) weit offen.

11. Oktober; V Iden
JUPITER UND BACCHUS

Meditrinalia

Meditrinalia, der Name dieses Festes, leitet sich vom lateinischen Wort für »geheilt werden« ab, weil in ältesten Zeiten
an diesem Tag neuer und alter Wein als Opfer dargebracht
und gekostet wurde, um seine Heilkraft zu nutzen. Dazu
sprach man die Worte »Heilung von alten und neuen Leiden bringe mir alter und neuer Wein«. Der Trinkspruch dieses Tages galt entweder Jupiter oder Bacchus.

13. Oktober; III Iden
FONS

Fontinalia

Fons, der Gott der Quellen, wurde an diesem Tag geehrt; man wand Girlanden und warf sie in die Brunnen oder legte sie obenauf. Heute wirft man stattdessen Münzen hinein.

15. Oktober; Iden
MARS

Oktober-Wagenrennen

An diesem Tag fand auf dem Marsfeld in Rom ein Rennen statt, bei dem jeweils zwei Pferde vor einen Wagen gespannt waren. Das Pferd auf der rechten Seite des Gewinner-Gespanns wurde im Rahmen eines schauerlichen Rituals mit militärischem wie mit bäuerlichem Hintergrund dem Gott Mars geopfert.

19. Oktober; XIV Kalenden November
MARS

Armilustrium

Dieser Tag war Mars geweiht und diente der Reinigung der Soldaten von dem in den Sommermonaten vergossenen Blut.

Die Oktobertage verrinnen, und draußen erleben wir nun mit dem stetig schwindenden Sonnenlicht auch das Ende der Vegetationsperiode. Ein letztes Mal macht die Natur in bewaldeten Regionen auf sich aufmerksam, wo die Landschaft in den herbstlichen Farben des Laubs erglüht und in glänzendem Gold, in leuchtenden Rot- und Orangetönen prangt. Das Ende allen Grünens und Wachsens mit seinen kahlen Bäumen und den braunen Feldern kommt über uns, nun erwarten uns die öden Wintermonate.

Der Oktober aber ist eine magische Zeit, denn hier überschneiden sich die Welt der Lebenden und die der Toten; wir sind gezwungen, uns unmittelbar mit dem Tod zu beschäftigen. Es ist eine Zeit der Leere, in der dunkle Geister auf Erden umherstreifen und Furcht in unsere Seelen gießen. Halloween, Allerheiligen und Allerseelen nahen, die Tage, an denen wir auf die Friedhöfe gehen und unserer Verstorbenen gedenken. Dadurch dass sie den Tod des geliebten Osiris ertrug, gibt Isis uns die Kraft und den Mut, dem Tod und dem Ende ins Auge zu sehen. Es gehört zum natürlichen spirituellen Rhythmus, dass wir Trauer und Leid zum Ausdruck bringen.

Modernes Ritual des Totengedenkens

Die letzten feierlichen Tage des Oktobers geben uns Gelegenheit, mit denen in Verbindung zu treten, die uns verlassen haben. Halloween feiern wir mit Bildern und Symbolen von Geistern, Kobolden und Knochenmännern. All das erinnert an Tod und Ende. Wir gehen zu den Gräbern unserer Vorfahren und bringen den Totengeistern Blumen und kleine Opfergaben dar.

Lassen Sie Ihren Tränen freien Lauf und verschaffen Sie sich durch schöne Erinnerungen Erleichterung. Lernen Sie, Ihrer Trauer Ausdruck zu geben. Denken Sie daran, dass die Tränen der Isis einst das Niltal fruchtbar gemacht haben.

In Sizilien berichtet die Legende, dass die Toten in diesen letzten Oktobertagen ihre Gräber verlassen, die besten Konditoreien stürmen und den Kindern ganz besondere Süßigkeiten bringen:

◆➤➤●◄◄◆

Toten-Kekse
(ca. 60 Stück)

Man isst diese Kekse in Italien am Allerseelentag. Sie werden wie Bohnen geformt, die schon im alten Rom ein Symbol des Todes waren. Sicher erinnern Sie sich an das Mai-Ritual für die Totengeister, die Lemuren, bei dem man die Toten mit Bohnen besänftigte.

Der Grappa gibt diesen feinen venezianischen Keksen einen ganz bestimmten, leicht bitteren Geschmack. Ähnliche Plätzchen werden auch in Rom gebacken, allerdings ohne Pinienkerne und Grappa. Auch mahlt man die Mandeln sehr fein und fügt noch etwas mehr Butter hinzu, außerdem wird der Teig mit Zimt gewürzt.

225–250 g geschälte Mandeln
100 g Zucker
30 g Mehl
1 EL Pinienkerne, grob gehackt
1 EL Grappa
abgeriebene Schale von 1 Zitrone (unbehandelt)
1 EL Butter
1 Ei
1 Eigelb
Butter und Mehl für die Backbleche
1 Eiweiß zum Glasieren

Die Mandeln nicht zu fein hacken, in eine Schüssel geben und mit Zucker, Mehl, gehackten Pinienkernen, Grappa, Zitronenschale, Butter, Ei und Eigelb gut verrühren. Der Teig wirkt anfangs sehr trocken, wird jedoch beim Durcharbeiten geschmeidiger. Sollte er zu fest sein, können Sie teelöffelweise noch etwas Eiweiß unterrühren.

Die Backbleche einfetten und mit Mehl bestreuen oder mit Backpapier belegen. Den Teig in mehrere Stücke teilen.

Auf der bemehlten Arbeitsplatte die Stücke zu langen, flachen, ca. 2 cm breiten Rollen formen. Die Rollen in ca. 2¹/₂ cm dicke Stücke schneiden und leicht abrunden. In jeden Keks eine kleine Kerbe machen, damit er an einen Bohnenkern erinnert. Auf das Backblech setzen. Das Eiweiß leicht aufschlagen und die Kekse damit bestreichen.

Im vorgeheizten Backofen (180 °C) hellgelb backen. Das dauert etwa 20 Minuten. Auf einem Kuchengitter abkühlen lassen.

❖➤•◄❖

GLAUBE UND VERTRAUEN

Doch diesen beunruhigenden Monat Oktober, diese Phase von Trennung und Tod, können wir gut überbrücken. Selbst in einer so trüben, düsteren Zeit lässt sich Hoffnung schöpfen. Allerdings braucht man dazu den Glauben an das Göttliche und großes Vertrauen. Apuleius, römischer Schriftsteller des 2. Jahrhunderts n. Chr., glaubte wie auch viele andere Römer fest daran, dass die göttliche Isis die Menschen vor dunklen Abgründen und der großen Leere bewahrte.

28. Oktober–3. November,
VII Kalenden–II Nonen des November
ISIS

Isia

Davon, wie die Isia begangen wurden, ist kaum etwas überliefert, da es sich bei der Isis-Verehrung um einen weiteren höchst geheimnisvollen Kult handelte. Mit Sicherheit aber war die Prozession zu ihrem Altar ein faszinierendes Ereignis. Der Aufzug wurde von Männern und Frauen angeführt, die »entsprechend ihrer persönlichen Neigung weihevoll« gekleidet waren. Ein ganz in Weiß gekleideter Frauenchor streute Blumen und träufelte duftende Öle auf den Weg. Danach kamen Fackelträger und Personen, die zu Ehren der Göttin, die die Sterne am Himmel erschaffen hat, Wachskerzen in den Händen trugen.

Als Nächstes folgten die Musikanten und ein Chor von jungen Menschen in schneeweißer Kleidung, die zu den Klängen der Flötenspieler sangen. Hinter ihnen schritten Priester und Priesterinnen, die ausriefen: »Platz für die Gottheit!« Eine Schar von Männern und Frauen jeden Alters und aus allen Schichten, die in das Mysterium der Göttin eingeweiht worden waren, trug Leinenkleider in reinstem Weiß. Die Frauen hatten Schleier aus feiner Seide auf dem Kopf, die Männer waren kahl rasiert. Sie alle hatten ein silbernes oder bronzenes *sistrum* in Händen und rasselten beim Gehen mit diesem heiligen Instrument.

An Isis wandten sich Sklaven ebenso wie Kaiser und Aristokraten; im persönlichen Gebet näherte man sich ihr. Sie hatte ein offenes Ohr für alle Bitten und erwartete von ihrer Gefolgschaft nichts weiter als Glauben und Anbetung, also weder Geld noch teure Opfergaben. Apuleius flehte ihre heilige Gegenwart in demütigem Glauben mit folgenden Sätzen herbei:

Königin des Himmels! ... Göttin, die du mit fraulichem Schein alle Religionen erleuchtest, mit deinem feuchten Strahl der fröhlichen Saat Nahrung und Gedeihen gibst und nach der Sonne Umlauf dein wechselndes Licht einteilst; unter welchem Namen, unter welchen Gebräuchen, unter welcher Gestalt dir die Anrufung immer am wohlgefälligsten sein mag, hilf mir in meinem äußersten Elend. Stehe mir bei, dass ich nicht gänzlich zugrunde gehe ... Schau, dein Gebet hat mich gerührt.
Apuleius, Der goldene Esel, 11.2–5

Nehmen Sie sich jetzt, da die dunkelste Zeit des Jahres naht, etwas Zeit, um Ihren Glauben und Ihre Spiritualität zu ergründen. Natürlich ist die Bekräftigung des Glaubens eine sehr persönliche Angelegenheit. Stärken Sie ihn mit einer angemessenen Zeremonie oder einfach durch ein stilles Gebet. Wenn Sie sich Gedanken über Ihr spirituelles Leben machen wollen, ist der Oktober gewiss der richtige Zeitpunkt. Gehen Sie in eine Kirche, eine Synagoge oder Moschee. Oder wählen Sie irgendeinen anderen Andachtsort, vielleicht einen Park oder Ihren Garten. Suchen Sie sich einen Platz, an dem Sie nachdenken können, zünden Sie eine Kerze an oder meditieren Sie eine Weile ganz für sich allein.

Es gibt auch Möglichkeiten zu Meditation, Gebet und Rückzug in Klöstern oder anderen religiösen Einrichtungen. Wenn Sie den Wunsch haben, Ihren Glauben zu erneuern, oder sich einer neuen Glaubensrichtung anschließen möchten, fassen Sie sich ein Herz! Der Oktober ist der Monat der Göttin Fides, also eine Zeit des Glaubens, der vertrauensvollen Hinwendung.

Im Oktober sinnen wir über unsere spirituellen Grundlagen und den Glauben nach. Kälte, Dunkelheit, graue Schatten und düstere Töne der Natur ringsum gehen uns unter die Haut. Wir können nicht ausweichen, die Natur zwingt uns, im Nachdenken über Tod und Vergänglichkeit spirituelle Erlösung und Trost zu suchen. Auch wenn wir meinen, wir hätten es mit unseren technischen Errungenschaften weit gebracht, ergeht es uns nicht anders als den römischen Bauern vor zweitausend Jahren, wir stehen vor denselben Fragen nach Geburt, Leben und Tod. Auch sie suchten die Antworten in der Spiritualität.

Wenn die Römer ihre Götter anriefen, gingen sie hinaus in einen Garten oder suchten einen Tempelbezirk auf. Sie beteten mit ausgestreckten Armen, die Handflächen nach oben gerichtet. Lesen Sie sich dieses wunderbare Gebet laut vor:

Göttin, heilige, ewige Erhalterin des Menschengeschlechts, die du nicht aufhörst, Schutz den schwachen Sterblichen zu verleihen, die du dem Elenden die milde Zärtlichkeit einer Mutter angedeihen lässest! Kein Tag, keine Nacht, kein geringer Augenblick schwindet leer an deinen Wohltaten dahin. Zu Wasser und zu Lande beschirmst du die Menschen, entfernest von ihnen jegliche Lebensgefahr und reichst ihnen deine hilfreiche Rechte, mit welcher du das verworrene Gewebe des Schicksals auseinander wirrest, die Unglücksstürme zum Schweigen bringst und der Sterne schädlichen Lauf aufhältst. Dich verehren die oberen und unteren Götter. Du rollst die Erde im Kreise herum, entzündest das Licht der Sonne, regierst die Welt und hältst den Tartarus Untertan. Dir antworten die Gestirne, jauchzen die Götter, kehren die Jahreszeiten wieder und dienen die Elemente. Auf deinen Wink wehen die Lüfte, füllen sich die Wolken, keimt der Samen und sprießen die Keime. Deine Majestät scheuen die Vögel unterm Himmel, die wilden Tiere auf den Bergen, die Schlangen in den Klüften und die Ungeheuer im Meer. Doch ich bin zu schwach an Geist, dein Lob zu preisen, bin zu arm an Habe, dir würdige Opfer zu bringen; Fülle der Worte gebricht mir, das Gefühl deiner Herrlichkeit auszusprechen. Ja, leihe tausend Münder mir und ebenso viele Zungen und einen ewigen Fluss ununterbrochener Rede, dennoch bin ich zu ohnmächtig. So lass dir denn wohl gefallen, was demütig meine fromme Armut dir gelobt! Ewig soll dein göttliches Antlitz, ewig dein

241

gepriesener Name hoch verehrt im innersten Heiligtum
meines Herzens leben!
Apuleius, Der goldene Esel, 11.25

GELÖBNIS UND ERLÖSUNG

Isis war zugleich Schöpferin, Beschützerin, Heilerin und Erlöserin vom Leiden. Auch bot sie die Hoffnung auf Wiedergeburt und Verjüngung, und dieser Aspekt stand wohl im Mittelpunkt aller Rituale. Die Einweihung in den Isis-Kult war in der Antike ein geheimnisvoller Vorgang, von dem nur wenig überliefert ist. Ähnlich wie bei den Eleusinischen Mysterien der Ceres galt die Bekehrung und Einführung als etwas ganz Privates. Apuleius aber gibt uns einen Eindruck von dem magischen Augenblick, in dem er neu geboren wurde: »Ich ging bis zur Grenzscheide zwischen Leben und Tod. Ich betrat Proserpinas Schwelle, und nachdem ich durch alle Elemente gefahren, kehrte ich wiederum zurück. Zur Zeit der tiefsten Mitternacht sah ich die Sonne in ihrem hellsten Licht leuchten; ich schaute die unteren und oberen Götter von Angesicht zu Angesicht und betete sie in der Nähe an.« (Apuleius, Der goldene Esel, 11.23)

Mit dieser eindrucksvollen Schilderung beschreibt er ein sehr persönliches Erlebnis der Erleuchtung und der Vereinigung mit dem Göttlichen. Isis versprach all denen, die an sie glaubten, Wiedergeburt und Erlösung. An einem bestimmten Tag während der Isia, den man »Auffindung des Osiris« nannte, vollzogen die Gläubigen das Mysterium von Isis und Osiris noch einmal nach, nahmen Anteil am Leid und an der Freude der Isis, als sie den Leichnam des Osiris suchte, ihn schließlich fand und einbalsamierte. Mit einer Stimme riefen sie: »*Heurekamen, synchairomen*« (Wir haben ihn gefunden! Gemeinsam frohlocken wir!). Es wird auch berichtet, dass sich die Betenden bei einem anderen Ritus in einem verdunkelten Raum um eine am Boden liegende

Osiris-Statue versammelten und trauerten. Dann wurde ein Licht in den Raum getragen, ein Priester salbte die Kehlen der Trauernden mit Öl und flüsterte. »Fasst euch ein Herz, ihr Berufenen, denn der Gott ist errettet, und wir werden erlöst.« (Firmicus Maternus, The Error of Pagan Religions, 22.1)

Hoffnung und Erlösung von allen Leiden und Übeln, die Überwindung der Todesangst und die Aussicht auf ein erfülltes Leben auf Erden versprechen die Religionen aller Zeiten und Völker. Deshalb können die Worte der Isis für jeden von uns Bedeutung haben, gerade während der dunklen, von Zweifeln getrübten Tage im Oktober.

MODERNES RITUAL DES VERSPRECHENS UND DER HOFFNUNG: DAS SCHIFF DER ISIS

In der Antike fanden die alljährlichen Rituale zu Ehren der Isis am Meeresstrand oder in der Nähe eines anderen Gewässers statt. Dafür wurde ein Modellschiff vorbereitet. Darauf waren Texte gemalt, die Botschaften und Wünsche für ein erfolgreiches Jahr enthielten. Die Gläubigen versammelten sich um das Schiff, reinigten es mit Flammen, Eiern und Schwefel und intonierten dazu feierliche Gebete. Dann wurde es mit kleinen Geschenken wie Fächern, Duftwässern und Weihrauch beladen. Man schüttete auch Trankopfer aus Milch und Getreide ins Wasser. Dann nahm das kleine Schiff Fahrt auf und segelte auf seinem eigenen Kurs davon. Damit endete das Ritual.

• Passen Sie diesen Ritus Ihrer Situation an und sprechen Sie Ihre ganz persönlichen Gebete und Botschaften.
• Bringen Sie der Göttin ein kleines Opfer dar; irgendwelche Kostbarkeiten sind nicht notwendig, sondern vor allem ein Zeichen der engen Verbindung. Sie gewinnen dafür Glauben, Hoffnung und Liebe.
• Lassen Sie Ihr Schiffchen an einem günstigen Ort auslaufen, damit es von der Göttin sicher geleitet wird.

243

*Ich erscheine dir aus Erbarmen über dein Unglück;
ich komme zu dir in Huld und Gnaden. Hemme denn
den Lauf deiner Tränen, stelle ein dein Trauern, dein
Klagen. Der Tag deines Heils ist da, kraft meiner All-
macht; öffne nur deine betrübte Seele meinem göttlichen Gebot! ... Inzwischen wirst du glücklich, wirst
du rühmlich unter meinem Schutze leben, und wenn
du hier deinen Weg vollendet hast und zur Unterwelt
hinabwandelst, so wirst du auch dort, auf jener unterirdischen Halbkugel, mich, die du vor dir siehst, die ich
des Acherons Finsternisse erleuchte und in den stygi-
schen Behausungen regiere, als ein Bewohner der ely-
sischen Gefilde fleißig anbeten und meiner Huld dich
zu erfreuen haben. Ja, sofern du dich durch unablässi-
gen Gehorsam, durch gewissenhafte Beobachtung meines Dienstes, durch strenges Fasten und Keuschheit ge-
nügsam um meine Gottheit verdient machst: so wirst
du auch erfahren, dass es allein in meiner Macht steht,
dir selbst das Leben zu fristen über das vom Schicksal
dir bestimmte Ziel hinaus.*

Apuleius, Der goldene Esel, 11.5, 6

November

Der Monat des Bejahens

Wir streben hierher alle, dies ist die letzte Behausung,
und IHR habt über der Sterblichen Stamm die längste
Herrschaft in Händen.
                    Ovid, Metamorphosen, 10.33–35

LÄNDLICHES MENOLOGIUM

Sonne im Skorpion
30 Tage

SONNENKALENDER
Kalenden: 1. November
Nonen: 5. November
Iden: 13. November

MONDKALENDER
Kalenden: 1. Tag nach Neumond
Nonen: 9. Tag vor Vollmond
Iden: Tag des Vollmonds

Den Bauern der Antike wurde geraten, den Winterweizen und die Gerste einzusäen sowie den Boden um die Bäume umzugraben. (Menologium)

★

Der November ist da. Ein Frösteln liegt in der Luft, und die Sonnenstunden nehmen immer mehr ab. Die kalten, grauen Wintertage nahen. Vielleicht hat es schon Frost gegeben oder sogar geschneit. Die grüne Vegetationsperiode ist für dieses Jahr endgültig vorbei. Das Getreide ist gedroschen, das Obst geerntet, die Trauben sind gepresst, der neue Wein gärt in den Fässern, das Saatgut ist zur Überwinterung in unteridischen Speichern eingelagert. Wir haben auf unserer Reise durch das Jahr die sensiblen Frühlingsmonate mit all ihrer kreativen Energie und dem jugendlichen Überschwang der Hormone erlebt. Wir sind durch die Monate der Erfüllung und Reife gegangen und waren schließlich mit der Erntezeit und dem Ende allen Wachstums konfrontiert.

Im November bereiteten sich die römischen Bauern einst auf den nun schnell hereinbrechenden langen, kalten Winter vor, legten Futter- und Holzvorräte an, damit ihr Heim stets warm war. Nach den September- und Oktoberritualen scheint im römischen Kalender auch im spirituellen Bereich mit dem November Ruhe einzukehren. Wir sind noch im Herbst und einen guten Monat von der Wintersonnenwende und der kritischen Phase des Jahreszeitenwechsels entfernt.

In vielerlei Hinsicht ist das Jahr eine Metapher für unser Leben, was gerade in diesen letzten Monaten offenbar wird. Auf jeden von uns wartet der Tod, das ist Bestandteil unseres Lebenszyklus, und wir können daran nichts ändern; mit zunehmenden Alter aber nehmen wir dies immer deutlicher wahr. Wie nun auch die Dunkelheit länger dauert als das Licht des Tages, so ist der November die Zeit der Bejahung und Anerkennung des Endes, eine Vorahnung des Todes. Der allumfassende Bund mit der Natur, der enge Zusammenhang zwischen der menschlichen Lebensspanne und dem Kreislauf des Jahres sind offensichtlich und das Kernstück des römischen Glaubens, wie er im folgenden Text von Ovid zum Ausdruck kommt, der eine einzige Bejahung ist:

> *Siehst du nicht auch wie das Jahr seine vier Gestalten einander / Folgen lässt, wie es im Abbild den Lauf unseres Lebens uns vorführt? / Zart wie ein Milchkind ist es im ersten Lenz und dem Knabenalter / vergleichbar: Da schwillt das Kraut, das frische, im Saft, der / Stärke, des Haltes noch bar, gibt frohes Hoffen dem Landmann. / Alles blüht, und es spielt das nährende Feld in der Blumen / Farben, doch ist in den Blättern noch keinerlei Kraft zu verspüren. / Stärker geworden, geht das Jahr aus dem Lenz in den Sommer / Über – ein kräftiger Jungmann: Es ist ja kein anderes Alter / Stärker, üppiger keins und keins voll größeren Feuers. / Herbst löst ihn dann ab. Der Glut der Jugend verlustig, / Naht er milde und reif, nach der Art seines Sinnes inmitten / Zwischen Jüngling und Greis, an den Schläfen mit Grau schon gezeichnet. / Dann kommt zitternden Schrittes der greise, struppige Winter, / Ganz seiner Haare beraubt oder weiß, wo ihm Haare geblieben.*
>
> Ovid, Metamorphosen, 15.199–213

Die menschliche Endlichkeit und die Unausweichlichkeit des Todes kommen im folgenden anrührenden Mythos von Orpheus und seiner geliebten Eurydike zum Ausdruck.

Hymen, der Gott der Ehe, der zu Hochzeiten sein traditionelles, safranfarbenes Gewand trug, war auf dem Weg ins Land der Ciconier. Orpheus, der berühmte Sänger und Dichter, hatte ihn gerufen, damit er seine Hochzeitszeremonie mit der geliebten Eurydike leite. Doch Hymen hatte diesmal keine Freude und kein Glück im Gepäck. Die Hochzeitsfackel, die er in Händen hielt, zischte und rauchte, so dass alle sich die Augen wischten, sie wollte sich zu keiner reinen Flamme entzünden. Der Tag, da man ein gesegnetes und glückliches Ereignis feiern wollte, wurde durch tragische Geschehnisse überschattet. Eurydike, die wegen der bevorstehenden Vermählung nervös und aufgeregt war, ging mit ihren Brautführerinnen durch das hohe Gras der Wiesen, als sie von einer giftigen Natter gebissen wurde. Sie war auf der Stelle tot.

Der tief unglückliche Orpheus verbrachte seine Erdentage in Trauer um die geliebte Eurydike. In seiner Verzweiflung beschloss er, sich in die Welt der Manes, der düsteren Schatten, zu wagen. Er machte sich auf den Weg in die Unterwelt und trat durch das Tor des Todes. All seinen Mut nahm er zusammen und trotzte, getrieben von seiner unsterblichen Liebe zu Eurydike, den Nebelgeistern wie den Schatten der Toten und Begrabenen. Er war auf der Suche nach Hades, dem Herrscher über die Toten. Und er gelangte zu Persephone und Hades selbst, der jenes schreckliche Reich regiert.

Orpheus nahm seine Leier und sang: »O Göttlicher, der du die Welt regierst, die unterhalb der Erde liegt, eine Welt, in die wir alle, die wir sterblich geboren sind, zurückkehren, gestatte, dass ich dir von der wahren Geschichte meines Herzens singe.

Ich bin nicht gekommen, um dir zu drohen und auch nicht aus reiner Neugier. Vielmehr bin ich auf der Suche nach meiner Braut, die in der Blüte ihrer Jugend am Gift einer Schlange gestorben ist. Ich habe um die Kraft gerungen, das Leid und den Schmerz der Einsamkeit des Lebens ohne Eurydike zu ertragen. Ich schwöre es bei diesem Ort der Angst, bei dieser unendlichen Leere, diesem weiten und stillen Reich der Unterwelt. Ich flehe dich an, das Schicksal meiner Eurydike zu entwirren. Auch wenn wir noch eine Weile auf Erden weilen, so wollen wir uns doch dir verpfänden. Eines Tages werden wir hierher zurückkehren und schließlich hier unsere Heimat finden. Du, Hades, regierst das Menschengeschlecht seit ältester Zeit.

Eurydike wird sich deiner Herrschaft unterwerfen, wenn sie alt ist und ihr Leben gelebt hat. Ich bitte darum, dass sie ihre Erdentage als meine geliebte Gemahlin verbringen darf. Wenn mir das verweigert wird, bin ich entschlossen, nicht wieder in die Welt der Lebenden zurückzukehren. Du Hades, magst dich dann am Tod zweier Menschen ergötzen.«

Wie er diese Worte sprach und sich dazu auf der Leier begleitete, weinten die blutleeren Geister. Die Wangen der drei Parzen waren feucht von Tränen. Persephone, die Königin der Unterwelt, und Gott Hades konnten Orpheus' flehentlicher Bitte nicht widerstehen. Sie riefen Eurydike, die unter den dunklen Schatten noch ganz neu war. Sie kam zögernd, wegen ihres verletzten Fußes hinkend. Orpheus begrüßte sie hocherfreut. Doch

Hades stellte eine Bedingung: Orpheus dürfe sich nicht umdrehen, bis er die Unterwelt verlassen und im Reich der Lebenden angekommen wäre. Wenn er sich an diese Bedingung nicht hielte, sei sein Geschenk, Eurydikes Leben, vertan.

So ging der Gatte seinem geliebten Weib voran, schritt auf gewundenen Pfaden durch den Ort des vollkommensten Schweigens nach oben. Es war ein steiler und tückischer Weg, der kaum zu erkennen und in tiefe Dunkelheit gehüllt war.

Sie gelangten schon fast zum Eingang in die Unterwelt, dem Bereich, der das Schattenreich vom Licht trennt, die Toten von den Lebenden, und Orpheus hielt inne. Er fürchtete, dass Eurydike vor dem letzten Schritt angstvoll zurückschrecken könnte. Erfüllt von der Sehnsucht, sie leben und atmen zu sehen, wandte er sich um, und seine Augen erblickten Eurydike. Auf der Stelle glitt sie zurück in die Tiefe. Voll Entsetzen streckte er die Arme aus, um sie zu packen, ihr festes Fleisch zu fühlen und sie zu retten. Doch er griff nur ins Leere.

Eurydike, die so ein zweites Mal starb, gab ihrem Mann keine Schuld. Wofür sollte sie ihn anklagen als für seine große Liebe, die ihn sein Leben für sie aufs Spiel setzen ließ. Eurydike sprach nur ein Wort: »Lebewohl!« Doch der Gatte hörte sie nicht mehr. Sie stürzte zurück in den dunklen und stillen Ort, von dem sie gerade aufgebrochen war.

Orpheus erschien wie betäubt über den zweifachen Tod seiner Frau. Er flehte und versuchte vergeblich, in die Unterwelt zurückzukehren, doch das Tor war ihm verschlossen. Sieben Tage saß er in schmutzige Lumpen gehüllt und rührte keine Speisen an. Das Herzeleid, die Seelenqual und Tränen waren seine einzige Nahrung. Er enthielt sich der Liebe zu anderen Frauen und wanderte jahrelang in Schmerz und Elend umher. Eines Tages kam Orpheus in einen Zypressenhain, wo er sich niederließ, sang und zu seiner Begleitung die Leier spielte. Mit seinen Gesängen fesselte er die wilden Tiere, die im Kreis um ihn saßen; er entzückte die Bäume und gebot auch den Steinen, ihm zuzuhören. Während er sang, kam eine Horde wilder Bacchanten über ihn und tötete ihn. Der Schatten des Dichters floh schnell unter die Erde, wo er alle Orte wiedererkannte, an denen er schon gewesen war. Auf der Suche nach dem Totenreich fand er seine geliebte Eurydike und schloss sie in die Arme. Seite an Seite wandeln sie nun in Ewigkeit. Orpheus folgt Eurydike, die ihn geleitet. Jetzt darf er sein geliebtes Weib nach Herzenslust betrachten.

In diesem Mythos findet die Anziehungskraft von Tod und Unterwelt bitteren Ausdruck. Wir erfahren, dass jedes Aufbäumen dagegen und alles Leugnen vergeblich ist, im Umgang mit Tod und Sterben kann es nur Bejahung und Liebe geben. Menschliche Liebesbande zerreißen selbst im Tode nicht. Das Schmerzlichste, das wir akzeptieren müssen, ist der Verlust der Liebe und des Liebsten, das wir haben. Doch zerstört der Tod die Liebe nicht, sondern transformiert sie in traurige Weisen und Verse der Erinnerung. In dieser Geschichte hat die Liebe den Tod fast besiegt, denn Persephone und Hades, die Götter der Unterwelt, ließen sich vom Gesang und den Versen des Orpheus so sehr anrühren, dass sie ihm unter bestimmten Bedingungen die Rückkehr seiner geliebten Eurydike gewährten. Als er die Geliebte zum zweiten Mal verlor, kehrte Orpheus allein in die Welt der Lebenden zurück. Und doch hat seine Liebe überdauert, denn er konnte Sehnsucht und Leidenschaft in so schönen und melancholischen Liedern und Gedichten beschreiben, dass er die ganze Natur – die Tiere, die Bäume und sogar die Steine – bezauberte.

Jeder von uns wird, je nach Lebensalter und -umständen, mit dem Tod eines geliebten Menschen unterschiedlich umgehen. Eine Möglichkeit der Bewältigung könnte sein, dass wir für einige Zeit Distanz zu unserem Schmerz gewinnen. Doch schließlich müssen wir weiterleben in ständiger Erinnerung an unsere Lieben. Wir können das große Leid des Orpheus verstehen, das ihn dazu brachte, ins Reich der Finsternis einzutauchen, um das Schicksal seiner Eurydike zu wenden. Er hat es nicht geschafft. Vielmehr musste er mit dem Schmerz über ihren zweifachen Tod weiterleben – doppelter Verlust und unbeschreiblicher Schmerz. Eurydike ertrug ihr Schicksal, weil sie wusste, dass sie geliebt wurde. Im Laufe der Jahre aber lernte auch Orpheus, seinen Schmerz zu akzeptieren und mit ihm zu leben, und er gab seine Liebe niemals auf. Er besang sie in ebenso kunstvollen wie tief empfundenen Liedern und Versen und nahm seine Sterblichkeit an, denn er hatte keine andere Wahl. Im November, am Ende allen Wachsens und Werdens, lernen auch wir, den letzten Kampf des Lebens zu bejahen und zu warten.

Riten und Rituale im November

Bejahung

Im November beobachten wir, wie das Jahr sich seinem Ende zuneigt. Die Zeit rastlosen Schaffens ist vorüber. Wir finden uns damit ab und warten auf den Wandel, auf etwas Neues, darauf, dass sich der Kreislauf fortsetzt.

An einem dunklen, kalten Novembertag traf ich mich einmal mit Freundinnen, um den Geistern dieses Monats und dem Kreislauf der Natur Reverenz zu erweisen. Obwohl nicht jeder von uns gern über Tod und Vergänglichkeit spricht, hatten wir uns dieses Thema gewählt. Wir verbrachten gemeinsam ein paar feierliche Stunden, und auch wenn wir kein fröhliches Fest begingen, so empfanden wir unser Treffen doch als wichtig, bewegend und ganz natürlich.

Wir tauschten Erinnerungen an Menschen aus, die wir geliebt und die uns verlassen haben. Eine nach der anderen verhüllten wir uns den Kopf mit einem schwarzen Schleier und vergegenwärtigten uns dabei Orpheus auf dem Weg in die Unterwelt. Gemeinsam dachten wir an die Toten, die uns nahe standen, und die unauflöslichen Bande, die uns an sie knüpfen, riefen tiefe, sehr persönliche Erinnerungen an sie wach.

Als alles vorüber war, sagten wir ein letztes »Lebewohl«, ganz so wie einst Eurydike. Und gemeinsam kamen wir der Bejahung des Todes unserer Lieben und unserer eigenen Sterblichkeit einen Schritt näher.

8. November; VI Iden
MUNDUS WEIT OFFEN

Mundus, das Tor zur Unterwelt, war zum dritten Mal im Jahr geöffnet, und die toten Geister konnten durch die Gassen ziehen. (siehe 24. August und 5. Oktober)

Wieder steht Mundus weit offen, und die Geister der Toten durchstreifen die Straßen Roms, um heimzukehren. Um diese Jahreszeit, in der wir schon Halloween und die Totengedenktage begangen haben, müssen wir unserem Schicksal tief ins Auge sehen. Es gibt weder Zweifel noch Ausweichen. Wir haben uns vorbereitet, indem wir uns in den Septemberritualen mit den Themen Verlust, Trennung, Tod auseinander gesetzt haben. Im Oktober kamen Tod und Wiedergeburt in der symbolträchtigen Geschichte von Isis und Osiris zur Sprache. Es ist wichtig, dass wir lernen, das Unvermeidliche durch Besinnung auf unseren Glauben anzunehmen. Im jährlichen Kreislauf der Natur bedeutet der November tatsächlich den Herbst unseres Lebens; wir werden älter. Das sind die Kernfragen des November.

Griechen und Römer teilten den Alterungsprozess in Zeitspannen ein, doch über die Dauer solcher Spannen war man sich niemals einig. Es ist gewiss praktischer, das Leben in die drei Phasen Jugend, Reife und Alter einzuteilen, die bei Frauen durch den Beginn der Menstruation, die Zeit der Fruchtbarkeit und den Beginn der Wechseljahre gekennzeichnet sind.

Früher setzte die Menstruation bei jungen Mädchen mit vierzehn Jahren ein; dann war ihr Körper so weit entwickelt, dass er die Blutung verkraften konnte. Das erste Zeichen der Pubertät und der Reife war aber nicht die Menstruation, sondern die Entwicklung der Brüste. Im alten Rom herrschte vielfach der Glaube, Menstruationsblut habe magische Kräfte und könne Krankheiten heilen. Eine menstruierende Frau, die in einem feierlichen Ritual über die Felder schritt, sollte die Fruchtbarkeit des Bodens mehren.

Von reifen Frauen glaubte man, dass sie feuchter und weicher wären als Männer, dass sie mit der Nahrung und wegen ihres Lebensstils mehr Flüssigkeit aufnähmen. Die zusätzliche Flüssigkeit im Körper der Frau musste, so nahm man an, im monatlichen Zyklus, also mit der Menstruation, wieder abgegeben werden. Auch vermutete man, dass die Frauen mit zunehmendem Alter »austrockneten« und es dann nicht mehr nötig hätten, sich von der überschüssigen Flüssigkeit zu befreien, weshalb die Menopause eintrat. Es stimmt vielleicht, dass der weibliche Körper mit zunehmendem

Alter mehr Flüssigkeit braucht, aber wir »trocknen« natürlich nicht aus, weder körperlich noch geistig und ebenso wenig im Aussehen. Die Menopause markiert vielmehr das Ende eines Lebensabschnitts und den Beginn eines neuen, der ebenso erfüllend wie aufregend sein kann.

In der Antike galten alte Frauen oft als besonders weise. Die Sybille von Cumae wird beispielsweise meist als Greisin dargestellt, die Kluges zu sagen hat. Weisheit und Alter hatten einen hohen Stellenwert im alten Rom; man hielt sogar alle geistigen Fähigkeiten für eine Folge des Alterungsprozesses.

Heute blicken uns aus dem Fernseher sowie von den Titelseiten der meisten Zeitschriften ständig und überall Einheitsgesichter jugendlicher Models an. Sicher, sie wirken jung, lebenssprühend und schön, doch ihre Gesichter sind weder weise noch spiegelt sich in ihnen die Intelligenz und das Verständnis, das Lebensjahre und Erfahrung verleihen. Es sind aber gerade die weisen Frauen, die Älteren, die all das Wissen bewahren und weitergeben, das wir das ganze Jahr über brauchen und ehren. Gerade im November, wenn Mutter Natur sich selbst mit frostigem weißem Haar zeigt, werden wir an den Wert eines solchen Wissens erinnert.

Lernen Sie, das Älterwerden zu akzeptieren und das Leben auch im Herbst des Lebens zu genießen. Das Altern ist etwas Heiliges und kann doch zugleich munter und anregend sein.

MODERNES RITUAL ZU EHREN DES ALTERS

In vielen Kulturen wurde und wird die ältere Frau als weise verehrt, an sie wendet man sich um Rat, und gerade junge Frauen legen Wert auf ihre Meinung. Angesichts des bei uns vorherrschenden Jugendkultes finden Ältere in unserer Gesellschaft nur wenig Aufmerksamkeit und Wertschätzung.

Nehmen Sie einen Spiegel zur Hand und schauen Sie Ihr Gesicht einmal ganz aus der Nähe an. Lassen Sie sich Zeit dabei. Sie werden schließlich die innere Kraft erkennen, die in Ihnen steckt. Stellen Sie fest, dass Sie klug, liebenswert und schön sind. Sie haben Respekt verdient, von anderen und von sich selbst.

DIE AGONIE DES KAMPFES

Das Wort Agonie bezeichnet heftigen Schmerz und langes Leid. Die Agonie des Sterbens ist der aussichtslose Todeskampf, der dem Ende vorangeht. Das Wort stammt aus dem Griechischen und bedeutet so viel wie qualvoller Kampf. In dem griechischen Begriff steckte aber auch die Bedeutung des Wettbewerbs bei philosophischen Disputen, öffentlichen Angelegenheiten, Schönheitskonkurrenzen, literarischen oder musikalischen Veranstaltungen und vor allem bei Sportkämpfen. Die Wettkämpfe, bei denen sich zwei Gegner gegenüberstanden, wurden *agones* genannt und waren Kämpfe oder Gefechte um die Vorherrschaft, ums Überleben oder um Eroberung. Als älteste *agones* kennt man die rituellen Wettbewerbe nach Bestattungen, vor allem von Helden oder Kriegsführern. Homer beschreibt in der Ilias ein solches Ereignis zu Ehren des toten Patrokles, der ein Freund Achills war.

4.–17. November; I Nonen–XIV Kalenden des Dezember
PLEBEJISCHE SPIELE

Diese Veranstaltung wurde »Spiele des Volkes« genannt und in Rom abgehalten. Erstmals erwähnt ist sie 216 v. Chr. Ihr wichtigster Anlass war des Fest des Jupiter am 15. November, also zu den Iden.

Bestattungsspiele fanden nach den religiösen Ritualen am Grab statt und wurden vor allem von den Etruskern abgehalten, die in der heutigen Toskana lebten und diesen Brauch an die Römer weitergegeben haben. Wettkämpfe um den Siegerpreis gab es in den Disziplinen Wettlauf, Boxen, Ringen, Weitsprung, Speerwerfen und Wagenrennen. Sie galten als eine Möglichkeit, bei den Freunden des Dahingeschiedenen starke Gefühle von Trauer, Zorn und Leid zum Ausdruck zu bringen und zu kanalisieren. Auch wenn der Ursprung der Spiele oder *agones* – die Römer nannten sie *ludi* – in den Bestattungsriten lag, nahm ihre Bedeutung doch mit der immer weiteren Ausdehnung Roms stetig zu. Später wurden die jährlichen Spiele zu Ehren verstorbener Helden zu öffentlichen Einrichtungen, sie gingen sogar in den Kalender ein und waren seitdem eine Kombination aus Sportereignis sowie Literatur-, Theater- und Musikwettbewerb. Schließlich fanden sie auch unabhängig von Begräbnisfeierlichkeiten statt, doch stets bewahrten sie sich mit dem Opfer an die Gottheit ihren religiösen Charakter. Zwei Wochen lang wurde den römischen Bürgern im November diese Mischung aus Theater und sportlichem Wettkampf geboten.

Die erste Woche, etwa vom 4. bis 12. November, war den Theateraufführungen vorbehalten. An den letzten drei Tagen, vom 15. bis 17. November, gab es sportliche Veranstaltungen im Circus Maximus. Eingeleitet wurden die Festspiele durch eine feierliche Prozession, die der römische Magistrat sowie die Hohepriester anführten und die vom Kapitol durch das Forum der Via Sacra zum Circus Maximus führte.

Die achttägigen Theateraufführungen waren für die Besucher eine strapaziöse Angelegenheit. Die Tragödie, aber auch die Komödie galten als wichtige Aspekte der römischen Religion. Zahlreiche Riten, von denen schon die Rede gewesen ist, waren mit Festspielen verbunden: das Fest der Dea Dia im Mai, das der Magna Mater im April, das Fest Apollos im Juli und das des Jupiter im September. Wie die Etrusker hielten auch die Griechen Bestattungsspiele zu Ehren der Verstorbenen ab. Regelmäßig stattfindende Spiele wie die von Olympia, die alle vier Jahre stattfanden (es gab jedoch viererlei panhellenische Spiele), wurden allerdings zu Ehren einer Gottheit veranstaltet. Aus Anlass des *saeculum*, des neuen Zeitalters von Kaiser Augustus, fanden im Jahr 17 v. Chr. spezielle Säkularspiele statt, die nur Teil des Rituals anlässlich des Neuen Zeitalters und Millenniums waren.

13. November; Iden
JUPITER

Das Fest des Jupiter wurde am 13. November begangen. An diesem Tag endeten die Theateraufführungen, und die Sportwettkämpfe begannen. Es gab ein feierliches Jupiterritual und ein Festmahl.

13. November; Iden
FERONIA

Feronia war eine uralte Gottheit der Bauern; ihr wurden stets die ersten Feldfrüchte als Opfer dargebracht. Besonderer Beliebtheit erfreute sie sich in Mittelitalien, doch hatte sie auch einen heiligen Hain und einen Tempel in Rom. Zudem galt sie als Patronin der befreiten Sklaven und wurde deshalb »Göttin der Freiheit« genannt. In einer Inschrift an ihrem Tempel in Terracina, in dem Sklaven die Freiheit und als symbolisches Zeichen dafür die Kopfbedeckung der Freien erhielten, hieß es: »Die es verdienen, sollen sich als Sklaven niedersetzen und als Freie aufstehen.«

13. November; Iden
PIETAS

Die Göttin Pietas verkörperte die Pflichten und den Respekt, den man den Göttern, Rom und den eigenen Eltern entgegenbrachte. Die Verehrung des Kindes von Mutter und Vater wurde von den Römern besonders hochgehalten. Man stellte Pietas als junge Frau dar, die zum Zeichen der Liebe des Kindes zu den Eltern von einem Storch begleitet wird. Die Göttin ermahnt auch, die Pflichten gegenüber den Eltern, dem Heimatland und den Göttern zu erfüllen.

Für viele von uns ist der November ein Monat der Sportveranstaltungen, in dem wir uns mit warmer Kleidung und heißen Getränken ausgerüstet zum Fußballplatz oder ins Eisstadion begeben oder als Zuschauer vor dem Fernseher sitzen. Auch die Römer waren ausgesprochene Sportfreunde, und im November zeigten die Athleten in den verschiedenen Disziplinen, was sie konnten, wobei die Fans ihrer jeweiligen Mannschaft oder einzelnen Sportlern begeistert zujubelten. Ein Unterschied zu heute bestand aber darin, dass die Athleten im alten Rom vor ihren Göttern und Göttinnen auftraten. Sport war ein fester Bestandteil des religiösen Rituals der *ludi*, die im November Jupiter geweiht waren.

Der antike Schriftsteller Dionysos von Halicarnassos (7.72) hat uns eine farbige Schilderung des Aufmarsches und der sportlichen Wettkämpfe hinterlassen. Junge Männer, die meisten aus vornehmen römischen Familien, führten die Prozession an, entweder beritten oder in zwei- oder vierspännigen Wagen. Danach kamen die nur mit einem Lendenschurz bekleideten Athleten. Ihnen folgten Gruppen von Tänzern mit Flöten- und Leierspielern. Die Tänzer trugen rote Tuniken mit Bronzegürteln, Helme, Helmbusche und Schwerter. In den Händen hielten sie kurze Speere. Nach ihnen kamen in Ziegenfelle gehüllte Männer in der Rolle von Satyrn, die kriegerische Tänzer nachäfften. Ihnen schlossen sich weitere Gruppen von Musikern und Tänzern an, gefolgt von Einzelpersonen mit brennendem Weihrauch und sakralen Gold- oder Silbergefäßen.

Auch Götterbilder wurden in der Prozession mitgetragen, darunter die zwölf Olympier, Saturn, Ops, Themis, die Musen, die Grazien und die Halbgötter Herkules, Äskulap und andere. Den Schluss bildeten die geweihten Tiere. Römische Magistratsbeamte, die als Priester fungierten, überwachten die Opferung der Ochsen. Erst dann konnten die Spiele beginnen.

Die Veranstaltungen im Circus Maximus, der 150 000 Menschen fasste, waren gut besucht. Sie begannen mit den Rennen der vier-, drei- oder zweispännigen Wagen. Bei einem dieser Rennen hatte der Fahrer in seinem Wagen einen Begleiter. Sobald sie über die Ziellinie hinaus waren, musste dieser vom Wagen springen und die Rennstrecke laufen. Seine Mitbewerber waren die Läufer aus den anderen Wagen. Der Sieger dieses Laufs hatte auch das gesamte Rennen gewonnen. Die Wagen fuhren sieben Runden um den Circus Maximus, was etwa acht Kilometern entspricht und weniger als fünfzehn Minuten dauerte. Es folgten Box- und Ringkämpfe, bei denen die Gewinner bekränzt wurden.

Für Griechen und Römer waren sportliche Fähigkeiten ein Geschenk der Götter und die Wettkämpfe der Athleten demzufolge eine Art Gottesdienst, der sehr ernst genommen wurde, denn Sport und Religion waren damals nicht zu trennen. Die Athleten bei den Olympischen Spielen in Griechenland brachten Zeus vor Beginn der Veranstaltungen Opfer dar und beteten zu den Göttern. Sie schworen einen Eid, dass sie ehrlich kämpfen und nicht betrügen würden. Betrug war ein ebenso schweres Vergehen wie Blasphemie. Ein Priester gab das Zeichen zum Start, und der Sieger eines Wettkampfs leitete die Opferfeier. Athleten, die fleißig trainiert und bei den Spielen Erfolg hatten, wurden als Helden bejubelt, auf denen der Segen der Götter ruhte, man feierte den starken, leistungsfähigen Körper. Götter und Göttinnen waren bei den Spielen präsent und erfreuten sich an guten Leistungen und an den Wettkämpfen. Bildnisse von ihnen wurden beim Umzug durch die Straßen von Rom gleich hinter den Athleten getragen. Wer wollte sich einen eindrucksvolleren Fanclub wünschen?

Sportliche Fähigkeiten sind eine wunderbare Begabung. Im klassischen Denken war das Stählen des Körpers genauso wichtig wie die geistige Entwicklung, beides sollte im Gleichgewicht stehen. Und tatsächlich sind unsere Körper ja Ausdruck der göttlichen Schöpferkraft. Mit den weihevollen Spielen und Sportveranstaltungen unter dem Patronat der Göttinnen und Götter zollte man der Heiligkeit des Körpers Tribut. Den Lohn für physische Geschicklichkeit, Stärke, Zielstrebigkeit und Energie, verbunden mit harter Arbeit und vielen Trainingsstunden, erhält man beim Wettkampf, und das gilt für jede Sportart. In dem Augenblick, da der Läufer die Ziellinie passiert, der Wagenlenker den Konkurrenten davonfährt, der Sieger mit hochgerissenem Arm im Boxring steht, der Fußballer das Tor schießt, das den Sieg bringt – in all diesen glorreichen Momenten der Erfüllung herrschen Euphorie und Ehrfurcht vor. Für Griechen und Römer waren dies heilige Augenblicke, in denen ihnen die Götter huldvoll zunickten.

Wir ehren die Geister des November, indem wir unsere Aufmerksamkeit auf die Vergänglichkeit richten und damit zugleich dem menschlichen Geist in all seiner Zerbrechlichkeit Anerkennung zuteil werden lassen. Ja, wir werden alt, und im November nehmen wir diesen Alterungsprozess an. Wir genießen die großen Augenblicke menschlichen Triumphs, ob es sich um künstlerische oder sportliche Erfolge handelt, um den Geist oder den Körper. Gelassen beobachten wir das Verrinnen der Monate auf das Jahresende zu. Und es ist gut so. Das Wichtigste aber: Ein neues Jahr und weitere darauf folgende Jahre stehen uns noch bevor, mit neuen Dramatikern und neuen Athleten, die gegenwärtige Rekorde brechen werden.

MODERNES RITUAL FÜR DEN WETTSTREIT, DIE AGONIE DES KAMPFES

Für viele Frauen ist der Wettkampf, die direkte Konfrontation, in mancherlei Hinsicht unangenehm, und sie weichen ihr lieber aus. Ganz schnell unterdrücken sie ihren Wunsch zu gewinnen, die aggressive, den Wettbewerb suchende Seite ihres Wesens. Doch im Altertum gab es durchaus Frauen im Wettkampf, die verehrt und wegen ihrer körperlichen Tüchtigkeit hoch geschätzt wurden. In der Mythologie hören wir von Atalante, die Ringkämpfe bestritt, jagte und ihre Freier zum Wettlauf herausforderte. Wir lesen in antiken Inschriften, dass »elf Priesterinnen des Bacchus ein Wettrennen veranstalteten«, »Tatia leitete ein Sportzentrum für Frauen«. »Meine reizende Schwester Nikegora hat das Rennen für Mädchen gewonnen«, und »Kyniska wurde Siegerin im Wagenrennen.« Alle vier Jahre veranstalteten sechzehn Frauen zusammen mit weiblichen Hilfskräften in Olympia die Spiele der Göttin Hera, die sogenannten Heraia. »So geschah es bei den Rennen. Die jungen Frauen ließen das Haar herab, schürzten ihre Tunika bis knapp übers Knie und entblößten ihre rechte Schulter bis zur Brust« (Pausanias, 5.16.2–3). Dann rannten sie im Olympiastadion um die Wette. Die Siegerinnen erhielten Statuen, in die ihre Namen eingraviert waren, und Kränze aus Olivenzweigen.

Je mehr Mädchen an sportlichen Veranstaltungen teilnehmen, desto stärker wird die Unterstützung für den Frauensport. Wir sollten nicht nur unsere Töchter dazu anhalten, an Wettkämpfen teilzunehmen, sondern selbst Möglichkeiten suchen, unseren Wettkampfgeist zum Ausdruck zu bringen und so auch die aggressive, zur Selbstbehauptung neigende Seite unserer Natur anzunehmen. Auch wir erleben dann den Kampf um Leistung, die Freude am Gewinn wie die

Qual des Verlierens. Letztere gleicht – wenn auch auf einer anderen Ebene – der Agonie des Sterbens, dem kosmischen Kampf auf Leben und Tod.

Jetzt stehen uns die kalten Wintermonate bevor. Schon in der Antike hingen in dieser Jahreszeit »starr im Winde die Zapfen des Eises« (Ovid, Metamorphosen, 1.120).

Dezember

Der Monat der Hoffnung

Der Winter nährt die Samen, die alljährlich in die
frisch gepflügte Erde gesät werden; alles ist feucht vom
Regen, den Jupiter sandte. Jetzt bringe der Dezember
wieder das goldene Fest des Jupiter.

Kalender des Filocalus

Ländliches Menologium

Sonne im Schützen
31 Tage
Sonnenwende

Sonnenkalender
Kalenden: 1. Dezember
Nonen: 5. Dezember
Iden: 13. Dezember

Mondkalender
Kalenden: 1. Tag nach Neumond
Nonen: 9. Tag vor Vollmond
Iden: Tag des Vollmonds

Den Bauern wurde der Rat erteilt, die Felder zu düngen, Bohnen zu säen und Oliven zu ernten, neue Gräben zu ziehen, alte Gräben auszuputzen, die Weingärten in Ordnung zu bringen, Bäume in den Obstgärten zu schneiden, Lilien und Krokusse zu pflanzen. (Menologium)

★

Wir sind mit dem Dezember, dem letzten Monat des Jahres, am Ende des Kreislaufs angekommen. Vor zwölf Monaten haben wir uns auf unsere spirituelle Reise begeben. Zusammen waren wir unterwegs in einer Welt, in der sich die Zeit nicht nach Minuten und Stunden bemisst, sondern in den stetigen Zyklen der Natur und der Jahreszeiten voranschreitet, in wiederkehrenden Phasen von Geburt, Leben, Tod und Wiedergeburt. Wir sind durch die im Rhythmus der Jahreszeiten wechselnde Landschaft gewandert – vom dunklen, kalten Januar über die sinnlichen Frühlingsmonate mit ihrem Überfluss an vitalen Kräften durch die Hitze der sommerlichen Reife und Fülle dem Herbst mit Auflösung und Verfall entgegen. Wir haben uns bis in den tiefsten Grund geöffnet, um gestärkt und geheilt zu werden. Dabei sind wir ins Reich der Natur zurückgekehrt, wo Götter und Göttinnen, die Wassergeister und die Waldnymphen zu Hause sind. Unser ein Jahr dauernder Weg hat uns an seltsame und geheimnisvolle Orte gebracht. Wir sind auf dieser seelenvollen Reise der Sonne selbst gefolgt. Vom ersten Monat nach der Wintersonnenwende zum längsten Tag im Sommer; vom schwindenden Tageslicht im Herbst bis zum kürzesten Tag des Jahres im Dezember. Jetzt kehren wir zur Zeit der Wintersonnenwende und zu den Göttern zurück, die in diesem Monat verehrt werden.

Im alten römischen Kalender, der nach der Umlaufbahn des Mondes berechnet wurde, war der März der erste Monat des neuen Jahres, der Dezember der zehnte und letzte. Und tatsächlich bedeutet das lateinische Wort *decem* ja zehn, und zehn Monate dauert nach dem Mondkalender auch eine Schwangerschaft. Während März und Mars gleichgesetzt werden mit männlicher Zeugungskraft und Empfängnis, ist der Dezember der Monat der Geburt. Eine solche Assoziation gibt es nicht nur hier: Die Christen feiern den 24. Dezember als Geburtstag des Kindes Jesus, und auch die Sonne wird am 21. Dezember, dem Tag der Sonnenwende, neu geboren.

Das wichtigste Ritual im Dezember sind die Saturnalien, das eine Woche dauernde Fest des Gottes Saturn. Der römische Dichter Catull, der im ersten vorchristlichen Jahrhundert lebte, nannte diese Phase um die Dezembermitte »die besten Tage«. Aus Anlass der Saturnalien stürzten sich aber nicht etwa degenerierte Karikaturen des römischen Bürgers von einer Orgie in die nächste, um saufend, schlemmend, feiernd und hurend sinnentleerte heidnische Bräuche zu pflegen. Die Feiern zur Wintersonnenwende für den Gott Saturn begannen mit öffentlichen Ritualen, zu denen Opfergaben ebenso gehörten wie ein großes Festmahl im mächtigen Tempel des Gottes in Rom. Man beging die Saturnalien des Weiteren mit privaten Feiern, Einladungen, Familientreffen und dem Austausch von Geschenken. Dieses im alten Rom besonders beliebte Fest wurde bis ins dritte oder vierte nachchristliche Jahrhundert gefeiert, und viele seiner Riten finden wir in unseren Weihnachtsbräuchen wieder.

Saturn ist eine besonders komplexe Gottheit und wurde in archaischer Zeit als erdgebundener Gott des Säens und der Samen verehrt. Sein Name ist vom lateinischen *satus* für »gesät« und »Saat« abgeleitet. Er lehrte die Menschen, wie sie die Erde bearbeiten und den Samen in den feuchten Grund legen sollten. Saturn zu Ehren heißt der Samstag, der sechste Tag der Woche, auch Saturntag (engl. *Saturday*). Im Goldenen Zeitalter, also lange, bevor sein Sohn Jupiter das Regiment übernahm, war Saturn König des Alls. Im Dezember aber wurde er bei den Römern stets als weiser Regent des Goldenen Zeitalters geehrt.

*Erstes Alter ward das Goldene. Ohne Gesetz und /
Sühner wahrte aus eigenem Trieb es die Treu und das
Rechte. / Fern war Strafe und Furcht, man las nicht in
eherne Tafeln / Drohende Worte gereiht, es fürchtete nicht
ihres Richters / Mund die flehende Schar, kein Für-
sprech musste sie schützen. / Noch war die Föhre ge-
fällt, um den fremden Erdkreis zu schauen, / Nicht von
der Höh ihrer Berge hinab in die Fluten gestiegen; /
Außer den eigenen kannten die Sterblichen keine Ge-
stade. / Noch umschloss da nicht ein steiler Graben die
Städte, / Tuba und Hörner, gestreckt aus Erz und ge-
bogen, und Helme, / Schwerter waren da nicht; und
keiner Krieger bedürfend, / Lebten die Völker dahin in
sanfter, sicherer Ruhe. / Unverletzt durch den Karst,
von keiner Pflugschar verwundet, / Nicht im Fron-
dienst gab von sich aus alles die Erde; / Und mit der
Nahrung begnügt, die keinem Zwange erwachsen, / Las
man Hagäpfel da und Bergerdbeeren, des Waldes / Kirschen und, was als Frucht an dem derben Dornenge-
rank hing, / Las die von Jupiters lichtem Baum gefalle-
nen Eicheln. / Ewiger Frühling war, mit lauen Lüften
umspielte / Sanfter West die Blumen, die keinem Samen entblühten. / Ungepflügt trug bald auch des Bodens
Früchte die Erde, / Ohne Brachen gilbte das Feld von
hangenden Ähren. / Bald von Milch und bald von Nek-
tar gingen die Flüsse / Gelber Honig tropfte aus grü-
nender Eiche hernieder.*

Ovid, Metamorphosen, 1.89–112

Ovid spricht von den vier Zeitaltern der menschlichen
Besiedlung der Erde, dem Goldenen, dem Silbernen, dem
Bronzenen und – als viertem und letztem – vom Eisernen
Zeitalter, in dem wir heute leben. Im Goldenen Zeitalter
aber beherrschte Saturn die Welt. Es war eine idyllische Zeit

ohne Krieg, ohne Hader, ohne Not. Nahrung war überall zu finden, Götter und Göttinnen bewohnten die Erde, und alles hatte seine Ordnung. Der Übergang zum Silbernen Zeitalter kam, als Jupiter den Gott Saturn stürzte.

Mit dem Silbernen Zeitalter erfolgte die Aussplitterung in die Jahreszeiten Frühling, Sommer, Herbst und Winter. Nun mussten die Menschen Schutz in Behausungen suchen, während sie vorher in Höhlen und Wäldern gewohnt hatten. Sie bauten Getreide an, domestizierten Tiere, und »es stöhnten, gedrückt vom Joche, die Rinder«. Das Bronze-Zeitalter folgte und erwies sich als eine noch härtere Zeit mit Kämpfen und Kriegen. Doch Unbotmäßigkeit gegen die Götter gab es noch nicht.

Schließlich brach die Eiserne Zeit an, der letzte Abkömmling des Goldenen Zeitalters. »Da ergoss sich sogleich in die Zeit aus der schlimmeren Ader aller Frevel. Es floh die Scham, die Treue, die Wahrheit; und der Betrug, die List, die rohe Gewalt und die Tücke rückten an deren Platz und die böse Begier zu besitzen.« Die Menschen durchsegelten die damals bekannte Welt, fällten Bäume, um daraus Schiffe zu bauen. Jetzt wurde die Erde selbst geteilt, vermessen und an die Meistbietenden als Eigentum verkauft. Die Menschheit war gierig, und auf der Suche nach immer höherem Gewinn grub man sich sogar in die Erde hinein, um Bodenschätze zu fördern, die die Creatrix, die Schöpferin, dort versteckt hatte. Der Reichtum an Gold und Silber aber brachte die Menschen dazu, Verbrechen zu begehen. Es gab Krieg, und die Waffen waren aus Eisen. Die Menschen lebten vom Plündern, und der Gast konnte vor dem Gastgeber nicht sicher sein. Ehemänner und ihre Frauen hassten einander und wollten auseinander gehen. »Darnieder liegt die heilige Scheu, und, der Himmlischen Letzte, Jungfrau Astræa verlässt die mordbluttriefende Erde.« Astræa aber war die Göttin der Gerechtigkeit. Sie zog sich als Letzte zurück, denn sie konnte die Bösartigkeit des Menschengeschlechts nicht länger mit ansehen.

Die Vorstellung von einer Idylle in der Menschheitsge-
schichte ist bestechend. Die Römer der Antike glaubten an
das Goldene Zeitalter, und nach alter Tradition waren sie
davon überzeugt, es könnte eine Renaissance erfahren, Götter und Göttinnen würden auf die Erde zurückkehren. Der
römische Schriftsteller Vergil berichtet uns, das Goldene Zeitalter käme zurück, wenn die Sybille von Cumae uns erst
bis ans Ende des Millenniums geführt hätte. Die Ankunft
des Millenniums, das im Jahre 17 v. Chr. mit prächtigen Spielen und Ritualen begangen wurde, sollte ein neues Zeitalter
(saeculum) bringen, das eine Neuordnung einleiten würde.

Heute scheinen wir dem Eisernen Zeitalter näher zu sein.
Die Erinnerung an goldene Zeiten sind verblasst. Doch für
ein paar Tage im Dezember werden wir an jene göttlichen
Zeiten gemahnt, da Frieden und Wohlstand herrschten und
die Götter unter uns weilten. Das Erbe des Dezember aber
sind diese schönen Erinnerungen an die »besten aller Tage«.
Im Dezember besinnen wir uns auf diese Werte und wagen,
vom Goldenen Zeitalter zu träumen. Auch das ist ein Stück
Spiritualität.

RITEN UND RITUALE IM DEZEMBER

DIE GUTE

Alles Gute geschieht im Namen der Bona Dea, der »Guten
Göttin«. Kurz vor der Wintersonnenwende, wenn die Dunkelheit am tiefsten ist, trafen sich die römischen Frauen im
Haus der berufenen Priesterin, die von makelloser Tugend
sein musste. An einem dunklen Winterabend feierten sie das
geheimnisvolle Ritual der Göttin, deren Name so geheim
war, dass man von ihr nur als Bona Dea sprach. Ihr richtiger
Name ist nie öffentlich genannt worden.

Bona Dea, die auch als Damia (Da Mater oder Demeter) bezeichnet wurde, war eine Erdgottheit und Patronin der weiblichen Fruchtbarkeit. Ihr Ritual war ebenso geheim wie ihr wirklicher Name. Die Frau, die als Priesterin fungierte, nannte man Damiatrix.

Teil des Rituals waren Schauspiel, Musik und Weihegegenstände, die nur den Teilnehmerinnen enthüllt wurden. Den Raum für den Gottesdienst schmückte man mit Weinblättern, ein Schwein war die Opfergabe. Wein, den man als »Milch« bezeichnete, wurde der Göttin dargebracht und dann von den Frauen getrunken.

Dieses Ritual der Bona Dea hatte privaten Charakter und fand deshalb nicht im Tempel statt, sondern im Haus des Konsuls, dessen Frau die Priesterin war. Ein öffentliches Ritual im Tempel der Bona Dea wurde am 1. Mai im Tempel vollzogen. Die Kosten für das Dezember-Ritual übernahm nicht die Stadt oder Gemeinde, auch war der Hohepriester nicht zugegen. Es war einzig den Frauen vorbehalten.

Die Riten wurden aufgedeckt, als sich Publius Clodius Pulcher in Frauenkleidern 62 v. Chr. ins Haus des Julius Caesar einschlich, wo Caesars Mutter Aurelia und seine Frau Pompeia die Feier leiteten. Aurelia erkannte Clodius, beendete sofort das Ritual und deckte all die Gegenstände zu, die kein männliches Auge erblicken durfte. Clodius wurde des Hauses verwiesen, und die Frauen begannen das Ritual von neuem. Dennoch ließ sich Caesar deswegen scheiden, da seine Frau nun nicht mehr über jeden Verdacht erhaben war.

Geheimnisvolle Riten allein für Frauen, verhüllte Weihe-Gegenstände, ein Privathaus, in dem alle Bilder von Männern mit Schleiern verhängt waren ... Was ging eigentlich in dem mit Weinblättern geschmückten Raum vor, in dem man den Wein »Muttermilch« nannte und als solche trank. Musik, Schauspiele und Tanz nur für Frauen? Die Männer waren misstrauisch, neugierig, besorgt, vielleicht auch ein bisschen eifersüchtig, denn nichts scheint Männer mehr zu irritieren als weibliche Geheimnisse. Clodius schleicht sich ein, Cicero möchte Ort und Zeitpunkt genauer wissen, und der römische Satiriker Juvenal lieferte eine spöttische Beschreibung der Riten, an denen er nie teilgenommen hatte. Er vermutete, dass es bei dieser so privaten Veranstaltung um die sexuelle Ausbeutung der Männer ging. Wer traut schon ungebändigten Frauen!

Bekannt sind die Geheimfeiern der Bona Dea, wenn die Oboe die Lenden / erregt und durch deren Horn und den Wein gleichermaßen ekstatisch / die Mänaden des Priap rasen, die Haare wirbeln und heulen. / Wie groß ist dann in ihrem Herzen die heiße Begierde nach / Beischlaf, welche Laute erregt die bebende Lust ... / Dann wird der Geilheit die Verzögerung unerträglich, dann gibt sich das Weib natürlich, / und von der ganzen Grotte wird gemeinsam der Ruf wiederholt: / »Jetzt ist es erlaubt, lass die Männer herein!« (Juvenal, Satiren, VI, 319–330)

MODERNES RITUAL FÜR WILDE FRAUEN UND BONA DEA

Zusammenkünfte von Frauen und weibliche Rituale haben für Männer immer etwas Geheimnisvolles. Setzen Sie sich mit Ihren Freundinnen zusammen und feiern Sie die Wildheit, also den Aspekt Ihres Wesens, der sich mit der heiligsten Göttin identifiziert, mit »Ihr, deren Name Geheimnis bleibt«. Bringen Sie ihr Wein als Trankopfer dar, trinken Sie von der »Muttermilch«, tauschen Sie Geheimnisse aus. Wir alle können ein gnädiges und beifälliges Nicken der Bona Dea von Zeit zu Zeit gut gebrauchen.

An diesem Tag im Dezember riefen die *pagani*, also die Menschen auf dem Land und die Bauern, Faunus, den wohltätigen und gütigen Geist der Wildnis an, damit er das Land und die Höfe segne. An diesem fröhlichen Feiertag brachten die Gläubigen in ländlichen Regionen auf rauchenden Erdaltären Wein und Opfergaben dar. Sie tanzten wild über die Felder, auf denen sie sonst so schwer arbeiten mussten.

5. Dezember; Nonen
Faunus

Hymne an Faunus

Faunus, der flüchtigen Nymphen Liebhaber, / durch mein Gebiet, durch die sonnigen Felder / gütig gehe einher, geh wieder / von dannen, den kleinen Pfleglingen ein Freund, / wenn ein zarter Bock fällt bei Erfüllung des Jahres / und reichlich nicht fehlen dem Gefährten der Venus / die Weine, dem Becher, wenn der alte Altar vom reichen Rauche duftet. / Es spielt alles Vieh auf grasigem Gefilde, / wenn dir die Nonen wiederkehren im Dezember, / festlich auf den Wiesen feiert mit dem ruhenden Rinde das Dorf. / Zwischen den kühn gewordenen Lämmern streunt der Wolf, / es verstreut dir der Wald sein ländliches Laub, / es freut den Pflüger zu stampfen die verhasste Erde im Dreitakt mit seinem Fuß.

Horaz, Oden und Epoden, 3,18

In den Dezemberritualen feierte man die großzügige Mildtätigkeit von Consus, dem Gott der Vorratsspeicher, und Ops, der Göttin der Fülle, denen in diesem Monat die Ehre erwiesen wurde. Ein »gutes Leben«, ein Leben in Fülle, in dem der Wolf sich unter die Lämmer mischt, ohne dass diese sich fürchten müssen − solche idealen Zustände malte man sich in den Dezemberritualen aus.

13. Dezember; Iden
TELLUS UND CERES

Der Tellus-Tempel war den Iden des Dezember gewidmet. Hier traf der Senat gelegentlich zusammen. Auf seine Wände war eine große Landkarte Italiens gemalt. Ceres wurde zu den Iden des Dezember ebenfalls mit einem Bankett geehrt.

15. Dezember; XVI Kalenden des Januar
CONSUS

Consualia

Auch am 15. Dezember fand ein Fest für Consus statt. Man veranstaltete Wagenrennen und Spiele.

19. Dezember; XII Kalenden des Januar
OPS

Opalia

Zur Halbzeit der Saturnalien wurde die Göttin Ops geehrt.

Der Dezember ist ein kalter, dunkler Monat. Die kurze Phase des Tageslichts wird überschattet von vielen Stunden unbarmherziger Dunkelheit. Dezember ist aber zugleich der Monat der Sonnenwende und des Übergangs, er bringt einen Wendepunkt im Lauf der Sonne. Gegen Ende des Monats werden die Sonnenphasen wieder länger und die Phasen der Dunkelheit kürzer. Die Wintersonnenwende ist der Zeitpunkt, zu dem die Sonne nur gering über dem Horizont steht.

17.–23. Dezember; XIV–VIII Kalenden des Januar
SATURN

Saturnalia

Die Saturnalien begannen beim Tempel des Saturn mit einer Opferfeier und anschließendem üppigem Festbankett. Zu Gottesdienst und Opfer war man feierlich gekleidet (Toga erwünscht), doch zum Festmahl zog man lockere, bequeme Kleidung an und trug weiche Kopfbedeckungen aus Wolle. Das Bankett endete mit dem allgemeinen Ausruf »Io Saturnalia«.

Die Saturnalien waren auch zu Hause eine besondere Zeit, in der die Rollen getauscht wurden: Die Herrschaft bediente die Sklaven. In jedem Haushalt bestimmte man den »König der Saturnalien«, Geschenke wurden ausgetauscht, darunter die traditionellen Keramikpuppen für die Kinder und Wachskerzen für gute Freunde. Sklaven und Herrschaften bekamen jeden Abend Wein und besondere Speisen. Die Saturnalien wurden bis ins fünfte nachchristliche Jahrhundert gefeiert.

21. Dezember; X Kalenden des Januar
ANGERONA

Divalia

Die Divalien zu Ehren der Angerona waren ein geheimnisvolles Ritual, bei dem sogar der Statue der Göttin der Mund fest verbunden war. Angerona wird in Zusammenhang mit der Krankheit Angina gebracht.

Das berühmteste Kultfest der Römer, die Saturnalien, wird auch mit Radau und allerlei Ausschweifungen assoziiert. Nicht ganz zu Unrecht, waren sie doch den Weihnachtsferien bei uns ähnlich. Auch wir machen uns dann frei von Alltagssorgen, und die Kinder haben schulfrei. Es ist die Zeit des Einkaufens und Geschenkeverteilens. Man kauft sich neue Kleider, plant Festlichkeiten mit Freunden und der Familie, es wird viel gegessen, getrunken, und man ist fröhlich. Doch solchen Tändeleien liegen feierliche, freudige religiöse Anlässe zugrunde, wie das Weihnachtsfest bei den Christen und Chanukka bei den Juden. Etwas ganz Ähnliches waren für die Römer die Saturnalien.

Der Saturntempel lag am Fuße des Kapitols und wurde am 17. Dezember geweiht. Im Innern stand eine Statue des Gottes, die mit Öl gefüllt und mit wollenen Bändern verschnürt war. Während des Rituals nahm man die Verbände ab, und Saturn war befreit. Ein antiker Autor legt die Vermutung nahe, dies sei ein Symbol für den Samen oder den menschlichen Embryo, der zunächst im Mutterschoß gefangen ist und dann im zehnten Monat befreit wird und zur Welt kommt.

23. Dezember; VIII Kalenden des Januar
LARENTINA

Larentalia

Bei diesem Ritual fanden Bestattungsriten vor dem Grab-
mal der Göttin Larentina statt. Die Priester brachten den
Manes Opfer dar. Vielleicht war Larentina die Mutter der
Laren, der Schutzgötter Roms, doch ist ihre Herkunft nicht
ganz geklärt.

25. Dezember; VI Kalenden des Januar
SOL INVICTUS

Bruma

Im Jahr 273 n. Chr. wurde der Tag Sol Invictus geweiht, vor
dieser Zeit hatte er kaum irgendeine Bedeutung. Die Römer nannten diesen Tag, an dem die Wintersonnenwende
vorbei war, auch Bruma.

Wenn wir die Saturnalien genauer betrachten, erkennen wir
ihre Naturbezogenheit; deshalb wird manches auf den Kopf
gestellt, und man vertauscht die Rollen für einige Tage. All
das geschieht, wenn sich die Sonne nach dem kürzesten Tag
wieder auf den längsten hin bewegt. Es gehört zum Dezember, dass man die Dinge ein wenig umarrangiert – die Saturnalien sind gleichermaßen ein »Umkehrungsritual«. Für
eine begrenzte Zeit und im Rahmen eines religiösen Ritus
verändert man die Wirklichkeit und tauscht die Rollen. Der
Sklave saß am Tisch des Herrn, das normalerweise verbotene Glücksspiel war erlaubt, zum Festmahl legte man legere
Kleider statt der feierlichen Toga an. Alle Leute trugen die
Kopfbedeckung der Freiheit (*pilleus*), die sonst den befreiten
Sklaven vorbehalten war. In jedem Haushalt wählte man

den »Herrn der Unordnung«, der über die Festlichkeiten regierte. Und die Sklaven trugen die Kleider ihrer Herrschaft.

Der tiefere Sinn solcher ritualisierten Umkehrungen lag im Aufbrechen einer fest gefügten Hierarchie für ein paar Tage. Dabei enthüllte sich die Künstlichkeit der gewohnten Rollen, die durch gesellschaftliche Erwartungen festgelegt waren. Das mit Narreteien und Spott einhergehende saturnalische Ritual enthielt die Chance, ein besseres Verständnis zwischen Herrschaft und Dienern zu schaffen. So ließen sich Erwartungshaltungen korrigieren und mehr Toleranz bei denen erreichen, die zusammen unter einem Dach lebten.

Mitgefühl und Toleranz innerhalb der Familie aber sind etwas, das auch wir anstreben sollten, vor allem in dieser Feiertagszeit. Allzu leicht wird man innerhalb der Familie oder des Haushalts in bestimmte Rollen gedrängt. »Mami, mach mir ein Brot!« »Ist mein neues T-Shirt sauber?« »Hol mich heute Abend am Bahnhof ab.« »Ich brauche Geld.« Köchin, Putzfrau, Chauffeuse, Versorgerin der Familie mit Essen und Trinken – vielen Frauen fallen all diese Rollen ungefragt zu. Doch eine solche Aufgabenverteilung und bestimmte Erwartungen an Frauen können allzu starr, für alle bedrückend und zu einer Quelle des Ärgers werden. Wir sollten uns in diesem Monat der Rollenverteilung in Familie oder Freundeskreis bewusst sein. Dann können wir neu festlegen, was von jedem Einzelnen erwartet wird und ob wir mit dem augenblicklichen Zustand zufrieden sind. Vielleicht ist eine Veränderung, ein Rollentausch fällig. Schließlich ist jetzt der Monat der Umkehr.

MODERNE UMKEHR-RITUALE

Zu Ehren von Umkehr und Wandel feiern wir unsere gewohnten Dezember-Rituale, brechen also die sonstige Routine von Arbeit und Schule auf und genießen die Winterferien. Wir bringen einen Baum ins Haus und schmücken ihn mit Kerzen und Süßigkeiten. Gehen Sie bei der Natur in die Schule und halten Sie sich an den altrömischen Brauch der Umkehr in Familie, Freundeskreis oder in einer größeren Gemeinschaft. Machen Sie sich die Rollenverteilung in der Familie bewusst und kehren Sie sie zum Spaß einmal um, nur für die wenigen Tage um die Sonnenwende. Lassen Sie die Kinder Entscheidungen treffen, die sonst den Erwachsenen vorbehalten sind. Verteilen Sie die Hausarbeiten oder die Sitzordnung bei Tisch neu. Schütteln Sie alles ein bisschen durcheinander. Tun Sie etwas, das niemand erwartet! Dann haben Sie den Geist der Saturnalien und ihre religiöse Bedeutung begriffen, die eng mit den Vorgängen in der Natur zusammenhängen.

Wir freuen uns auf diese Zeit der Fröhlichkeit und die festliche Atmosphäre und auch darauf, dass sich unser Leben ein ganz kleines bisschen ändert. Zudem suchen wir die Begegnung mit dem göttlichen Geist.

Sich zu beschenken war zu allen Zeiten Ausdruck von Freundschaft, Liebe und Harmonie. Neben den traditionellen Puppen und Kerzen gab es verschiedene Dinge, die man sich in der Familie und unter Freunden schenkte. In großen Familien wählte man die Geschenke mit verbundenen Augen. Stellen Sie sich die belebten Straßen im alten Rom vor, wo Männer, Frauen und Kinder von einem Geschäft zum nächsten eilten, auf der Suche nach dem richtigen Geschenk, vom Juwelier in die Parfümerie, ins Ledergeschäft oder in einen Kleiderladen. Kunden füllten den Weinladen, das Lebensmittelgeschäft, die Konditorei, um ganz besondere Amphoren mit Wein oder die nötigen Zutaten für die Saturnalia-Rezepte einzukaufen.

Der Ritus des Schenkens:
kleine Geschenke für unsere Lieben

Unsere modernen Rituale im Dezember unterscheiden sich gar nicht so sehr von denen der römischen Antike. Die Woche um die Wintersonnenwende ist eine festliche Zeit mit Geschenken und auch mit religiösen Feiern. Diese dunkelste Zeit des Jahres verlangt nach einer Feier anlässlich der Rückkehr des Lichtes und der wundersamen Geburt.

Der römische Schriftsteller Martial, der im 1. Jahrhundert n. Chr. lebte, hat zwei Sammlungen mit Sprüchen veröffentlicht. Beide erschienen im Dezember, die *Xenia* im Jahre 83 v. Chr., die *Apophoreta* 85 v. Chr.; sie waren zur Verwendung während der Saturnalien bestimmt. Beide enthielten zweizeilige Botschaften für die Beschenkten. Man konnte unter ihnen genau den Spruch auswählen, der zu einem bestimmten Geschenk passte. Das Versenden von Weihnachtskarten und -wünschen ist also keine Erfindung unserer Zeit!

Geschenkideen zu den Saturnalien mit passendem Spruch von Martial aus dem Jahr 83 n. Chr.

Elfenbeinerne Schreibtafel (ideal für Leute über 40): »Wenn Wachstafeln für deine nachlassende Sehkraft zu undeutlich sind, schreibe mit großen schwarzen Lettern auf dieser neuen elfenbeinernen Tafel!« (Apophoreta 5)

Kleine Schreibtafel (für Liebesbriefe und Rechnungen an Kunden): »Weil wir klein sind, glaubst du vielleicht, dass wir uns nur für Liebesbriefe eignen. Da irrst du! Wir können auch Geld einfordern.« (9)

Briefpapier: »Ob an einen flüchtigen Bekannten oder jemand Nahestehenden, dieses Papier wird jeden als ›Lieber Freund‹ ansprechen.« (11)

Hölzerne Geldkassette: »Wenn du auf dem Boden dieser

Kassette etwas findest, ist es dein Geschenk. Dort ist nichts? Dann ist die Kassette selbst das Geschenk.« (13)

Schatulle für Schreibutensilien: »Nun da du diese Schatulle bekommen hast, denk daran, sie mit Federn zu füllen. Ich habe dir den größeren Teil geschenkt, für die Ausstattung mit den Kleinigkeiten musst du selbst sorgen.« (20)

Goldene Haarnadel: »Damit dein frisch gewaschenes nasses Haar deine seidenen Haarbänder nicht ruiniert. Lass eine goldene Nadel dir helfen und deine Locken aufstecken.« (24)

Schirm: »Nimm diesen Schutz gegen zu starke Sonnenstrahlen an. Gegen Wind oder Regen schützt er dich auch.« (28)

Nachttischlampe: »Ich bin eine Lampe, eine Vertraute an deinem süßen Bett. Tu, was du willst, ich werde es niemandem verraten.« (39)

Hanteln: »Warum spielst du mit deinen starken Armen mit diesen albernen Hanteln? Geh hinaus und hacke einen Weingarten auf – diese Übung gebührt einem Mann eher.« (49)

Babyrassel: »Wenn ein Baby sich weinend an deinen Hals klammert, gib ihm diese lärmende Rassel in seine kleine Hand.« (54)

Zahnpasta: »Schenk mich nicht einer älteren Person. Schenk mich einem jungen Mädchen. Ich bin es nicht gewohnt, falsche Zähne zu polieren.« (56)

Ledernes Brustband/Büstenhalter: »Dieses kleine Lederstück ist für deine Brüste vielleicht nicht groß genug. Möglich, dass du eine ganze Ochsenhaut benötigst.« (66)

Schneefilter (ein metallenes Sieb, das über einen Weinkelch gehalten wird und in dem ein Stück Schnee oder Eis liegt, das den Wein beim Eingießen kühlen soll): »Beherzige meinen Rat und verwende nur teuren Wein mit meinem Schnee. All das billige Zeug wird nur Flecken auf deine Servietten machen.« (103)

Die Saturnalien im alten Rom waren Feiertage, auf die manche Weihnachtsbräuche in Italien durchaus Bezug nehmen. Die Festlichkeiten, die Spiele, das Austeilen der Geschenke, Musik und religiöse Rituale sind heute wie in der Antike Bestandteil der festlichen Zeit im Dezember. In zweitausend Jahren hat sich hier nicht allzu viel geändert.

MODERNES RITUAL: KULINARISCHES FÜR DIE SATURNALIEN

Hier einige klassische Rezepte, die von den Frauen im alten Rom zum Fest zubereitet wurden:

Honigdatteln

(für zehn Portionen)

»Fülle große oder normale Datteln, nachdem der Kern entfernt ist, mit Nüssen, Pinienkernen oder fülle gemahlenen Pfeffer hinein. Bestreue sie außen mit Salz, brate sie in gekochtem Honig und serviere.«
(Das römische Kochbuch des Apicius, 7.13.1)

500 g getrocknete Datteln
Walnüsse, 1 Hälfte für jede Dattel
Salz nach Bedarf
Honig nach Bedarf

Verwenden Sie Datteln von guter Qualität (sie sollten nicht klebrig sein, und die Haut darf sich nicht lösen). Die Datteln einschneiden und entkernen. In jede eine Walnuss oder ein paar Pinienkerne geben. Mit etwas Salz bestreuen. Honig in einem Topf erwärmen, die Datteln hineinlegen und so lange erhitzen, bis sie karamellisieren. Herausnehmen und auf eine mit Öl bestrichene Platte legen, damit sie nicht festkleben.

Globi

250 g Ricotta
100 g Grieß
1 großes Ei
1 Prise Salz
Öl zum Ausbacken

Den Ricotta mit dem Grieß in einer Schüssel verrühren. Das Ei aufschlagen und unter die Masse geben. Salzen und alles gut vermischen.

Reichlich Öl in einer Pfanne erhitzen und die Globi in schwimmendem Fett ausbacken. Den Teig teelöffelweise ins heiße Öl tropfen lassen und braun backen. Herausheben und auf Küchenpapier gut abtropfen lassen. In etwas Honig tauchen und servieren. Man kann die Globi aber auch in pikante Saucen oder Salsas dippen.

→→•←←

Die Rituale des Dezember bergen ein Versprechen. Den Christen verheißen sie Erlösung und ein besseres Leben durch die Geburt des Christuskindes. Den heidnischen Römern versprachen sie das Goldene Zeitalter und die Herrschaft des Saturn. Beides sind Versprechen für mehr Spiritualität und ein gesegnetes Leben im Einklang mit der Natur und den Gottheiten.

Auch Saturn lauscht zurück ins Goldene Zeitalter, in eine Zeit der Frömmigkeit. Auf dieses Zeitalter setzen wir nun unsere Hoffnung. Mit dem Millennium ist die neue Ordnung der Zeitalter angebrochen. Götter und Göttinnen können uns geleiten, von ihnen lernen wir die alten Riten. Und

Saturn fragt: »Wer sollte Weihrauch auf meine rauchenden Altäre bringen?«

»Erstes Alter ward das Goldene. Ohne Gesetz und Sühner wahrte aus eigenem Trieb es die Treu und das Rechte.« (Ovid, Metamorphosen, 1.89–90)

Dieses Buch führt verschiedene für mich bedeutungsvolle Aspekte meines Lebens zusammen: meine historische und archäologische Forschungsarbeit, meine persönliche spirituelle Reise sowie die Liebe zu meiner Familie und vielen Freunden. Für ihren Rat und ihre Unterstützung bin ich meinen Kollegen Lorna Cahall, Wilhelmina Jashemski, Betty Jo Mayeske, David Orr und Michael Reamy dankbar. Dank gebührt auch meinen Agenten Gail Ross und Howard Yoon sowie den Lektoren bei HarperSan Francisco, Liz Perle, David Henessy, Terry Leonard und Garrett Brown, die geholfen haben, das Manuskript in die richtige Form zu bringen.

Meinen herzlichsten Dank möchte ich den Frauen aussprechen, die sich allmonatlich mit mir treffen, um eine lebendige, spirituelle Bindung zu pflegen: Dorothy Britt, Marney Bruce, Jamie Burnett, Helen Cannon, Helen Poponoe, Kay Quam und Sheryl Schultz. Ihre Ideen, Vorschläge und ihre Begeisterung waren von unschätzbarem Wert für dieses Projekt.

Ohne die ständige Unterstützung, Geduld und Zuneigung meiner Familie hätte ich *Frauenweisheit der Antike* niemals schreiben können: Rachel, meine Tochter, Aaron, mein Sohn und Roger, mein Mann – ich bin euch so dankbar!

Apuleius: *Der goldene Esel*. Insel Verlag, Frankfurt 1975.

Burkert, Walter: *Griechische Religion der Archaischen und Klassischen Epoche*. Kohlhammer, Stuttgart 1977.

Campbell, Joseph: *Die Masken Gottes*. Deutscher Taschenbuch Verlag, München 1996.

Cato, Marcus Porcius: *Vom Landbau. Fragmente*. Patmos Verlag, Düsseldorf/Zürich 2000.

Catull: *Sämtliche Gedichte*. Herausgegeben und übersetzt von Otto Weinreich, Artemis, Zürich 1969.

Dalby, Andrew / Grainger, Sally: *Küchengeheimnisse der Antike. Kulinarische Entdeckungen und Rezepte*. Weidlich u. Flechsig, Würzburg 1998.

Estés, Clarissa Pinkola: *Die Wolfsfrau*. Wilhelm Heyne Verlag, München 1993.

Fink, Gerhard: *Who's who in der antiken Mythologie*. Deutscher Taschenbuch Verlag, München 1993.

Grant, Michael / Hazel, John: *Lexikon der antiken Mythen und Gestalten*. Deutscher Taschenbuch Verlag, München 1980.

Homer: *Ilias*. Heimeran Verlag, München 1961.

Juvenal: *Satiren*. Artemis & Winkler, München 1993.

Der Kleine Pauly. Lexikon der Antike in fünf Bänden. Deutscher Taschenbuch Verlag, München 1979.

Lukrez: *Von der Natur*. Deutscher Taschenbuch Verlag / Artemis, München 1991.

Ovid: *Fasti. Festkalender Roms*. Artemis/Patmos, Düsseldorf 1995.

Ovid: *Metamorphosen*. Deutscher Taschenbuch Verlag, München 1997.

Plinius Secundus d. Ä.: *Naturkunde. Bücher XXI/XXII*. Artemis & Winkler, Düsseldorf/Zürich 1999.

Vergil: *Aeneis*. Artemis & Winkler, Zürich 1994.

Walker, Barbara: *Das geheime Wissen der Frauen. Ein Lexikon*. Deutscher Taschenbuch Verlag, München 1995.